云南省高等院校
非通用语种专业发展报告
（1993—2019）

陆生◎主编

云南人民出版社

图书在版编目（CIP）数据

云南省高等院校非通用语种专业发展报告：1993—2019 / 陆生主编. -- 昆明：云南人民出版社，2023.11
ISBN 978-7-222-20955-8

Ⅰ.①云… Ⅱ.①陆… Ⅲ.①高等学校—外语—学科建设—研究报告—云南—1992-2019 Ⅳ.①H09

中国版本图书馆CIP数据核字(2022)第104809号

责任编辑	郭木玉
助理编辑	巫孟连
装帧设计	石　斌
责任校对	溥　思
责任印制	代隆参

云南省高等院校非通用语种专业发展报告
（1993—2019）

陆生◎主编

出　版	云南人民出版社
发　行	云南人民出版社
社　址	昆明市环城西路609号
邮　编	650034
网　址	www.ynpph.com.cn
E-mail	ynrms@sina.com
开　本	787mm×1092mm　1/16
印　张	18.5
字　数	468千
版　次	2023年11月第1版第1次印刷
印　刷	昆明美林彩印包装有限公司
书　号	ISBN 978-7-222-20955-8
定　价	90.00元

云南人民出版社微信公众号

序 言

云南省非通用语种专业（本书指东南亚、南亚语种专业）的开设始于云南民族学院（2003年更名为云南民族大学）于1993年正式开办的泰语和缅甸语专科专业和1997年增设的越南语专科专业。1998年9月，云南民族学院泰语、缅甸语和越南语同时升为本科专业并开始招生，从此拉开了云南省高等院校非通用语种专业的办学帷幕。

为什么云南省非通用语种专业的开设始于云南民族大学呢？云南民族大学的前身是于1951年创办的云南民族学院，其建设初期的主要任务是培养少数民族干部。要培养好少数民族干部，就要对云南省少数民族的语言文化进行研究。当时的云南民族学院聚集了新中国自己培养起来的第一批语言学家和民族学家，他们在开展云南省民族识别、创造或改进云南省少数民族语言文字的工作中取得了辉煌的成就。在这些学术成果中，有很大一部分是跨境民族语言文化研究的成果，其中以侗傣语族和藏缅语族诸语言的对比研究和民族语言的归纳整理居多。20世纪80年代初，云南民族学院民语系率先开设了泰语和缅甸语课程作为少数民族学生第二外语的选修课程，为1993年开设东南亚国家语言专业奠定了基础。

随着云南省国际大通道和桥头堡建设步伐的加快以及2013年"一带一路"倡议的提出，云南省加快推进面向南亚东南亚辐射中心建设工作。在云南省委、省政府的大力推动下，云南省教育厅向各高校东南亚南亚语种专业建设增加经费投入，增设系列教学改革项目，包括"东南亚南亚语种人才培养基地""东南亚南亚语种人才培养示范点""东南亚南亚语种教师公派项目""东南亚南亚语种特聘教师支持计划""东南亚南亚精品课程""东南亚南亚语种新专业支持计划""东南亚南亚语种优秀教研室建设项目""东南亚南亚语种教材出版基金""东南亚南亚语种优秀学生留学支持计划""东南亚南亚语种优秀翻译人才培养项目""东南亚南亚语种优质教学资源库建设项目""东南亚南亚语种口语比赛"等项目，并出台了加强高校非通用语种专业建设工作的指导性文件，如《关于加快云南高等学校小语种人才培养工作的实施意见》《关于进一步加快高等学校东南亚南亚语种人才培养工作的指导意见》等。2013年成立首届云南省高校非通用语种类专业教学指导委员会，2018年成立第二届云南省高校非通用语种类专业教学指导委员会，有力地推动了云南省高校东南亚南亚语种的学科专业发展、师资队伍建设和人才培养工作。

2010—2015年，随着云南省高校非通用语种专业的发展壮大，各高校陆续开设了泰语、缅甸语、越南语、老挝语、柬埔寨语、马来语、印度尼西亚语、菲律宾语8个东南亚语种本科专业和印地语、孟加拉语、乌尔都语、尼泊尔语、僧伽罗语、普什图语和泰米尔语7个南亚语种本科专业。至此，云南省高校在外国语言文学类专业设置上就几乎开全了南亚东南亚地区的各国官方语言共15个本科专业。

云南省开设有非通用语种专业的高校共32所，其中：泰语本科专业办学点有16个、专科专业13个；缅甸语本科专业办学点有11个、专科专业4个；越南语本科专业办学点有9

个、专科专业9个；老挝语本科专业办学点有8个、专科专业6个；柬埔寨语本科专业办学点有4个、专科专业1个；马来语、印度尼西亚语、印地语、孟加拉语和僧伽罗语本科专业各有2个办学点，专科专业无办学点；菲律宾语、尼泊尔语、乌尔都语、普什图语和泰米尔语本科专业各有1个办学点，专科专业无办学点。

云南省非通用语种专业，教师数量和学生数量呈现"五快一多一强"的特点。"五快"，一是学习规模增长快。全省高校学习非通用语种专业的在校本专科及研究生学生人数2006年为521人，至2019年底为6560人，增长了约12倍。二是师资队伍提升快。2006年全省仅有99名非通用语种专业教师且学历偏低，2019年底全省共有非通用语种专业在编教师305人，其中硕士206人（约占68%）、博士43人（约占14%）。高校非通用语种公共外语教研室从无到有，截至2019年底已有56个。三是学科专业建设快。2006年全省只有9所高校设置了共18个非通用语种专业点，到2019年底，已有42所高校设置了60多个非通用语种专业点，其中有4个学术硕士点（3个亚非语言文学、1个外国语言学及应用语言学）、2个专业硕士点（1个泰语翻译专业硕士点、1个越南语专业硕士点）。四是课程教材开发快。截至2019年底，已出版本专科专业教材74部，在建非通用语种精品课程达25门。五是办学资源更新快。非通用语种图书资料从2006年的1万多册增加到了2019年的5万多册，非通用语种专业多媒体教室、同声传译室、对象国卫星接收设备等硬件设施也不断增加。"一多"是人才培养模式多。目前全省各高校开展了"3+1""1+3""2+2""2+0.5+0.5"等多种国际合作人才培养模式。除语言专业学生培养外，还探索了"专业+外语""外语+专业"的复合型人才培养模式。"一强"是社会服务能力强。全省高校非通用语种人才培养质量不断提高，毕业生广泛就业于中央直属企事业单位，包括海关、公安、安全等部门在内的各级党政机关以及部队、武警边防和高校、科研院所等单位，平均就业率达97%以上。非通用语种人才在全省对外开放、民族团结进步、边疆繁荣稳定示范区建设等方面发挥了重要作用。

2019年云南省非通用语种类专业师资及在校生人数统计表（本科）

序号	专业	专业办学点（个）	专任教师人数（人）				在校生人数（人）			
			本科	硕士	博士	合计	本科	硕士研究生	博士研究生	合计
1	泰语	16	3	61	23	87	2502	115	0	2617
2	缅甸语	11	3	23	5	31	1058	32	0	1090
3	越南语	9	1	24	9	34	1097	35	0	1132
4	老挝语	8	7	7	1	15	476	10	0	486
5	柬埔寨语	4	5	2	1	8	356	5	0	361
6	马来语	2	4	3	1	8	82	0	0	82
7	印度尼西亚语	2	2	2	0	4	43	0	0	43
8	菲律宾语	1	0	1	1	2	21	0	0	21

续表

序号	专业	专业办学点（个）	专任教师人数（人）			合计	在校生人数（人）			合计
			本科	硕士	博士		本科	硕士研究生	博士研究生	
9	印地语	2	0	5	0	5	40	0	0	40
10	孟加拉语	2	3	1	0	4	35	0	0	35
11	泰米尔语	1	0	1	0	1	6	0	0	6
12	僧伽罗语	2	4	0	0	4	22	0	0	22
13	尼泊尔语	1	1	1	0	2	21	0	0	21
14	乌尔都语	1	1	1	0	2	24	0	0	24
15	普什图语	1	1	1	0	2	8	0	0	8
	总计	63	35	133	41	209	5791	197	0	5988

2019 年云南省非通用语种类专业师资及在校生人数统计表（专科）

序号	专业	专业办学点（个）	专任教师人数（人）			合计	在校生人数（人）			合计
			本科	硕士	博士		本科	硕士研究生	博士研究生	
1	泰语	13	5	44	2	51	466	0	0	466
2	缅甸语	4	8	8	0	16	106	0	0	106
3	越南语	9	1	16	0	17	0	0	0	0
4	老挝语	6	6	5	0	11	0	0	0	0
5	柬埔寨语	1	1	0	0	1	0	0	0	0
6	马来语	0	0	0	0	0	0	0	0	0
7	印度尼西亚语	0	0	0	0	0	0	0	0	0
8	菲律宾语	0	0	0	0	0	0	0	0	0
9	印地语	0	0	0	0	0	0	0	0	0
10	孟加拉语	0	0	0	0	0	0	0	0	0
11	泰米尔语	0	0	0	0	0	0	0	0	0
12	僧伽罗语	0	0	0	0	0	0	0	0	0
13	尼泊尔语	0	0	0	0	0	0	0	0	0
14	乌尔都语	0	0	0	0	0	0	0	0	0
15	普什图语	0	0	0	0	0	0	0	0	0
	总计	33	21	73	2	96	572	0	0	572

2019年云南省非通用语种专业办学点统计表（本科）

序号	学校	泰语	缅甸语	越南语	老挝语	柬埔寨语	马来语	印度尼西亚语	菲律宾语	印地语	孟加拉语	僧伽罗语	尼泊尔语	乌尔都语	普什图语	泰米尔语
1	云南大学	+	+	+	+	+	+			+	+	+				
2	云南民族大学	+	+	+	+	+	+	+	+	+	+	+	+	+	+	+
3	云南师范大学	+	+	+	+	+										
4	昆明理工大学	+														
5	云南农业大学	+	+	+	+											
6	云南财经大学	+	+	+												
7	云南开放大学	+			+											
8	昆明学院	+														
9	曲靖师范学院	+		+				+								
10	楚雄师院	+														
11	玉溪师院	+	+		+											
12	红河学院	+	+	+	+											
13	普洱学院	+	+		+											
14	文山学院	+		+												
15	保山学院		+													
16	西南林业大学	+		+												
17	大理大学	+	+													
18	滇西科技师范学院		+											+		
总计		16	11	9	8	4	2	2	1	2	2	2	1	1	1	1

注："+"表示开设了相关专业。

2019年云南省非通用语种专业办学点统计表（专科）

序号	学校	泰语	缅甸语	越南语	老挝语	柬埔寨语	马来语	印度尼西亚语	菲律宾语	印地语	孟加拉语	僧伽罗语	尼泊尔语	乌尔都语	普什图语	泰米尔语
1	德宏师范高等专科学校	+	+													
2	滇西科技师范学院	+	+	+	+											
3	红河卫生职业学院			+	+											
4	昆工津桥学院	+														

续表

序号	学校	开设专业														
		泰语	缅甸语	越南语	老挝语	柬埔寨语	马来语	印度尼西亚语	菲律宾语	印地语	孟加拉语	僧伽罗语	尼泊尔语	乌尔都语	普什图语	泰米尔语
5	昆明冶金高等专科学校	+		+	+											
6	昆明幼儿师范高等专科学校	+		+												
7	师大商学院	+		+												
8	师大文理学院	+		+												
9	西双版纳职业技术学院	+	+		+	+										
10	云南大学滇池学院	+		+												
11	云南国土资源职业学院	+			+											
12	云南交通职业技术学院	+	+	+												
13	云南经济管理学院	+														
14	云南旅游职业学院	+		+	+											
	总计	13	4	9	6	1										

注："+"表示开设了相关专业。

执笔人：陆生

目 录

本科院校 // 1

云南民族大学非通用语种类专业建设和发展报告
（1993—2019） // 2

玉溪师范学院非通用语种类专业建设和发展报告
（2006—2019） // 39

红河学院非通用语种类专业建设与发展报告
（2007—2019） // 46

曲靖师范学院非通用语种类专业建设与发展报告
（2007—2019） // 58

文山学院非通用语种类专业建设和发展报告
（2007—2019） // 70

保山学院非通用语种类专业建设和发展报告
（2009—2019） // 77

昆明学院泰语专业建设和发展报告
（2002—2019） // 84

云南师范大学非通用语种类专业建设和发展报告
（2009—2019） // 93

大理大学非通用语种类专业建设和发展报告
（2010—2019） // 111

滇西科技师范学院非通用语种类专业建设和发展报告
（2003—2019） // 119

云南大学滇池学院非通用语种类专业建设和发展报告
（2007—2019） // 126

楚雄师范学院泰语专业建设和发展报告
（2011—2019） // 135

西南林业大学非通用语种类专业建设和发展报告
（2007—2019） // 141

云南财经大学非通用语种类专业建设和发展报告
（2010—2019） // 155

云南农业大学非通用语种类专业建设与发展报告
（2011—2019） // 162

云南师范大学文理学院泰语专业建设和发展报告
（2011—2019） // 169

云南大学非通用语种类专业建设和发展报告
（2014—2019） // 175

昆明理工大学泰语专业建设与发展报告
（2015—2019） // 181

普洱学院非通用语种类专业建设和发展报告
（2017—2020） // 185

高职专科院校 // 193

西双版纳职业技术学院非通用语种类专业建设和发展报告
（2003—2019） // 194

昆明冶金高等专科学校非通用语种类专业建设和发展报告
（2007—2019） // 201

云南开放大学（云南国防工业职业技术学院）
非通用语种类专业建设和发展报告
（2009—2019） // 208

云南司法警官职业学院非通用语种类专业建设和发展报告
（2009—2019） // 214

德宏师范高等专科学校非通用语种类专业建设和发展报告
（2010—2019） // 222

云南经贸外事职业学院非通用语种类专业建设和发展报告
（2010—2019） // 228

云南经济管理学院泰语专业建设与发展报告
（2011—2019） // 233

云南农业职业技术学院非通用语种类专业建设和发展报告
（2011—2019） // 237

红河卫生职业学院东南亚语种课程建设和发展报告
（2014—2019） // 241

云南机电职业技术学院非通用语种类专业建设和发展报告
（2012—2019） // 244

云南交通职业技术学院非通用语种类专业建设和发展报告
（2012—2019） // 248

云南旅游职业学院非通用语种类专业建设和发展报告
（2012—2019） // 253

云南外事外语职业学院非通用语种类专业建设和发展报告
（2013—2019） // 260

云南民族大学澜湄国际职业学院
非通用语种类专业建设和发展报告
（2015—2019） // 269

附　录 // 277

　　云南省东南亚南亚语种优秀翻译人才培养基地班情况 // 278

　　第六届云南省高等学校东南亚语种演讲比赛工作总结 // 280

　　第七届云南省高等学校东南亚语演讲比赛在云南师范大学举行 // 282

后　记 // 284

本科院校

云南民族大学
非通用语种类专业建设和发展报告
（1993—2019）

一、历史概况

云南民族大学是一所培养各民族高级专业人才的综合性大学，是教育部、国家民族事务委员会与云南省人民政府共建的综合性省属重点大学，坐落于四季如春、风景秀丽的昆明。学校前身是云南民族学院，创建于1951年8月1日，是我国最早成立的民族高等院校之一，于2003年4月更名为云南民族大学。

云南民族大学非通用语种类专业开办于1993年，是云南省非通用语种类专业开办时间最早和开办专业语种数量最多的高校，是教育部高校外语教学指导委员会非通用语种类专业教学指导分委员会副主任委员单位、中国非通用语教学研究会常务理事单位和云南省高校非通用语种类专业教学与考试指导委员会主任委员单位。同时，云南民族大学还是云南省人民政府批准成立的云南省"中国—东盟语言文化人才培养基地"（2004年获批）、国家留学基金管理委员会公派留学项目的合作单位（1999年以来）、教育部批准的"非通用语种群"国家级特色专业建设点（2007年获批）、国家民委批准的"共建院校'一带一路'国别和区域研究中心"（2019年获批）、云南省教育厅批准的"云南省高校小语种人才培养示范点"（2012年获批）、"云南省东南亚南亚语种优秀翻译人才培养基地"（2013年获批）。截至2019年12月，云南民族大学南亚东南亚语言文化学院（下文有时简称东语学院）累计已培养各语种专业专科生103人、本科生3442人、硕士研究生520人。

云南民族大学非通用语种类专业办学拥有理想的办学区位条件，具有较为悠久的办学历史，拥有种类较齐全的语种专业和多种类办学层次，积累了较丰富的办学经验，取得了较好的办学成效，在全国开设有非通用语种类本科专业高校中具有较高的知名度和良好的社会办学声誉。经过26年的建设，云南民族大学非通用语种类专业办学取得了长足的进步，在学科专业建设、师资队伍建设、教学科研、人才培养和对外合作交流等各方面都取得了较好、较快的发展。

截至2019年12月，云南民族大学共开设有非通用语种类本科专业15个，包括泰语、缅甸语、越南语、老挝语、柬埔寨语、马来语、印度尼西亚语和菲律宾语等8个东南亚语种本科专业，以及印地语、孟加拉语、乌尔都语、尼泊尔语、普什图语、僧伽罗语和泰米尔语等7个南亚语种本科专业。（各专业开设年份见表1-1）同时，云南民族大学还拥有一级学科硕士学位授予点1个即外国语言文学和二级学科硕士学位授予点3个即亚非语言文学、外国语言学及应用语言学、印度语言文学。

表 1-1 各专业开设年份一览表

专业	开设年份	备注
泰语	1993 年	1993年开设专科专业，1998年转为本科专业，同年首次招收本科生。2008年获批为第一批录取招生本科专业。2016年首次招收专升本学生
缅甸语	1993 年	1993年开设专科专业，1998年转为本科专业，同年首次招收本科生。2008年获批为第一批录取招生本科专业。2016年首次招收专升本学生
越南语	1997 年	1997年开设专科专业，1998年转为本科专业，同年首次招收本科生。2008年获批为第一批录取招生本科专业。2016年首次招收专升本学生
老挝语	2002 年	2003年首次招收本科生
亚非语言文学	2003 年	2003年获二级学科硕士学位授予权，2004年首次招收硕士研究生
柬埔寨语	2005 年	2006年首次招收本科生
马来语	2009 年	2010年首次招收本科生
印度尼西亚语	2010 年	2011年首次招收本科生
外国语言文学	2011 年	2011年增设一级学科硕士学位授予点
外国语言学及应用语言学	2011 年	2011年增设二级学科硕士学位授予点，2012年首次招收硕士研究生
印地语	2011 年	2011年首次招收本科生
孟加拉语	2015 年	2016年首次招收本科生
乌尔都语	2016 年	2017年首次招收本科生
菲律宾语	2017 年	2017年首次招收本科生
尼泊尔语	2017 年	2017年首次招收本科生
普什图语	2017 年	2017年首次招收本科生
僧伽罗语	2017 年	2017年首次招收本科生
泰米尔语	2017 年	2017年首次招收本科生
印度语言文学	2019 年	2019年增设二级学科硕士学位授予点，2020年首次招收硕士研究生

上述非通用语本科专业和各学科点均设置在云南民族大学南亚东南亚语言文化学院（国别研究院），该学院的前身是云南民族学院东南亚语言文学系。为适应国家面向东南亚地区对外开放的需要，云南民族学院结合自身的传统学科和专业优势，于1993年招收了第一届泰语、缅甸语三年制专科学生，这两个专科专业当时均设置在外语系。1997年1月，云南民族学院东南亚语言文学系正式成立，除泰语、缅甸语外，还新增了越南语专科专业。1998年，云南民族学院泰语、缅甸语、越南语3个专科专业被批准成为本科专业，并于同年开始招收第一届本科学生。2008年，泰语、缅甸语、越南语3个本科专业经批准作为云南省高考第一批录取专业进行招录。根据学校的办学定位和需求，2003年，东南亚语言文化学院在东南亚语言文学系的基础上成立，2006年更名为东南亚南亚语言文化学院，2015年分别成立了东南亚学院和南亚学院。2019年6月，学校将南亚学院的南亚语言文化专业与东南亚学院的东南亚语言文化专业合并，重组成立了南亚东南亚语言文化学院。同时，为充分发挥学校的国际性办学特色，提升服务国家战略的能力，再整合学校现有的东南亚南亚西亚研究中心、巴基斯坦研究中心、尼泊尔研究中心、印度人文交流中心等4个研究机构，组建国别研究院，与南亚东南亚语言文化学院合署。至此，东语学院已经搭建起了本科层次（含专升本类型）和硕士研究生培养层次，拥有完整的东南亚和南亚专业语种群和集教学与科研为一体的办学平台。

近年来，东语学院按照学校"民族性、边疆性、国际性"的办学定位，认真贯彻落实《云南省人民政府、国家民委、教育部关于共建云南民族大学的意见》（云政发〔2015〕67号）和《教育部关于加强外语非通用语种人才培养工作的实施意见》（教高〔2015〕10号），进一步落实《云南省教育厅关于进一步加快东南亚南亚语种人才培养工作的指导意见》（云教高〔2013〕69号），在学校"高水平大学建设"项目的推动下，着力加强推进东南亚语种群和南亚语种群各本科专业建设和学科点建设，不断夯实办学基础，发挥专业特色优势，积极开拓创新，推动教学改革，为国家和云南省的经济建设和社会发展培养输送亟须的非通用语各类专业人才，在新时期主动融入并服务国家"一带一路"建设和云南省面向南亚东南亚辐射中心建设，办学特色和办学效益日益彰显。

2019年12月30日，《教育部办公厅关于公布2019年度国家级和省级一流本科专业建设点名单的通知》（教高厅函〔2019〕46号）发布，云南民族大学泰语、缅甸语专业被认定为国家级一流本科专业建设点。同时，老挝语、印地语被认定为云南省一流本科专业建设点。

二、师资队伍

东语学院自成立初始，始终坚持师资队伍培养与引进并举，学历与职称、教学与科研并重的理念，统一规划协调，不断加强师资队伍建设，取得了显著成效。东语学院自最早1997年创立东语系之初的3个专业、9名专任教师的较小规模不断发展壮大，截至2019年12月，东语学院有在编教职工70人，其中15个语种的专业教师共58人。

学院教师队伍的学历和职称结构逐年改善。目前，专业语种教师当中，具有博士学位（包括在读博士）的教师有18人，具有博士后研究经历的教师有2人，具有硕士及以上学位的教师有52人，约占专业教师总人数的90%；具有教授和副教授职称的专业教师共15人，高级职称人数约占专业教师总人数的26%。此外，专业教师当中有博士研究生导师1人、硕士研究生导师12人，有云南省"万人计划"省级教学名师1人、云南省教学名师1人。此外，杨光远教授受聘为云南省政府参事，享受云南省政府特殊津贴；陆生教授受聘为教育部高等学校外国语言文学类专业教学指导委员会委员、非通用语种类专业教学指导分委员会副主任委员，同时受聘为云南省高校非通用语种类专业教学与考试指导委员会主任委员。学院专业教师职称、学历统计详见表1-2。

表1-2 专业教师职称、学历一览表

序号	专业	人数	教授	副教授	博士	硕士	本科	高职称占比	博士占比
1	泰语	12	4	3	8	4	0	58%	67%
2	缅甸语	6	0	4	1	5	0	67%	17%
3	越南语	7	0	1	3	4	0	14%	43%
4	老挝语	6	0	2	2	4	0	33%	33%
5	柬埔寨语	3	0	1	1	1	1	33%	33%
6	马来语	4	0	0	0	3	1	—	—
7	印度尼西亚语	3	0	0	1	2	0	—	33%
8	菲律宾语	2	0	0	1	1	0	—	50%
9	印地语	3	0	0	0	3	0	—	—

续表

序号	专业	人数	教授	副教授	博士	硕士	本科	高职称占比	博士占比
10	孟加拉语	3	0	0	1	2	0	—	33%
11	乌尔都语	2	0	0	0	1	1	—	—
12	尼泊尔语	2	0	0	0	1	1	—	—
13	普什图语	2	0	0	0	1	1	—	—
14	僧伽罗语	2	0	0	0	0	2	—	—
15	泰米尔语	1	0	0	0	1	0	—	—
	合计	58	4	11	18	33	7	26%	31%

注：信息统计截至2019年12月。

学院教师队伍的学缘和学科结构日趋科学合理。学院教师中有众多毕业或就读于北京大学、北京外国语大学、中国传媒大学、南开大学、中央民族大学、上海师范大学、云南大学、广西民族大学以及英国伦敦大学、美国哥伦比亚大学、印度尼赫鲁大学、泰国东方大学、越南社会科学大学、马来亚大学、印尼加查马达大学、菲律宾国立大学、尼泊尔特里布文大学、巴基斯坦国立现代语言大学、阿富汗喀布尔大学等国内外知名高校。学院所有的专业语种教师均有赴专业语种对象国高校留学、访学和进修的经历，年龄在40岁及以下的专业语种教师有46人，约占全部专业语种教师的79%，是一支以中青年教师为主体、朝气蓬勃的优秀师资队伍。

学院根据所属学科专业的自身特点，长期重视外籍专家、外籍教师的聘请工作。在学校和各语种对象国驻华使（领）馆的支持下，各语种每年从专业对象国聘请外籍教师到校任教。1998—2019年，学院共正式聘请东南亚南亚各国外籍教师共计77人。学院聘请外籍教师人数统计见表1-3。

表1-3 聘请各语种对象国外教人数一览表（1998—2019年）

聘请外教国籍	聘请外教人数	聘请外教国籍	聘请外教人数
泰国	18	印度	5
缅甸	20	孟加拉国	2
越南	10	尼泊尔	3
老挝	2	巴基斯坦	1
柬埔寨	1	斯里兰卡	2
马来西亚	5		
印度尼西亚	6		
菲律宾	2		
东南亚地区合计	64	南亚地区合计	13

截至2019年12月，云南民族大学已与13个东南亚南亚国家的25所高校签订校际合作协议，目前正在与巴基斯坦国立现代语言大学联系签署校际合作协议，与众多语种对象国高校建立起了良好的教学科研合作关系，保障了学院各语种专业的外教聘请工作和"3+1"人才培养模式下派学生出国的顺利开展。

除了外籍教师，学院还以聘请客座教授、柔性引进专家等方式从国内各高校及相关单位聘请知名专家学者到校任教。其中，1995—1996年聘请北京外国语大学缅甸语专家许清章教授到校任教，2012年聘请北京外国语大学亚非学院柬埔寨语专家彭晖教授到院进行短期讲学，2016—2018年聘请中国国际广播电台孟加拉语专家白开元译审到校任教，2016年至今聘请北京大学乌尔都语专家唐孟生教授、孔菊兰教授到校任教，2016年至今聘请中国人民解放军战略支援部队信息工程大学钟智翔教授、北京大学吴杰伟教授等校外专家作为学院亚非语言文学专业硕士研究生导师。

为提高人才培养质量，开阔非通用语种师生的学术视野，学院邀请大批省内外、国内外知名学者到学院讲学讲座。特别是2010年以来，学院平均每年邀请校外专家10余人前来为师生讲座，讲座内容涵盖了南亚东南亚国家的语言、文学、文化、国情及外语教学研究、翻译理论与翻译技巧研究等各个方面。

通过聘请外籍教师和引进校外专家，进一步加强了学院的专业语种师资队伍力量，特别是为学院新开办语种本科专业的建设、学院学科平台的建设、青年教师的培养、教学质量的提升、专业教材的建设和科研能力的提高提供了有力支持。

三、教学和人才培养

云南民族大学长期以来着力培养云南周边国家语言专业人才，不断完善"3+1"人才培养模式，积极主动开展"三校学习"和"云南省高校优秀翻译人才培养"项目，强力推进教学质量工程建设项目，鼓励支持教师做好科研工作，强化校内外、省内外、国内外的合作办学，出台云南省非通用语种教学质量标准，进行等级考试，培养了一批优秀的南亚东南亚语种人才，以满足国家实施"一带一路"建设、云南省面向南亚东南亚辐射中心建设对语言人才的需求，同时为云南省民族团结进步示范区建设、云南边疆繁荣稳定和国防安全建设做出了贡献。

2005年，学院"'3+1'教学模式的实践与完善——东南亚泰、缅、越、老语言文化人才培养模式"获得云南省第五届优秀教学成果奖一等奖。2009年，学院"搞好东南亚语种群特色专业建设，服务国家和云南省发展战略"获得第六届云南省优秀教学成果奖一等奖。2012年，在全院师生的共同努力下，学院作为全省先进典型获评"云南省高等学校教学管理工作先进集体"。2017年，学院"东南亚南亚语种专业人才培养质量体系的构建与实践"获云南省第八届教学成果二等奖。

（一）历届学生培养人数

1993—2000年，东语学院培养毕业了泰语、缅甸语、越南语3个语种专科（三年制）学生共103人。

1998—2019年，东语学院培养毕业了泰语、缅甸语、越南语、老挝语、柬埔寨语、马来语、印度尼西亚语、印地语8个语种本科（四年制）学生3442人；培养毕业了泰语、缅甸语、越南语、老挝语4个语种共2届专升本（两年制）学生96人；培养毕业了泰语、缅甸语、越南语3个语种共3届云南省教育厅"云南省东南亚南亚语种翻译人才培养基地班"项目（本书有时简称基地班项目，在我校学习3年）本科学生153人。

2004—2019年，东语学院培养毕业了亚非语言文学专业硕士研究生498人；2012—2019

年，东语学院培养毕业了外国语言学及应用语言学专业硕士研究生22人。

截至2019年12月，东语学院有在读东南亚南亚共15个语种的本科生共计1076人（含专升本学生171人、"小语种翻译基地班"项目48人），有在读硕士研究生159人。

东语学院历届各专业学生人数统计见表1-4。

表1-4 南亚东南亚语言文化学院历届各专业学生人数一览表

层次/学制	级别/届别	泰语	缅甸语	越南语	老挝语	柬埔寨语	马来语	印度尼西亚语	菲律宾语	印地语	孟加拉语	乌尔都语	尼泊尔语	普什图语	僧伽罗语	泰米尔语	亚非语言文学	外国语言学及应用语言学	印度语言文学	合计
专科/4年	1993级/1996届	9	9																	18
	1994级/1997届	13	—																	13
	1995级/1998届	15	15																	30
	1996级/1999届	16	—																	16
	1997级/2000届	17	—	9																26
专科毕业生合计		70	24	9																103
本科/4年	1998级/2001届	22	17	15																54
	1999级/2002届	25	19	—																44
	2000级/2003届	30	25	18																73
	2001级/2005届	27	19	18																64
	2002级/2006届	30	—	30																60
	2003级/2007届	29	28	31	24															112
	2004级/2008届	82	40	42	39															203
	2005级/2009届	38	23	31	24															116
	2006级/2010届	42	19	43	—	31														135
	2007级/2011届	13	21	15	23	20														163
	2008级/2012届	86	56	87	61	61														351
	2009级/2013届	71	29	66	45	31														242
	2010级/2014届	62	39	24	39	29	43													236

续表

层次/学制	级别/届别	泰语	缅语	越南语	老挝语	柬埔寨语	马来语	印度尼西亚语	菲律宾语	印地语	孟加拉语	乌尔都语	尼泊尔语	普什图语	僧伽罗语	泰米尔语	亚非语言文学	外国语言学及应用语言学	印度语言文学	年级合计
本科/4年	2011级/2015届	81	40	37	43	27	37	30		29										324
	2012级/2016届	59	45	27	45	27	36	26		19										284
	2013级/2017届	71	34	38	32	25	33	26		22										281
	2014级/2018届	53	43	18	29	25	0	20		—										188
	2015级/2019届	49	36	23	36	29	30	32		28										263
	2016级	41	21	36	31	21	22	17		27	18									234
	2017级	34	20	18	21	16	15	16	9	14	—	12	10	8	10	6				209
	2018级	39	20	19	19	21	19	19	—	20	17	—	10	—	—	—				203
	2019级	40	23	20	26	23	23	—	12	20	—	12	—	12	—				—	211
硕士研究生/3年	2004级/2007届																5			5
	2005级/2008届																20			20
	2006级/2009届																28			28
	2007级/2010届																33			33
	2008级/2011届																43			43
	2009级/2012届																49			49
	2010级/2013届																44			44
	2011级/2014届																35			35
	2012级/2015届																45	3		48
	2013级/2016届																40	7		47
	2014级/2017届																44	6		50
	2015级/2018届																56	5		61
	2016级/2019届																56	1		57
	2017级																45	6		51
	2018级																44	7		51
	2019级																50	7		57

续表

层次/学制	级别/届别	泰语	缅语	越南语	老挝语	柬埔寨语	马来语	印度尼西亚语	菲律宾语	印地语	孟加拉语	乌尔都语	尼泊尔语	普什图语	僧伽罗语	泰米尔语	亚非语言文学	外国语言学及应用语言学	印度语言文学	年级合计
基地班项目	2013级/2017届	18	19	19																56
	2014级/2018届	18	9	18																45
	2015级/2019届	24	13	15																52
	2016级	16	16	16																48
专升本/2年	2016级/2018届	7	5	2	6															20
	2017级/2019届	32	23	13	8															76
	2018级	24	21	13	18															76
	2019级	24	21	31	19															95
本科规模	毕业（含基地班、专升本）	999	605	660	454	313	179	134	0	98	0	0	0	0	0	0	—	—	—	3442
	在读（含基地班、专升本）	218	142	153	134	81	79	52	21	81	35	24	20	8	22	6	—	—	—	1076
硕士研究生规模	毕业																498	22		520
	在读																139	20		159
总计	毕业学生总数	1069	629	669	454	313	179	134	0	98	0	0	0	0	0	0	498	22		4065
	在读学生总数	218	142	153	134	81	79	52	21	81	35	24	20	8	22	6	139	20	—	1235

注：统计截至2019年12月。

（二）"3+1"本科人才培养模式

云南民族大学自2000年以来，不断创新非通用语种类专业"3+1"本科人才培养模式，即本科学生除了在国内学习外，学校通过与语种专业对象国高校签订教学合作协议，将这些学校作为实践教学基地，把本科三年级学生送到对象国高校留学1年。通过"3+1"人才培养模式，学生可以亲身体验和感受到对象国的风物人情，加深对对象国的了解，坚定专业信心。在当地的语言环境下，学生能很大程度地提高自身的听说运用能力。通过留学学校为中国留学生专门开设的各种课程，学生能更加全面深入地学习对象国语言、文化等各方面的知识。"3+1"本科人才培养模式的实施，探索和拓宽了东语学院各语种本科人才的培养途径，提高了各语种专业的本科教学质量，并加强了学院乃至学校的国际合作与对外交流。经过1年的系统学习，学生的专业语水平得到大幅度的提高，毕业生普遍受到就业单位和社会的欢迎和好评，就业形势良好，提高了学院和学校的社会知名度和影响力。

学院最早于2000年派遣1998级泰语专业共30人作为第一批"3+1"人才培养模式学生前往泰国清迈大学学习；2002年，越南语专业2000级学生18人首次派出赴越南外语师范大学学习；2003年，缅甸语专业2001级学生25人首次派出赴缅甸曼德勒外国语大学学习；2005年，老挝语专业2003级学生37人首次派出赴老挝国立大学学习；2008年，柬埔寨语专业2006级学生29人首次派出赴柬埔寨金边皇家大学学习；2012年，马来语专业2010级学生37人首次派出赴马来西亚马来亚大学学习；2012年，印地语专业2011级学生7人首次派出赴印度阿格拉中央印地语大学学习；2013年，印尼语专业2011级学生30人首次派出赴印度尼西亚日惹国立大学学习；2018年，孟加拉语专业2016级学生18人首次派出赴孟加拉国东南大学学习；2018年，僧伽罗语专业2017级学生10人首次派出赴斯里兰卡凯拉尼亚大学学习；2019年，菲律宾语2017级学生9人首次派出赴菲律宾国立大学学习；同年，乌尔都语专业2017级学生12人和普什图语专业2017级学生7人首次派出赴巴基斯坦国立现代语言大学学习，尼泊尔语专业2017级学生10人首次派出赴尼泊尔特里布文大学学习，泰米尔语专业2017级学生4人首次派出赴印度印度SRM科技学院学习。

截至2019年12月，东语学院各语种专业已累计派出"3+1"模式学生共2976人赴对象国高校学习。2005年，学院"'3+1'教学模式的实践与完善——东南亚泰、缅、越、老语言文化人才培养模式"获得云南省第五届优秀教学成果奖一等奖，充分肯定了学院在东南亚语言文化人才培养和教学方面所做出的成绩。

（三）教学质量工程项目及教材建设

东语学院一直努力推进教学改革，注重提高教学质量，加强学科专业建设。特别是自2007年以来，学院的教学质量工程项目立项、建设成效显著，获得非通用语种群特色专业——东南亚语种群、基础泰语精品课程两项国家级教学质量工程项目立项建设，获得省级教学质量工程项目累计达40余个，还获得一批校级教学质量工程项目。省级项目中包括东南亚人才培养模式试验区、东南亚南亚语种人才培养基地、小语种人才培养示范点、区域高水平大学品牌专业、第二批试点改革专业、小语种公共教研室、精品课程等一批省级教学质量工程重点项目和教学团队、云岭名师、小语种骨干教师、卓越青年教师等一批省级教学质量工程人才项目。（部分学校教学质量工程项目详见表1-5）

表1-5 部分学校教学质量工程项目一览表

序号	项目名称	项目来源	主持人	起止年份
1	非通用语种群特色专业——东南亚语种群	教育部	杨光远	2007—2011
2	基础泰语精品课程	教育部	杨光远	2012—2014
3	云南省"十二五"规划教材：大学泰语综合教程	云南省教育厅	陆生	2009—2011
4	云南省"十二五"规划教材：非通用语种听力系列教材	云南省教育厅	陆生	2010—2014
5	云南省小语种人才培养示范点	云南省教育厅	陆生	2012—2014
6	泰语语音文字精品视频公开课	云南省教育厅	陆生	2012—2014
7	泰语专业综合试点改革	云南省教育厅	陆生	2013—2015
8	云南省东南亚南亚语种优秀翻译人才培养基地	云南省教育厅	陆生	2013—2017
9	云南省省级教学名师工作室	云南省教育厅	陆生	2014—2016
10	云南省小语种教研室建设（泰语）	云南省教育厅	陆生	2014—2016
11	云南省高校高层次人才特殊支持计划教学名师	云南省教育厅	陆生	2015—2018
12	云南省省校教育合作重点项目：跨校联合培养非通用语种人才	云南省教育厅	陆生	2017—2018
13	云南省区域高水平大学品牌专业（缅甸语）	云南省教育厅	易嘉	2013—2017
14	云南省小语种教研室建设（缅甸语）	云南省教育厅	易嘉	2014—2016
15	云南省小语种教研室建设（越南语）	云南省教育厅	方晨明	2014—2016

续表

序号	项目名称	项目来源	主持人	起止年份
16	云南省"十二五"规划教材：泰语阅读	云南省教育厅	杨丽周	2013—2015
17	云南省省级精品教材：老挝语语音教程	云南省教育厅	黄慕霞	2012—2013
18	云南省精品课程：基础老挝语	云南省教育厅	陶文娟	2012—2014
19	云南省精品课程：基础缅甸语	云南省教育厅	邹怀强	2012—2014
20	云南省高校小语种人才培养项目	云南省教育厅	杨丽洲	2012—2013

通过各级别、各类别的质量工程的实施，进一步规范和加强了教学工作，加大了学院教学改革的经费支持，在促进学院教学改革、加强师资队伍建设、提高教学质量、创新人才培养模式和改善办学条件等方面发挥了巨大作用，成效十分显著。

在学院各级别、各类别质量工程项目建设的有力推动下，学院的教材建设取得了喜人成绩。截至2019年，各语种教研室已累计出版各类专业教材25部，并正逐渐形成云南民族大学非通用语种类系列教材。（各类专业教材详见表1-6）

表1-6 各类专业教材出版一览表

序号	著作者	教材名称	出版社	出版时间	备注
1	吕士清	《基础越语（1）》	云南大学出版社	2003年	2006年再版
2	吕士清	《基础越语（2）》	云南大学出版社	2004年	
3	吕士清	《基础越语（3）》	云南大学出版社	2010年	
4	吕士清	《基础越语（4）》	云南大学出版社	2010年	
5	陆生、杨丽周	《泰语视听说》	云南人学出版社	2008年	2009年获省级优秀教材
6	刘晓荣	《泰语会话教程》	云南大学出版社	2010年	
7	陆生、蔡荣男	《大学泰语综合教程1》	重庆大学出版社	2010年	2012年获省级精品教材
8	陆生	《大学泰语综合教程2》	重庆大学出版社	2012年	获2017年度中国外语非通用语优秀科研成果教材类一等奖
9	陆生、杨丽洲	《大学泰语综合教程3》	重庆大学出版社	2013年	
10	杨丽周、陈静怡	《大学泰语综合教程4》	重庆大学出版社	2014年	
11	杨丽周	《泰语阅读教程1》	重庆大学出版社	2014年	
12	杨丽洲	《泰语阅读教程2》	重庆大学出版社	2019年	
13	陆生	《泰语字词读写力》	台湾笛藤出版社	2017年	
14	陆生	《基础泰语（1）》	重庆大学出版社	2018年	
15	陆生	《基础泰语（2）》	重庆大学出版社	2018年	
16	赵洪云、刘建琼	《泰语写作》	重庆大学出版社	2018年	
17	杨丽周、陈宇	《泰语公共教程（上）》	云南人民出版社	2019年	
18	杨丽洲	《泰语听力教程（2）》	重庆大学出版社	2019年	
19	苏自勤、刘利民	《缅甸语阅读教材（第一册）》	云南大学出版社	2015年	
20	刘利民、王何忠	《缅甸语阅读教材（第二册）》	云南大学出版社	2010年	
21	黄慕霞	《老挝语语音教程》	云南大学出版社	2010年	2012年获省级精品教材
22	李能斌	《老挝语听力教程1》	重庆大学出版社	2014年	
23	李能斌	《老挝语听力教程2》	重庆大学出版社	2015年	
24	莫源源、李飞	《柬埔寨语听力教程1》	重庆大学出版社	2017年	
25	杨砚寓	《印度尼西亚语阅读教程2》	重庆大学出版社	2017年	

注：统计截至2019年12月。

（四）国家留学基金管理委员会政府奖学金项目

云南民族大学自2005年开始执行国家留学基金管理委员会（本书有时简称国家留基委

或留基委）非通用语种类专业出国留学政府奖学金遴选项目，自2006年开始派出学生，是云南省最早获得此类项目的高校。

截至2019年12月，学院通过国家留基委政府奖学金项目选派各语种专业学生公派出国留学共计764人。（各语种专业分年度获选国家留基委公派留学人数详见表1-7）此外，自1999年起，学校通过国家留学基金委项目先后选派青年教师14人出国进修。至此，云南民族大学执行国家留基委公派出国项目的人数规模在全国地方高校中位居前列，也是云南省利用国家留学基金委项目人数最多的单位，为学校取得了良好的办学声誉。

表1-7 各语种专业分年度获得国家留基委公派留学人数一览表

单位：人

年份	泰语	缅甸语	越南语	老挝语	柬埔寨语	马来语	印度尼西亚语	印地语	菲律宾语	孟加拉语	尼泊尔语	尼泊尔语	普什图语	僧伽罗语	泰米尔语	合计
2006年	—	—	7	1	—	—	—	—	—	—	—	—	—	—	—	8
2007年	—	3	12	4	3	—	3	—	—	—	—	—	—	—	—	25
2008年	3	3	15	19	—	—	—	—	—	—	—	—	—	—	—	40
2009年	3	3	7	18	4	—	—	—	—	—	—	—	—	—	—	35
2010年	3	7	2	5	3	—	—	—	—	—	—	—	—	—	—	20
2011年	2	6	8	15	3	—	—	—	—	—	—	—	—	—	—	34
2012年	4	7	10	14	—	—	—	—	—	—	—	—	—	—	—	35
2013年	2	3	4	20	10	—	—	—	—	—	—	—	—	—	—	39
2014年	5	10	13	13	6	4	6	12	—	—	—	—	—	—	—	69
2015年	21	21	26	13	7	12	6	5	—	—	—	—	—	—	—	111
2016年	24	14	24	12	11	—	—	—	—	—	—	—	—	—	—	94
2017年	25	13	16	12	13	15	—	12	—	—	—	—	—	—	—	114
2018年	7	7	7	8	8	7	8	8	—	14	—	—	—	—	—	74
2019年	3	1	2	5	3	5	6	5	4	—	8	10	4	8	2	66
合计	102	98	153	159	71	43	46	42	4	14	8	10	4	8	2	764

注：统计截至2019年12月。

2015年，学校继续与国家留基委保持良好的合作关系，通过"国际区域问题研究及外语高层次人才培养"项目选派学生赴东南亚南亚各国留学。学校在云南省教育厅的支持下，向国家留基委为由学校承办的"云南省东南亚南亚语种翻译人才培养基地班"申请了单列公派留学项目，实现了基地班学员整班成建制地公派留学。通过国家留基委派出项目的执行实施，有力地促进了学校非通用语种类人才的培养和师资队伍建设。国家留基委项目在学校实施的规模效益已经初步显现，学生专业素质得到了有效提高，得到用人单位和社会的充分认可，就业质量在全校名列前茅。

2008年，经共青团云南省委和共青团中央选派，云南民族大学泰语、缅甸语、越南语、老挝语、柬埔寨语专业的20名学生参与了北京奥运会期间的语言志愿者服务工作，圆满地完成了工作任务，其中，就有刚刚回国的享受过国家留基委项目资助的11名学生。在2008年12月全国政协贾庆林主席访问老挝、2010年6月国务院温家宝总理访问缅甸、2011年12月习近平副主席访问泰国和2012年3月胡锦涛总书记访问柬埔寨期间，云南民族大学赴对象国的留学生在我国驻当地国使（领）馆的安排下，均参与了当地国的相关接待工作和欢迎活动，并受到国家领导人的接见，展示了中国留学生在外学习生活的良好风貌和形象。2015年11月习近平总书记访问越南期间，云南民族大学赴越留学的基地班学员再次受到了习近平总书记的亲切接见。

（五）基地班项目和"三校学习"项目

承担"云南省东南亚南亚语种优秀翻译人才培养基地班"项目的具体实施工作和探索实践"三校学习"人才培养模式，是东语学院在继续完善"3+1"本科人才培养模式的同时，对非通用语类人才培养模式的进一步创新。2017年，学院"东南亚南亚语种专业人才培养质量体系的构建与实践"获云南省第八届教学成果二等奖。

为加快适应"一带一路"建设和云南省面向南亚东南亚辐射中心建设的新形势，以及满足新时期对外交往和文化"走出去"对翻译人才日益增长的需要，云南省教育厅于2014年启动了"云南省东南亚南亚语种翻译人才基地班项目"，目的是快速培养一批留得住、用得上的东南亚南亚语言优秀口译、笔译人才。基地班项目由作为云南省高校非通用语种类专业教学与考试指导委员会主任委员单位的云南民族大学承办，参与高校包括云南师范大学、红河学院、云南财经大学、云南农业大学、大理大学、西南林业大学、玉溪师范学院、文山学院、曲靖师范学院、云南大学滇池学院、云南师范大学商学院和云南民族大学共12所高校。基地班项目具体在泰语、缅甸语、越南语3个本科专业当中实施。东语学院为基地班项目专门制订了人才培养方案，注重构建培养学生翻译能力的专业课程体系，有效利用本校的师资优势和国内外办学资源，邀请国内外知名专家为基地班学生授课、讲座，为学生提供广泛的专业实习机会，确保了该项目的顺利开展。2015—2019年，东语学院共接收基地班项目本科生202人，目前毕业154人、在读48人。

2014—2016年，东语学院创新实践了"三校学习"本科人才培养项目，即除了在本校和"3+1"国外高校学习之外，再选拔非通用语种类专业的在读优秀本科学生到国内著名高校进行1个学期的交流学习，从而使这些学生在其4年本科就读阶段内获得国内外3所高校的学习经历。根据校际间签订的合作协议，"三校学习"本科人才培养项目的派出学生的接收单位包括北京大学外国语学院、解放军外国语学院（现中国人民解放军战略支援部队信息工程大学外国语学院）、广西大学东南亚语言文化学院、广东外语外贸大学东方语言文化学院等兄弟院校。通过该项目的实施，学生开阔了专业学习视野，提升了专业能力，东语学院东南亚南亚语种类专业的人才培养质量明显提升，进一步加强了云南民族大学与国内其他高校在非通用语种类人才培养领域的交流与合作。2016年，东语学院选派缅甸语、越南语、老挝语、马来语、印度尼西亚语5个专业本科生共15人作为"三校学习"项目学生赴兄弟院校学习。项目实施期间，学院累计完成了3个批次"三校学习"项目的本科学生共35人的选派工作。2018年，东语学院"东南亚语种专业'二校学习'本科人才培养模式的创新与实践"获评云南民族大学第十五届校级优秀教学成果奖一等奖。

（六）人才培养基地建设

2004年4月22日，经云南省政府批准，"中国—东盟语言文化人才培养基地"在云南民族大学成立，省政府副秘书长钱恒义同志出席揭牌仪式。该基地设立在东南亚语言文化学院。自此，学校加大了对东南亚各语种专业的建设力度，明确提出"建好省级基地，建成国家级基地"的任务目标，学校在此基础上积极推进教育部"国家外语非通用语种类本科人才培养基地"的申报工作。

2009年5月27日，应云南省教育厅聘请，组成由北京大学刘曙雄教授任组长，北京外国语大学、解放军洛阳外国语学院、广东外语外贸大学、广西民族大学、云南省社会科学院等专家组成的专家组，对东语学院的省级基地进行了考察和验收，基地顺利通过验收。验收专家组一致得出验收结论："云南民族大学云南省'中国—东盟语言文化人才培养基地'定位准确，区位优势突出，办学思路清晰，师资队伍建设、教研支撑条件和教学水平不断提高，建设成效日益明显，达到了基地建设的预期目的，已经并将继续为云南省和我国西南地区的经济社会发展源源不断地输送合格人才。"

2013年以来，通过东南亚人才培养模式试验区、东南亚南亚语种人才培养基地、小语种人才培养示范点等省级教学质量工程项目的建设和学院对非通用语类专业人才培养模式的不断探索与实践，云南民族大学的非通用语种类专业人才培养基地建设工作再上一个新的台阶。

（七）就业工作

在学院人才培养工作的有力推进下，学院毕业生就业率高、就业质量好，培养的历届毕业生陆续就业于外交部、新华社、中央电视台、中国国际广播电台、中国银行总行（北京）、中国石油化工集团（东南亚管道公司）、中国石油天然气集团、中铁集团、葛洲坝集团、南方电网、昆明海关、云南省发改委、云南省社会科学院、西安外国语大学、天津外国语大学、广西民族大学、云南大学、云南师范大学等一批中央直属企事业单位、政府机关、高校科研机构及其他就业单位，以及部队、公安和安全系统，学院因此也连续多年获评全校就业先进集体一等奖。值得一提的是，云南民族大学东语学院历届毕业生有大批就业于开设有非通用语种类专业的云南省各所高校和国内其他高校，作为高校教师继续从事东南亚语种专业教学，成为我国高等院校非通用语种师资的重要来源。

在东语学院众多优秀毕业生当中，还有2人考取北京大学亚非语言文学专业博士研究生、2人考取北京大学亚非语言文学专业硕士研究生；有1人考取清华大学国际关系专业硕士、博士研究生，目前在清华大学国际关系学院做博士后研究；有1人考取北京外国语大学亚非语言文学硕士研究生。

（八）办学基础设施建设

在学校的大力支持下，东语学院重视教学基础设施设备和图书资料的建设。学校累计拨出上百万元经费购买东南亚各国图书资料和征订期刊。泰、缅、越、老、柬、马来等6国驻昆总领事馆还每年向学院捐赠图书资料。学院图书资料室现藏有东南亚各国外文原版图书和期刊6万余册、中文图书近2万册，以及大量的音频、视频等多媒体教学材料，已经初步发展成为西南片区高校藏书量最多、设施最完备的东南亚图书资料中心。

学院配备有卫星接收设备，师生能够实时收看泰、缅、越、老、柬5个对象国卫星电视节目。学院还配备多间多媒体语音教室，并在雨花新校区规划建设有同声传译教学实验室和东南亚南亚语料库，使得专业语言的课堂教学手段日趋现代化。

（九）开展专业竞赛，以赛促学、以赛促教

东语学院自2012年以来每年都选派专业学生参加全国和全省的东南亚语种类专业演讲比赛，取得了良好成绩，有力地促进了专业教学。2015年，学院承办了云南省首届高校外语专业口译大赛。2017年，学院承办了云南省第五届东南亚语种演讲比赛。2018年，学院再次承办了云南省第六届东南亚语种演讲比赛。2019年，东语学院还承办了两次全国性的专业外语演讲比赛，分别是"世图杯"第九届全国大学生越南语演讲大赛暨越南语教学研讨会，第二届中国—马来西亚翻译、语言和文化研讨会暨第二届全国大学生马来语演讲大赛。其中，有来自全国22所本科院校的110名选手参加了"世图杯"第九届全国大学生越南语演讲大赛，有来自5所马来西亚高校和9所中国高校的学生参加了第二届全国大学生马来语演讲大赛。各类专业大赛进一步提高了学生专业语言的运用能力，有力地促进了学院的本科教学和本科人才培养，并加强了学校与云南省内、国内乃至国外各相关高校的联系与交流合作，增进了相互了解和学习互鉴。

（十）牵头组织云南省高校东南亚南亚语种应用能力等级考试并制定东南亚语种专业质量标准

由云南民族大学东语学院牵头实施的云南省高校东南亚南亚语种应用能力等级考试属国内首创，在国内各高校尤其是四川、广西、广东等地相关高校中产生了非常积极的影响和反响。该项目的实施为省外相关高校实施东南亚南亚语种教学改革提供了可参考的模式，推动了我国相关高校东南亚南亚语种教学改革，在我国东南亚南亚语种人才培养中发挥了举足轻重的作用，为"一带一路"建设培养高素质人才提供了有力保障。自2016年开始，云南省高校非通用语种应用能力等级考试开始分为专业和非专业两个类别，包括非通用语种非专业应用能力考试、非通用语种专业四级应用能力考试和非通用语种专业八级应用能力考试。

2016年，为了促进云南省高校东南亚南亚语种类专业本科教育教学改革，提高人才培养质量，学院作为云南省高校东南亚南亚语种教学与考试指导委员会主任委员单位，在云南省教育厅的领导下，牵头制定了泰语、缅甸语、越南语3个语种的省级人才培养质量标准。标准的制定以云南省高校东南亚南亚语种办学定位、区域特点和社会需求为依据，为云南省高校相关语种本科专业建设和评价提供了可靠依据。

上述两个项目的实施，进一步提升了东语学院非通用语种类本科人才培养的水平，检验了云南省各高校东南亚南亚语种的教育教学质量和水平，促进了云南省内各高校东南亚南亚语种专业的教学改革与实践，提高了非通用语种类本科人才培养的质量。

四、科学研究

在搞好教学工作的同时，东语学院历来十分重视鼓励教师的科研工作。学院充分依

托各语种自身专业优势，鼓励各专业语种教师积极开展科学研究和教学改革研究，一手抓教学、一手抓科研，力争做到"教学、科研两不误"，使学院科学研究在对象国和地区语言、历史、文化、宗教和国情等领域的科研工作取得可喜的成绩。

自2007年至今，学院教师申报立项国家社会科学基金项目共14项，其中包括重大项目1项、西部项目4项、青年项目2项、一般项目7项，目前已结项4项。同时，学院教师还申报立项省部级科研项目11项，其中含云南省教育科学"十二五"规划重大决策委托项目1项、云南省社科基金项目6项、其他省部级科研项目4项。（详见表1-8）此外，自2007年以来，学院教师还有立项厅级科研项目11项和校级科研项目42项。

表1-8 省部级以上科研项目一览表

序号	项目名称	项目编号	主持人	项目级别	备注
国家社科项目					
1	中缅泰老越印度六国跨境傣泰语言比较研究	17ZDA317	杨光远	国家社会科学基金重大项目	2017年立项
2	印度阿萨姆阿洪傣族编年史《阿洪姆兰基》翻译及诠注	A080014	杨光远	国家社会科学基金一般项目	2015年结项
3	十一世纪以来的缅甸语语音研究	09BYY061	岳麻腊	国家社会科学基金一般项目	2015年结项
4	云南省东南亚语种（泰、缅、越、老、柬）基础教学规律研究	09XYY025	刘晓荣	国家社会科学基金西部项目	2009年立项
5	西双版纳老傣文正字法研究	10XYY026	陆生	国家社会科学基金一般项目	2017年结项
6	中国西双版纳与泰国北部南传佛教僧伽制度改革关系调查研究	13CZJ007	饶睿颖	国家社会科学基金青年项目	2019年结项
7	缅甸试验文学研究	13BWW029	刘利民	国家社会科学基金一般项目	2013年立项
8	缅甸古典戏剧文学研究	15BWW026	易嘉	国家社会科学基金一般项目	2015年立项
9	海南回辉话与印尼伊班语的对比研究	15CYY045	张会叶	国家社会科学基金青年项目	2015年立项
10	傣泰民族谚语的当代价值研究	15XXW01	杨丽周	国家社会科学基金西部项目	2016年立项
11	中缅印跨境景颇语方言研究	16XYY042	岳麻腊	国家社会科学基金西部项目	2016年立项
12	缅族崛起对周边国家的影响研究	17BSS023	邹怀强	国家社会科学基金一般项目	2017年立项
13	泸沽湖周边多民族地区藏传佛教传播史研究	17XMZ059	许瑞娟	国家社会科学基金西部项目	2017年立项
14	云南壮族《麽经》方块壮字研究	19CYY043	刘建琼	国家社会科学基金一般项目	2019年立项
省部级科研项目					
15	云南省高校小语种专业结构优化布局调查研究	BW1403	陆生	云南省教育科学"十二五"规划2014年度重大决策委托课题	2014年结项
16	傣语中汉语新词术语研究	云宣通〔2008〕29号	杨光远	云南省社科基金一般项目	2009年结项
17	"中国—东盟自由贸易区"合作中云南省的东南亚南亚语言人才问题及其对策研究	云合教办〔2007〕05号	杨光远	云南省院省校教育合作项目	2011年结项
18	泰语语法教学重点研究	2010Z072	杨丽周	云南省社科基金一般项目	2013年结项
19	泰国谚语文化内涵研究	YB2013069	杨丽周	云南省社科基金一般项目	2014年结项
20	泰北早期的孟高棉民族与女王国的兴衰研究	QN201238	饶睿颖	云南省社科基金青年项目	2015年结项

续表

序号	项目名称	项目编号	主持人	项目级别	备注
21	民族语言调查——云南宁蒗壮语北部方言宁蒗话	YB1734A109	黄海暑	国家语委科研规划项目	2017年立项
22	中国博士后科学基金第61批面上资助	2017M-613284XB	许瑞娟	科技部中国博士后科学基金	2017年立项
23	傣泰稻作谚语语言文化研究	2018YJCXB04	刘建琼	云南省院省校教育合作项目	2018年立项
24	《华夷译语》中的傣文文献及语言研究	YB2017070	杨光远	云南省社科基金一般项目	2019年结项
25	2018年度云南省哲学社会科学学术著作出版资助项目	云宣〔2018〕37号20	陆生	云南省社科基金专项项目	2019年结项

注：本表仅列主持项目，统计数据起止年份为2007—2019年。

2006年，由杨光远教授任副主编之一、泰语教研室教师翻译编写的《泰王国经济贸易法律选编》一书，作为"东南亚国家经济贸易法律研究丛书"子课题荣获云南省第十一届哲学社会科学优秀成果特等奖。2009年，杨光远教授的专著《十三世纪傣泰语言的语音系统研究》获云南省第十二届哲学社会科学优秀成果三等奖。此外，东语学院专业教师还出版了多部专（译）著及辞书。（详见表1-9）

表1-9 学院教师专（译）著及辞书一览表

序号	书名	作者	出版社	出版时间	备注
1	《泰王国经济贸易法律选编》	杨光远等	中国法制出版社	2006年	云南省第十一届哲学社会科学优秀成果特等奖
2	《泰王国经济贸易法律续编》	杨光远等	四川大学出版社	2007年	
3	《十三世纪傣泰语言的语音系统研究》	杨光远	民族出版社	2007年	云南省第十二届哲学社会科学优秀成果三等奖
4	《十二世纪以来的缅甸语语音研究》	岳麻腊	民族出版社	2010年	
5	《泰语语音教学模式研究》（泰文）	陆生	泰国朱拉隆功大学出版社	2011年	
6	《基于积极阅读与合作学习理论构建的泰语阅读教学模式研发及实证研究》（泰文）	杨丽洲	泰国朱拉隆功大学出版社	2013年	
7	《永宁摩梭"母系"文化词群研究》	许瑞娟	民族出版社	2015年	
8	《泰国谚语译注》	杨丽周	重庆大学出版社	2015年	
9	《语言类型学视野下的泰、缅、越、老、柬语四音格词对比研究》	许瑞娟	云南人民出版社	2016年	
10	《傣语语法》	杨光远	云南民族出版社	2016年	
11	《泰语分类词典》	陈静怡	云南人民出版社	2018年	
12	《缅甸语分类词典》	苏自勤	云南人民出版社	2018年	
13	《越南语分类词典》	程潇潇	云南人民出版社	2018年	
14	《老挝语分类词典》	陶文娟	云南人民出版社	2018年	
15	《柬埔寨语分类词典》	张云涛	云南人民出版社	2018年	

续表

序号	书名	作者	出版社	出版时间	备注
16	《马来语分类词典》	刘佳荣	云南人民出版社	2018年	
17	《印度尼西亚语分类词典》	张会叶	云南人民出版社	2018年	

截至2019年12月，全院教师在学术期刊上公开发表学术论文百余篇，其中包括《民族语文》《世界宗教文化》等CSSCI来源期刊论文20余篇。（详见表1-10）

表1-10 学院教师部分学术论文（C刊级以上）一览表

序号	论文作者	论文题目	期刊名称	期次
1	饶睿颖	《迁移境外的傣泐人南传佛教文化观研究——以泰北南王村寨为例》	《世界宗教文化》	2016年第5期
2	邹怀强、高辉	《从阿迎舞的兴衰看缅甸传统舞蹈艺术保护的必要性》	《东南亚纵横》	2016年第3期
3	许瑞娟	《流动的"理"与"礼"：中缅边境拉祜西的文化记忆与族群认同——以澜沧龙竹棚母寨与子寨拉祜西为例》	《中央民族大学学报》（哲学社会科学版）	2017年第4期
4	张会叶	《谱系分类的主要依据——以回辉话为例》	《民族语文》	2018年第2期
5	许瑞娟	《和谐的追求：父亲的骨肉，母亲的联盟——永宁摩梭人的身体象征及其隐含意义解析》	《西南边疆民族研究》	2016年第3期
6	许瑞娟	《2004—2016年中国泰语语法研究综述》	《东南亚纵横》	2018年第6期
7	王彧	《从句子回忆和信息提取看双语双重编码理论》	《外语教学与研究》	2019年第3期
8	杨光远、刘建琼	《傣泰语人称代词比较研究》	《民族语文》	2019年第3期
9	张会叶	《海南回辉话致使标记的特点》	《民族语文》	2019年第4期
10	杨光远、何冬梅	《泰语词汇双音化现象探析》	《云南民族大学学报》（哲学社会科学版）	2012年第2期
11	饶睿颖	《泰北泰庸人与中国西双版纳傣泐人历史关系研究》	《广西民族大学学报》（哲学社会科学版）	2012年第2期
12	饶睿颖	《泰北主体民族泰庸人与老挝泰佬人历史关系研究》	《广西民族研究》	2012年第1期
13	易嘉	《试论明代的中缅贸易》	《学术探索》	2012年第4期
14	易嘉	《传统与求新：缅甸贡榜时期的戏剧》	《云南民族大学学报》（哲学社会科学版）	2013年第3期
15	杨丽周、岳淑芳	《泰国泰族与云南西双版纳傣族拜水习俗比较》	《云南民族大学学报》（哲学社会科学版）	2013年第4期
16	杨丽周	《泰国谚语中的佛教哲学思想研究》	《云南民族大学学报》（哲学社会科学版）	2014年第5期
17	饶睿颖	《泰北早期孟高棉语民族与女王国的兴衰研究》	《学术探索》	2013年第7期
18	许瑞娟	《摩梭家屋空间建构的隐喻象征意义解析》	《云南民族大学学报》（哲学社会科学版）	2015年第3期
19	许瑞娟	《文化的建构与实践：永宁摩梭人亲属制度再研究》	《贵州民族大学学报》（哲学社会科学版）	2015年第4期

续表

序号	论文作者	论文题目	期刊名称	期次
20	陆生	《中国学生泰语语音教学模式研究（泰文）》	《泰国玛哈撒拉堪大学学报》	2013年第6期
21	杨丽周	《佛教因果业报思想在泰国谚语中的体现》	《东南亚纵横》	2014年第7期
22	杨丽周	《泰国谚语的夫妇伦理规范研究》	《东南亚纵横》	2015年第5期

2012年12月，经云南省教育厅批准，"云南省东南亚南亚西亚研究中心"在云南民族大学雨花校区揭牌成立，研究中心成立泰国、缅甸、越南、老挝、柬埔寨、马来西亚、印度尼西亚、印度等一批以研究对象国为主的研究所，进一步强化对东南亚、南亚、西亚国家经济社会发展的研究，凸显出云南民族大学非通用语种类学科专业及其人才培养的特色和优势。

2019年6月，根据学校机构调整方案，在原有国别研究所的基础之上整合成立国别研究院，新成立的国别研究院与东语学院合署，下设已有的东南亚南亚西亚研究中心、巴基斯坦研究中心、尼泊尔研究中心、印度人文交流中心等4个研究机构。学院组织申报的"云南民族大学大湄公河次区域研究中心"获批第二批国家民委"一带一路"国别和区域研究中心，为国别研究院的建设提供了更高的平台。中心将在新时代中国特色大国外交视野下，依靠云南民族大学自身已有的跨学科教学研究力量，发挥云南民族大学崇尚扎实学风的优良传统，加强政府、企业和高校的国际交流与合作，对泰国、缅甸、越南、老挝、柬埔寨5国开展跨境民族亲属语言文字、跨境民族关系、大湄公河次区域国家语言文学及文化、云南周边国家外交关系、大湄公河次区域国家语言政策、大湄公河次区域国家民族宗教和民族问题、大湄公河次区域地区安全问题等方面的区域与国别问题研究。

五、对外交流

云南民族大学在非通用语种类学科专业的办学过程中，充分利用外部资源，拓展对外合作交流。学校坚持和不断创新"3+1"人才培养模式，与东南亚南亚各国著名高校保持有良好的合作关系，与东南亚南亚地区各国驻华使（领）馆保持着良好的交往和联系，在与国外高校间合作、外教聘请、图书资料和举办口语大赛等活动方面得到各使（领）馆的大力支持与帮助。学校还与北京大学、北京外国语大学、解放军外国语学院（现中国人民解放军战略支援部队信息工程大学）等国内著名非通用语办学高校保持有良好的合作关系，并于2010年与北京大学外国语学院签订了教学科研合作协议。

（一）与东南亚南亚各国高校开展交流与合作

通过"3+1"人才培养模式等学生派出项目，云南民族大学与众多东南亚南亚国家著名高校建立有良好的办学合作关系。这些国外高校包括泰国朱拉隆功大学、东方大学、玛希隆大学、程逸皇家大学、碧武里皇家大学、缅甸仰光大学、仰光外国语大学、曼德勒外国语大学、越南国家社会科学大学、河内外国语大学、河内师范大学、老挝国立大学，柬埔寨金边皇家大学，马来西亚马来亚大学、马来西亚国立大学，菲律宾国立大学，印度尼西亚卡查马达大学、日惹国立大学，印度德里大学、阿格拉中央印地语大学、印度企业发展学院、印度SRM科技学院，斯里兰卡凯拉尼亚大学，巴基斯坦国立现代语言大学，尼泊尔特里布文大学等12个东南亚南亚国家的25所高校签订校际合作协议，这为学院非通用语种类专业的人才培养、教学科研工作的顺利开展提供了有力保障。

（二）与东南亚南亚各国驻华使（领）馆开展合作与交流

一直以来，云南民族大学的非通用语种类专业办学得到了东南亚南亚各国驻昆明总领事馆的大力支持，特别是在学生"3+1"自费出国学习手续办理、外专外教的聘请和专业图书资料建设等方面得到了宝贵的支持。各国历任驻昆明总领事都曾到访过云南民族大学，或亲自到云南民族大学捐赠本国原版原文图书资料，或作为重要嘉宾出席云南民族大学举办的"东南亚南亚文化节"并在文化节期间举行的东南亚语种类口语大赛中担任嘉宾评委。时任马来西亚驻昆明总领事罗斯里先生甚至专程到学校为马来语专业学生上马来语专业示范课。

2001年，学校获得了泰王国驻昆明总领事馆120万泰铢资助，在东语学院建起了泰国文化室。泰王国驻昆明总领事馆还在所举办的如昆明泰国商品展等各类活动中为云南民族大学泰语专业学生提供实习机会。2005年，学校举办了云南民族大学首届"中国—东南亚文化节"，泰国、缅甸、越南、老挝、柬埔寨、马来西亚6国驻昆明总领事馆总领事出席文化节开幕式。

2016年11月，印度尼西亚驻华使馆教育参赞威文恺到访云南民族大学，了解东语学院印度尼西亚语专业的建设情况。2017年2月，印度时任驻华大使顾凯杰、印度驻广州总领事唐施恩到访云南民族大学。2017年6月，尼泊尔驻华大使利拉·玛尼·鲍德尔到访云南民族大学。2017年4月，巴基斯坦驻成都副总领事博哈利到访云南民族大学。2019年11月，印度驻华大使唐胜勇、印度驻广州总领事高士到访云南民族大学。2019年12月，巴基斯坦驻成都代总领事马赫穆德到访云南民族大学。东南亚南亚各国驻华使（领）馆对云南民族大学的非通用语种类专业办学都给予了关注，并表示愿意积极支持云南民族大学与其本国高校间开展师生互派、培训、奖学金和教育资源共享等方面的交流与合作。

（三）与北京大学等国内知名高校间开展交流与合作

云南民族大学拥有以东南亚语种群和南亚语种群为代表的非通用语种类办学基础，与北京大学、北京外国语大学、解放军外国语学院（现中国人民解放军战略支援部队信息工程大学外国语学院）、广西民族大学等高校间保持并开展了专业交流与合作。其中，与北京大学开展教学科研合作的时间最长、范围最广。

云南民族大学与北京大学在非通用语学科专业领域，特别是在东南亚语种群、南亚语种群的教学科研、人才培养、服务地方社会经济建设等方面，具有很好的优势互补条件和前期合作基础。自2000年以来，云南民族大学东语学院与北京大学外国语学院保持有良好的全面合作关系。这些合作主要是与北京大学外国语学院下属的东南亚语系、南亚语系之间开展的，具体包括签订教学科研合作协议以及专业和课程建设、科研合作及青年教师培养等方面的合作。2008年，东语学院就曾与北京大学外国语学院合作开设了"东南亚文化"研究生网络课程，授课对象为东语学院亚非语言文学硕士研究生，取得良好效果。

2010年10月，云南民族大学东语学院与北京大学外国语学院签订了两校院间教学科研协议。协议由时任北京大学外国语学院程朝翔院长和时任云南民族大学东语学院院长杨光远签订，协议内容涉及专业建设、课程建设、师生互换交流、师资队伍建设和科研等诸多方面。根据合作协议，2012年，云南民族大学东语学院与北京大学外国语学院达成了从云南民族大学选派亚非语言文学硕士研究生以交换生的身份到北京大学外国语学院学习1个学期的合作意向，相关学生在课程考试考核合格后，将获得北京大学研究生部和北京大学外国语学院颁发的课程结业证书，此类尝试使得云南民族大学研究生能够获得国内著名高校的优质教学资源，创新了云南省东南亚语言高层次人才培养的新模式。

2007年，云南民族大学东语学院与北京大学外国语学院联合申报了云南省省院省校合作项目"'中国—东盟自由贸易区'合作中云南省的东南亚语言文化人才问题及其对策研究"科研课题。2015年5月，北京大学外国语学院东南亚语系系主任咸蔓雪带领该系全部5个语种专业（泰语、缅甸语、越南语、印尼语和菲律宾语）教研室主任及教师代表一行9人到访东语学院，双方进行了教学调研和交流。2016年4月，由东语学院、北京大学外国语学院东方学研究工作室和云南民族大学东南亚南亚西亚研究中心联合承办的高端学术研讨会"一带一路与东方学"圆桌研讨会成功举行。

（四）加强在教育部教指委和中国非通用语教学研究会组织框架下的多方面合作

教育部高校外语类专业教学指导委员会非通用语种类专业分委员会（以下简称"教育部高校外指委非通用语分指委"）和中国非通用语教学研究会是指导和统筹协调全国高校非通用语种类学科专业发展、教学科研和人才培养的重要机构。云南民族大学是教育部高校外指委非通用语分指委副主任委员单位，是中国非通用语教学研究会常务理事单位。东语学院原院长杨光远教授曾受聘教育部高校外指委非通用语分指委委员，学院现任院长陆生教授相继受聘教育部高校外指委委员、非通用语分指委副主任委员，并受聘中国非通用语教学研究会常务理事。在这两个组织框架下，云南民族大学与全国开设有非通用语种类专业特别是开设有东南亚南亚语种类专业的高校开展了包括青年教师培训、全国高校泰语和越南语演讲比赛等多个领域的合作。云南民族大学还两次承办教育部非通用语种类专业教指委全国会议，3次承办全国非通用语教学研究会年会。全国高校非通用语种类专业会议的承办提升了云南民族大学在全国高校非通用语界的影响力，加强了与其他兄弟院校间的交流和学习。

六、社会服务

在新时期，东语学院在做好东南亚南亚各语种类专业各项教学、科研工作的同时，还积极主动融入"一带一路"建设，积极投入云南省面向南亚东南亚辐射中心的建设，广泛服务于国家和地方社会经济建设。

（一）选派专业学生参与重大外事活动，承担语言志愿者服务工作

2008年，经共青团云南省委和共青团中央选派，云南民族大学泰语、缅甸语、越南语、老挝语、柬埔寨语专业的20名学生参与了北京奥运会期间的语言志愿者服务工作，并圆满地完成了工作任务。

2013年，经国家体育总局选派，学院12名缅甸语专业硕士研究生和本科生圆满完成了我国援助缅甸承办第27届东南亚运动会的志愿翻译服务，得到缅方的良好评价，云南民族大学全体志愿者学生获得东南亚体育联合会主席本·阿布扎里先生和缅甸政府体育部部长吴丁山先生联名签发的荣誉证书。

2016年11月，学院选派泰语、缅甸语、越南语、老挝语、柬埔寨语、马来语、印度尼西亚语7个语种专业学生14人参加中纪委、外交部主办的中国—东盟反腐败研讨会议，作为会议联络员承担东盟外宾的接送、联络、翻译等工作任务。中纪委对东语学院同学的出色表现给予了高度评价，认为他们"专业水平高、讲规矩、守纪律、落落大方、举止得体"。外交部亚洲司同样对东语学院的学生志愿者的专业素养和综合素质给予了高度赞扬。

2016年9月，学院选派泰语、老挝语、印度尼西亚语3个语种专业学生共7人参加了G20杭州峰会，承担大会的远程多语种应急服务平台服务工作，并圆满地完成了会议工作任务。

2016年11月，学院抽调老挝语专业师生20人参加了由云南省政府外事办公室组织的"纪念中老建交55周年'魅力云南——中老青年友好交流'"系列活动，东语学院师生良好的业务素质和热情大方的外事接待风貌受到了相关单位和外宾的一致赞誉。

2019年11月，学院泰语、缅甸语、老挝语、柬埔寨语4个语种专业学生共5人参加了第二届中国国际进口博览会小语种志愿者活动并在第二届进博会的总咨询台提供多语种服务。

2019年11月，应云南省体育局商请，学院派出缅甸语专业学生共5人协助完成了我国政府援助缅甸体育技术运动队来滇训练的接待工作。

2014—2019年，东语学院均组织选派各专业学生为南亚博览会（第1—6届）暨昆明进出口商品交易会提供语言志愿者服务。

（二）应中央部委需求选调专业教师支持国家驻外和外事工作

2012年以来，按照中联部、外交部和云南省外办等上级部门的工作安排，东语学院选派东南亚南亚专业师生，配合学校接待了越南政府副总理张永仲一行，以及东盟国家与南盟国家新闻媒体代表团、东盟政党干部考察团、缅甸巩固与发展党干部考察团、第二期老挝领导干部培训班、柬埔寨奉辛比克党青年妇女干部考察团、孟加拉国吉大港山区事务部代表团等国外政府、政党和媒体代表团的来访共计19批次，全面地向外方宣传介绍了我国的少数民族政策、云南省少数民族社会文化发展状况和云南民族大学的少数民族人才干部培养情况等。2015年，根据艾瑞深中国校友会发布的数据，在中国最受外国政要青睐的大学排行榜中，云南民族大学位居云南省高校第一、全国高校第十二。

自2016年至今，应国家驻外工作需要，经学校批准同意，东语学院先后选调泰语、缅

甸语、老挝语、柬埔寨语专业教师共9人，分别经商务部、文化和旅游部借调至驻曼谷中国文化中心、驻万象中国文化中心、驻老挝大使馆、驻缅甸大使馆、驻缅甸曼德勒总领事馆、驻柬埔寨暹粒总领事馆等我驻外机构工作。此外，学院专业教师频繁被中央机关、国家部委、地方政府和各单位借调承担重大外事活动的翻译工作和外语培训工作。

此外，东语学院还承接并圆满完成了如公安部小语种培训班、保山市委市政府公务员培训班、云南省德宏州工商局、云南国际电力投资有限公司等单位的企事业员工东南亚语种培训工作，受到培训组织单位的好评。

今后，云南民族大学将继续加强以东南亚语种群、南亚语种群为代表的非通用语种类特色重点学科建设，通过提升学科专业品质、培育创新型教学科研团队、加大基础条件建设投入、推进教育教学改革、创新理念和人才培养模式、提升科学研究水平、优化结构、突出特色，切实提高人才培养质量，不断增强社会服务能力，切实把云南民族大学非通用语种类学科建设成为云南省内一流、国内领先的特色重点学科，培养面向东南亚南亚国家对外开放、交流合作亟须的复合型、高层次非通用语人才，为在新时期服务"一带一路"建设和云南省面向南亚东南亚辐射中心建设提供有力的人才支持和智库保障。

执笔人：易嘉

附：各专业描述

泰语专业

专业定位及培养目标

云南民族大学泰语专业开设于1993年，至今已有近30年的历史，致力于培养适应新时期国家对外开放和社会经济发展需要，具有国际视野、通晓国际规则、能够参与国际事务和国际竞争，具备扎实的泰语专业基础知识和较强的泰语应用能力，具备初步的科学研究和实践能力及分析和解决问题能力，能够在政府部门、企事业单位、教育科研机构、部队等各行业从事翻译、管理、教学等具体工作的"泰语+"复合型高水平泰语专门人才。

人才培养

自2000年开始，泰语专业率先在全省实施了"3+1"人才培养模式，取得了良好效果，为云南省乃至长江以南地区其他高校相关专业起到了引领和示范作用。2014年后，与北京大学等国内知名高校合作，实施了"三校学习经历"办学模式，使学生能汲取各高校大学精神及文化素养，开阔学生的学术和国际视野。

师资队伍建设

在师资队伍建设上，现有专业教师12人，其中：教授4人，副教授3人，博士8人；高级职称教师占比为58%，博士占比为67%。教师队伍中，有教育部高等学校外国语言文学类教学指导委员会委员非通用语种专业教学指导分委员会副主任委员、云南省高等学校非通用语种类专业教学指导分委员会主任委员，有云南省"万人计划"教学名师1人、云南省教学名师1人、云南省教学名师工作室2个、云南省人民政府特殊津贴专家1人。此外，泰语专业每年都从泰国高校聘请泰语教师到泰语专业任教，截至目前，从泰国聘请的教师累计已达20余人。

专业建设成果

在专业建设上，自2005年以来，教学质量改革工程项目"'3+1'教学模式的实践与完善——东南亚泰、缅、越、老语言文化人才培养模式""搞好东南亚语种群特色专业建设，服务国家和云南发展战略"2项获云南省教学成果一等奖，"东南亚南亚语种专业人才培养质量体系的构建与实践"获二等奖。获教育部质量工程项目2项："特色专业——东南亚语种群建设点"、"基础泰语"精品课程。省级教学质量工程项目10余项："云南省非通用语人才培养基地"、"东南亚南亚创新人才培养试验区"、"泰语重点专业"、"泰语教学团队"、云南省"十二五"规划教材（《大学泰语综合教程》、泰缅越老柬听力教程以及泰缅越老柬公共小语种教程3项省级规划教材）、精品视频课程"泰语语音文字""泰语语言文化"等。教材《大学泰语综合教程》（1—4册）获中国外语非通用语优秀科研成果教材类一等奖、《老挝语语音教程》获省级精品课程、《泰语视听说》获省级优秀教材。《大学泰语综合教程1》被台湾笛藤出版图书有限公司版权引进出版发行，并销售到泰国。

科学研究成果

在科学研究上，获国家社科基金项目5项，其中"中缅泰老越印度六国跨境傣泰语言比较研究"为国家社科基金重大项目；获省部级科研课题7项，其中"云南省高校小语种专业结构优化布局调查研究"为云南省教育科学"十二五"规划2014年度重大决策委托课题。

就业情况

毕业生就业于西安外国语大学、天津外国语大学、云南大学、云南师范大学等省内外高校，成为我省乃至外省各高校泰语专业师资的重要来源。此外，毕业生还广泛就业于国家党政军机关及中央直属部门和企事业单位，为国家建设及云南对外开放做出了贡献。

执笔人：杨丽洲

缅甸语专业

专业设立时间

云南民族大学缅甸语专业创办于1993年，是同专业领域内省内开设最早、全国开设较早的专业。截至2019年9月，已招收21届本科生，毕业达536人。

专业定位

专业定位为应用型。秉承对接国家战略，培养服务于"一带一路"建设及澜湄合作所需的缅甸语人才。

专业师资

在职教师6人（副教授4人、讲师1人、助教1人），其中在读博士1人、具有硕士学位6人；专业教师分别毕业于北京大学、云南师范大学和云南民族大学。缅甸语专业常邀请国内外著名高校相关教授作为本专业外聘专家，不定期进行讲学授课。每年聘请1位外籍教师任教，至今已累计聘请21人。

专业教学资源

第一，拥有缅文原版图书6000余册，是国内高校和科研机构中缅文原版图书藏书量最多的，缅甸语专业可以在学院接收缅甸国家卫星电视节目，拥有非通用语种同声传译实训室、笔译实训室、数字录音室。

第二，获国家社科重大项目1项；国家社科一般项目4项（已完成1项）；完成省教育厅教学科研项目3项；有省级"小语种重点专业"建设项目、省级"东南亚语种专业复合型人才培养模式创新实验区"建设项目、云南省区域特色高水平大学品牌专业建设工程项目及"基础缅甸语"省级精品视频公开课等省级以上质量工程项目6项。

第三，获云南省教学成果一等奖2项、二等奖1项。

第四，出版专著、编著、教材10余部，发表论文50余篇。

学生就业情况

2016、2017届毕业生初次就业率100%；2018届毕业生就业率94%。

学生获奖情况

自2013年起每年都有学生荣获云南省东南亚语种缅甸语演讲比赛一等奖。考取北京大学、清华大学研究生2人。

专业特色优势及亮点

第一，与缅甸开展教育合作全国最早，学生规模及派出规模最大。2003年开始率先实施"3+1"本科人才培养模式，并在省内相关高校推广；2014年创新实践"三校学习"办学模式，与缅甸3所高校签订教育合作协议，与外校展开实质性合作。

第二，全国高校中缅甸语专业师资人数最多、拥有高级职称人数（在职）最多。职称结构、学缘结构、年龄结构较为合理。

第三，高层次毕业生就业最有亮点。外交部、中央电视台、新华社、中国国际广播电台、中石油、广东外语外贸大学、天津外国语大学、云南省社会科学院等单位均有本专业毕业生，省内各开设有缅甸语专业的高校，其师资大多由云南民族大学培养毕业。

第四，服务国家战略成效明显。2010年以来，为昆明勘测设计研究院、中电投云南公司、云南边防武警昆明机场支队等单位开设缅甸语培训班共6期；承接公安部外警培训项目、中央电视台《同饮一江水》大型纪录片、国家体育总局援缅项目、南亚博览会等重大外事活动的翻译工作。3名专业教师先后获文化和旅游部、商务部遴选借调我驻缅甸使（领）馆工作。

执笔人：刘利民

越南语专业

办学历史

云南民族大学越南语专业开设于1997年，是云南省最早开办越南语本专科专业的高校。本专业为云南省乃至全国各企事业单位、部队和国家机关培养了许多本专科、硕士学生。

学生规模

目前，本专业培养的层次有硕士、本科生、基地班（云南省教育厅依托云南民族大学的教学资源，自2013年开始，从全省开设有越南语本科专业的高校选拔优秀学生到校进行专业强化学习）、专升本等。截至2019年，已有17届本专科毕业生，毕业生人数近700人。

科研情况

目前，越南语专业获得教育部课题1项、教育厅课题12项、校级课题8项，公开发表论文近80篇，一些论文被多次转载和下载。

师资情况

现有专任教师7名，其中副教授1人、讲师5人、助教1人，具有硕士学位4人、博士学位1人、在读博士学位2人。7位教师均有外国留学或访学经历。本专业每年均聘请外教1—2人。通过"3+1"培养模式和"三校学习"办学模式将国内外其他高校越南语教师作为本校师资力量的有益补充。

教学改革情况

实践教学平台：本专业在越南两所高校建有教学实习基地；与北京甲骨易翻译公司合作建立实习基地——多语种翻译中心。

实训平台：本专业有非通用语种类专业同声传译实训室、外语笔译实训室。

人才培养模式

每年越南语专业大三学生都到越南高校留学1年，此模式被称为"3+1"模式。此外，每年硕士生、本科生在大二期间，可以申请到省外的北京大学、北京外国语大学等各高校学习1个学期，此模式被称为"三校学习"。

专业建设平台

越南语专业近几年来依托以下平台进行建设：

云南省"中国—东盟语言文化人才培养基地"；云南省普通高校重点建设专业项目；云南省人才培养模式创新试验区；云南省小语种人才培养示范点；云南省小语种优秀公共教研室建设项目；省级"基础越南语"精品课程建设项目；培养南亚东南亚语种人才服务"一带一路"国家建设项目（省级教学成果二等奖）；"3+1"教学模式（省级教学成果一等奖）；搞好东南亚与种群特色专业建设，服务国家和运输发展战略（省级教学成果一等奖）；东南亚南亚语种专业人才培养质量的构建与实践（省级二等奖）；云南省省校教育合作共建重点项目；云南省东南亚南亚语种优秀翻译人才培养基地班项目。

就业情况

本专业开设以来为四川外国语大学、云南大学、云南师范大学、云南财经大学、云南农业大学、云南理工大学、西南林业大学、贵州民族大学、红河学院、文山学院等高校输送了多名优秀师资。此外，本专业毕业生还广泛就业于国家党政军机关及中央直属部门、企事业单位和外企，为国家建设及云南对外开放做出了贡献。

2017年就业率100%，2018年就业率90%，2019年就业率98%。

师生获奖情况

本专业学生在2013年第二届云南省东南亚语种演讲比赛获一等奖，2013年第六届全国越南语演讲大赛获二等奖2名、三等奖2名；2014年云南省高校首届口译大赛越南语教师组获二等奖、学生组获二等奖；2015年第七届全国越南语演讲大赛二等奖1名、三等奖2名；2015年中国日报社举办"21世纪可口可乐杯"国际文化交流大使选拔赛获一等奖1名、二等奖3名、三等奖1名；2017年第八届全国越南语演讲大赛三等奖2名；2018年云南省东南亚语种演讲比赛获三等奖1名。

专业优势

在省内高校越南语专业中开创"3+1"培养模式并得到其他高校的推广应用；省内高校越南语专业大多数师资均毕业于本专业；师生社会服务频次高、级别高、范围广；越南语教师被国内、省内各部门借调担任外事活动翻译；学生多次在国家级、省级大型活动中担任越南语志愿者；从2013年以来，本专业每年都作为云南省大学越南语应用能力四级、八级等级考试命题单位。

执笔人：方晨明

老挝语专业

专业设立时间

云南民族大学老挝语专业开设于2002年，是西南地区第一所开办老挝语的高等院校，也是继北京外国语大学、广西民族大学之后，国内第三所开设老挝语本科专业的地方高等院校。

专业定位

面向东南亚培养适应新时代国家对外开放和社会经济发展需求，具有正确的世界观、人生观和价值观，具有良好的道德品质，具有中国情怀与国际视野、社会责任感、人文与科学素养、合作精神、创新精神以及学科基本素养的"老挝语+"复合型人才。

专业师资情况

本专业成功引进了1位高学历、成果丰的专业人才，现有在职教师6人，其中博士1人、硕士5人（含在读博士1人），副教授2人、讲师3人、助教1人，分别毕业于北京外国语大学、广西民族大学和云南民族大学；年龄35岁以下1人，35—50岁5人。6位教师中有5位是中共党员，政治立场坚定，为人师表，言传身教，立德树人。

专业教材

出版专著2部，其中1部被列为"十二五"国家重点图书出版规划项目；出版教材3部，其中1部获2012年省级精品教材、2部被列为云南省"十二五"规划教材。

专业教学平台

本专业在老挝国立大学建有1个教学实习基地，和北京甲骨易翻译公司合作建有1个实习基地——多语种翻译中心，推荐优秀学生参加各类志愿者翻译实习工作。此外，还建有非通用语种类专业同声传译实训室、外语笔译实训室。

专业建设平台

云南省"中国—东盟语言文化人才培养基地"，云南省小语种人才培养示范点，云南省人才培养模式创新试验区；"3+1"教学模式的实践与完善项目（省级教学成果一等奖）；培养南亚东南亚语种人才服务"一带一路"国家建设项目（省级教学成果二等奖）；中缅泰老越印度六国跨境傣泰语言比较研究项目（国家级社科基金重大项目）；"基础老挝语"和"老挝语入门"省级精品课程。

专业就业情况

近两年毕业生的初次就业率达100%。专业开办以来为广东外语外贸大学、云南大学、云南师范大学、云南农业大学、云南省委党校、贵州民族大学等省内外10多所高校输送了20多位优秀师资。

学生获奖情况

2019年有5位同学获得国家留学基金委老挝互换奖学金，有4人次在国家级或省级比赛中获奖。

专业特色及优势亮点

在省内高校老挝语专业中开创了"3+1"培养模式并得到了其他高校的推广应用；省内高校老挝语专业的绝大多数师资均出自本专业；师生社会服务频次高、级别高、范围广，学生多次在国家级省级大型活动中担任老挝语志愿者；本专业已获批为云南省省级一流本科专业建设点。

执笔人：黄慕霞

柬埔寨语专业

专业发展历程

云南民族大学柬埔寨语专业创办于2005年，2006年开始招生，截至2018—2019学年秋季学期，本专业共计招生13届401人，累计毕业生人数356人。

专业建设成果及人才培养模式

本专业2008年获得"云南省普通高校重点建设专业项目"，2005年获得"云南省高等教育教学成果（'3+1'教学模式）"一等奖，2015年获得"云南省小语种优秀公共教研室建设项目"，2009年获得"云南省教学成果奖（搞好东南亚语种群特色专业建设，服务国家和运输发展战略）"一等奖，2017年获得"云南省教学成果奖（东南亚南亚语种专业人才培养质量的构建与实践）"二等奖，2017年获得"云南省省校教育合作共建重点项目"。

本专业在国外实施"3+1"人才培养模式，与金边皇家大学签署了合作谅解备忘录；在国内实施"三校学习"办学模式，即大二上学期选拔优秀的学生到北京大学、北京外国语大学等高校学习。

师资队伍

本专业现有专任教师3人，其中博士1人、硕士1人、本科学历2人；外籍教师1人，聘自柬埔寨金边皇家大学；职称方面，副教授1人、讲师1人、助教1人。

服务社会及成效

随着"一带一路"建设及云南省面向南亚东南亚辐射中心建设的不断推进。凭借本专业教师在翻译领域的优势和良好口碑，2005年以来，本专业一直派出柬埔寨语教师参与历届昆交会、南博会、GMS会议及澜湄合作等大型国际会议，担任会议同传，参与领导会见翻译等工作，获得上级单位的肯定。除此之外，本专业教师还经常承担其他省份大型国际会议的翻译工作，并获得良好口碑，积极服务社会效果明显。

教学资源

依托东盟实训大楼先进的教学设备及同传翻译实验室，本专业学生可享受国内一流的硬件教学条件。此外，校图书馆东南亚学院图书资料室收藏柬埔寨语书籍7000多册，为我国收藏柬语书籍最多的图书室。此外，本专业还与北京甲骨易公司、柬埔寨金边皇家大学、柬埔寨高棉日报签署了合作谅解备忘录，设立了国内国外实习基地，为学生提供丰富的实习实训机会。

人才培养质量

自2010年第一届毕业生起，就业率连续多年达100%，多次居学校第一。在历届毕业生中，3人在中国国际广播电台（现中国之声）工作，2人在广东外语外贸大学任柬埔寨语教师，2人在天津外国语大学任柬埔寨语教师，5人在云南师范大学任柬埔寨语教师，3人在红河学院任柬埔寨语教师，1人在西南政法大学任柬埔寨语教师，1人在云南警官学院任柬埔寨语教师，对我国柬埔寨语本科教育做出了贡献。另有多人在省级机关、公安边防、解放军部队等单位工作，其余多就业于中国银行、中远集团、云南建投、云投等大型央企、国企。此外，本专业毕业生有70余人在柬埔寨各中资外资跨国企业中工作，在柬埔寨社会反响较好，为本专业创下良好声誉和口碑，使本专业毕业生常年供不应求。

执笔人：张云涛

马来语专业

专业开设时间

云南民族大学马来语专业开设于2010年，是国内较早开办、也是云贵川地区高等院校唯一开设马来语专业的院校。

专业定位

"应用型"，充分利用"一带一路"建设和云南建设面向南亚东南亚辐射中心的区位优势，培养既有扎实的马来语功底和应用能力，了解马来西亚国情，又能够胜任翻译、管理、教学等具体工作的"马来语+"复合型高水平专业人才。

专业师资情况

目前有5名专业教师，包括1名外教。在国内同类专业中师资力量较强，教师人数仅次于北京外国语大学。所有专业教师均有海外留学经历。其中4名硕士研究生学历，所有骨干教师均毕业于北京外国语学院。曾获得云南省高校教学比赛三等奖一次。此外，本专业每年都从国内外聘请著名学者到本校短期任教访学，弥补了专业教师队伍学历和职称尚有较大上升空间的不足。

专业教材

本专业现阶段出版的《马来语视听说》《马来语听力教程》《马汉翻译理论与实践教程》等教材，均填补了国内马来语教材的空白。

专业教学平台

本专业在马来西亚理科大学和马来西亚国立大学均有实习项目，和北京甲骨易翻译公司合作建有1个实习基地——多语种翻译中心。学校还建有非通用语种类专业同声传译实训室、外语笔译实训室。

专业建设平台

云南省"中国—东盟语言文化人才培养基地";云南省小语种人才培养示范点;云南省人才培养模式创新试验区;"3+1"教学模式的实践与完善项目(省级教学成果一等奖);培养南亚东南亚语种人才服务"一带一路"国家建设项目(省级教学成果二等奖);5项校级教学改革项目,其中3项马英双语教学项目、2项课堂模式改革项目。

专业就业情况

近3年毕业生的初次就业率达98%。优秀毕业生就业于天津外国语大学、西安外国语大学、广西民族大学、四川外国语大学和岷江师范专科学院等国内高校,成为国内高校马来语的师资来源;每年为国家安全部门、军队以及为中国企业"走出去"提供强有力的支持。

学生获奖情况

在全国马来语诗歌朗诵比赛获三等奖,"大学生创新创业互联网+大赛"获省级银奖;于"创青春公益创业赛"中获团体铜奖;"青春致昆明 筑梦新时代"活动中获调研报告类三等奖;"'一带一路'外语风采大赛"二等奖。

专业特色及优势亮点

第一,本专业与马来亚大学、马来西亚国立大学和马来西亚理科大学建立合作,是国内与马来西亚名校合作最多的马来语专业,为国内开设马来语的学校起到了引领和示范作用。

第二,马来语—英语双语教学学科群为国内首创,真正做到了"复语型"人才培养模式的突破与创新。

执笔人:刘佳荣

印度尼西亚语专业

专业设立时间

云南民族大学印度尼西亚专业开设于2010年,有9年办学历史,是西南地区第一所开办印度尼西亚语专业的高等院校。已有5届毕业生,共培养139名本科学生。

专业定位

为切实服务"一带一路"建设以及云南省面向南亚东南亚辐射中心建设的需要,培养适应新时期国家对外开放和社会经济发展需要,具备扎实的印度尼西亚语专业基础知识和较强的印度尼西亚语应用能力的"印度尼西亚语+"复合型高水平人才。

专业师资情况

有专业教师3人,其中讲师2人、助教1人;博士1人、硕士2人,博士占比为33.3%。每年聘请1位外籍教师任教,至今已累计聘请6人。国内教师硕士均毕业于国外知名大学;邀请国内外著名高校相关教授做讲座,如邀请北京大学教授不定期进行讲学授课;邀请复旦大学教授到学校做学术讲座。

专业教材

出版专业教材1部、工具书1部。

专业教学平台

在科学研究上，获国家社科基金项目1项、教育厅项目2项、校级项目1项、校级教改项目1项。发表学术论文7篇，其中CSSCI 2篇；在日惹国立大学建有1个教学实习基地；与北京甲骨易翻译公司合作建有1个实习基地——多语种翻译中心。建有非通用语种类专业同声传译实训室、外语笔译实训室。

专业就业情况

近3年毕业生的初次就业率达90%。毕业生就业于国家党政军机关和企事业单位，为国家建设及云南对外开放做出了贡献。一部分学生继续深造，如前往美国明德大学蒙特雷国际研究院、印度尼西亚大学、印度尼西亚日惹国立大学、印度尼西亚泗水国立大学等以及国内的暨南大学等知名大学深造。

专业特色及优势亮点

第一，在与印度尼西亚开展教育合作方面全省第一，学生规模及派出规模最多。2013年开始率先实施"3+1"本科人才培养模式，在省内相关高校推广；2014年创新实践"三校学习"模式，与印度尼西亚多所高校签订教育合作协议，有实质性合作。

第二，高层次毕业生就业有亮点。政府、军队、国家安全部门、高校等单位均有本专业毕业生。

执笔人：张会叶

菲律宾语专业

云南民族大学菲律宾语专业开办于2017年，是继北京大学之后全国第二家开设菲律宾语专业的院校，既填补了我国南方地区菲律宾语专业教学的空白，又是"一带一路"建设发展的客观要求。

目前，本专业有两届在校学生，共21人。近年来，随着中菲两国在经济、战略等方面合作不断深化，中菲互联互通愈加紧密，但国内菲律宾语人才结构性短缺，开办菲律宾语专业具有重要的社会服务和战略意义。据招聘网站不完全统计，2019年7月，全国高校、部队、安全厅、广播电台和各大企业等多达169个岗位急需菲律宾区域研究方面的专业人才，而全国菲律宾语专业2019年毕业的本科生和研究生数量为0，相关人才十分紧缺。

云南民族大学南亚东南亚语言文化学院是教育部批准的国家非通用语特色专业建设点和云南省东南亚南亚语种人才培养基地。依托学院平台，菲律宾语专业自开办以来，就具备高起点、国际化、精培养、专教研等优势特征。

在全国开设菲律宾语的高校中，目前只有北京大学具备相关的高职称专业教师。本专业目前有中国教师2名、菲律宾籍教师1名。其中，硕士研究生1名、在读博士生2名，教师毕业于北京大学、美国哥伦比亚大学和菲律宾国立大学，具备优秀的专业素养和国际视野，师资水平在国内各高校中处于领先水平。

此外，本专业已同菲律宾排名第一的菲律宾国立大学签订长效合作机制，外籍教师皆聘请自该校菲律宾语专业，具有深厚的知识储备和教学经验。本专业继承了学院"3+1"的人才培养模式和"三校合作"的办学模式，学生有机会前往菲律宾国立大学或北京大学进行交流学习。凭借资源优势，本专业曾邀请北京大学、菲律宾大学、菲律宾师范大学等高校教授进行讲座和座谈指导。

本专业教师虽然年轻，但在科研和教学方面已初露锋芒。教师参与国家语委中国语言资源保护工程项目子课题一项，已结项；作为主译参与《东南亚学术专著译丛》项目1项，在研；负责广东外语外贸大学重点实验室横向课题1项，在研；获校级教学改革项目1项，在研；完成校级项目1项；在《外语教学与研究》等中外期刊发表论文数篇。此外，本专业专任教师获云南民族大学教学技能大赛特等奖1项、云南省教学技能大赛优秀奖1项。

千里之行，始于足下。菲律宾语专业尽管开办时间只有短短两年，但凭借学院的平台、富有活力的师资队伍、高水平的国际合作和严谨的教学研究，必将切实服务于社会和国家战略，争创"国内一流，国际领先"。

执笔人：王彧

印地语专业

专业发展历程

云南民族大学是云南省首家开设印地语专业的高校，也是西南地区首家开设印地语专业的高校。本专业于2011年6月获教育部批准并于同年9月开始招生，是云南民族大学"国家级非通用语中本科人才培养基地"成员专业，截至2019年共招生8届，拥有毕业生98人。云南民族大学是云南省首家具有印地语专业学生推荐名额的"政府互换奖学金项目"承担高校、中国西南地区首家获得印度政府ICCR奖学金授权的高校，也是全国首家与印度高校开展印地语"3+1"办学模式的高校。2017年，实施"语言+专业"人才培养模式。2019年印度语言文学硕士点获批。

专业师资情况

目前，本专业教研室共有5名教师，平均年龄在30岁，包括2名讲师、3名助教。其中，1名教师在英国伦敦大学亚非学院取得硕士学位、两名教师在印度国际大学取得硕士学位（其中1名教师目前在印度德里大学攻读博士学位）、1名教师在印度古吉拉特大学取得硕士学位、1名教师在印度尼赫鲁大学攻读硕士学位。现聘请的客座教授有北京大学的姜景奎教授、云南大学的邓兵教授、印度德里大学的Anita教授、尼赫鲁大学的Varaprasad教授和Ritu教授、印度企业发展学院的Avdhesh教授。

专业在校生情况

现有在校学生人数72人，其中一年级17人、二年级20人、三年级21人、四年级14人。

专业建设基础

第一，建立了完备的"'3+1'、双外语、国际化"人才培养模式。印地语专业建立了较为完备的"印地语+英语"的双外语教学模式，以及"3+1"的中外共同培养人才模式，注重双外语教学，与印度尼赫鲁大学、印度企业发展学院等海外高校建立了友好合作联系，推进学科建设与人才培养。

第二，探索与实践"多语种复合型国际化"人才培养新模式。在完全学分制模式下，印地语专业不断探索与实践新的更优化的教学模式，已经初步形成了"多语种复合型国际化"人才培养新模式。通过复语教学、跨专业选修课程、国际化培养等方式，培养外国语言文学与区域国别知识能力相结合、印地语与英语皆备的高级印地语人才。

第三，强化实践性教学。印地语专业十分重视实践性教学。优化了课程设置，增加实践类课程所占比重；开展形式多样的专业活动，如戏剧大赛、演讲比赛等。本专业制订了教学实习工作计划，并建立了2个校外实习基地，组织高年级学生到实习基地实习、参加南博会等各类大型活动。

第四，深化课程改革，加强教材建设。我们不断对课程设置进行优化，更加注重学生的应用能力培养，更好地与国外留学课程内容衔接。同时，我们重视教材建设，目前教研室各位老师正在参与全国标准印地语教材的编写。

第五，重视教师队伍建设。通过"内培外引"的方式，不断加强师资队伍建设。聘请著名专家出席"著名教授论坛""名师面授"等活动，对教师进行教学科研培训。近年来，先后邀请了北京大学姜景奎教授为师生做了《中印关系漫谈》《中印文化漫谈》等专题讲座；邀请印度尼赫鲁大学Dolla教授和Ritu教授开展印度政治、外交、历史等专题讲座；邀请印度企业发展学院Avdhesh Jha教授指导印地语专业建设；等等。此外，本专业每年都有计划地选派部分青年教师到国内外著名高校参加短期培训、进修和攻读学位。根据专业发展实际，聘请了多名国内外著名印地语学者为客座教授，指导和参与专业建设，带领教学科研团队。

第六，实施"语言+专业"高素质复合型人才培养模式。实施"语言+专业"人才培养模式，培养精通印地语的同时掌握一门专业或技术的应用人才。通过实施"语言+专业"人才培养模式，实现学生的个性化培养。

第七，教学成果"培养南亚东南亚语种人才 服务'一带一路'国家建设"获云南民族大学第十四届优秀教学成果特等奖；教学成果"东南亚南亚语种专业人才培养体系的构建与实践"获云南省第八届高等教育教学成果二等奖；教学成果"培养南亚语种人才，服务国家'一带一路'战略"获云南民族大学第十五届优秀教学成果二等奖。

执笔人：曹宸睿

孟加拉语专业

专业设立时间

云南民族大学孟加拉语专业开设于2016年，是西南地区第一所开办孟加拉语专业的高等院校。目前，本专业实行两年一招，在校本科生35人。

专业定位

为切实服务"一带一路"建设，助推动中印缅经济走廊及云南面向南亚东南亚辐射中心建设，基于"语言+专业"培养模式，旨在培养具备扎实的孟加拉语专业知识及语言应用能力，并掌握本专业以外一个其他专业的核心课程知识和技能，同时具备较强英语沟通与表达能力的复合型高水平人才。

专业师资情况

有专业教师5名。其中，教授1名，孟籍教师1名，助教3名；高级职称占20%；专任教师100%国外学历。中国籍教师中有2名教师已取得硕士学位，目前1名硕士在读、1名博士在读。2名教师有在中国国际广播电视台工作的经历。本专业聘有中国国际广播电台资深译审到校任教，其从事中译孟翻译工作40余年，担任《泰戈尔全集》副主编，为全集翻译泰戈尔诗歌8万余行，曾翻译出版多部泰戈尔作品；聘请的孟籍外教有20多年孟加拉国记者从业经验，曾在中国传媒大学任教，教学经验丰富。

教师团队研究成果

专业教师曾获云南省社科教育教学规划项目1项、校级教改项目3项，参与央财项目资助3人次、省校合作项目1项。

执笔人：叶倩源

尼泊尔语专业

专业发展

云南民族大学与尼泊尔特里布文大学签订校际合作协议，共建尼泊尔研究中心和尼泊尔语学习中心，目前已实现书籍资料资源共享，为科研、教材编写、教师专业水平提升和学生专业学习提供了便利条件。

专业师资情况

目前全国开设尼泊尔语专业的3所院校中，尼泊尔语专任教师职称均为讲师及以下，学历为硕士研究生及以下。云南民族大学尼泊尔语教研室共有3名教师，两名中国教师均毕业于中国传媒大学，尼籍教师每年由尼泊尔特里布文大学选派，一般是具有博士研究生学历、教学经验丰富的教授。为提升教学水平及专业建设能力，云南民族大学尼泊尔语专任教师李菲然于2019年赴尼攻读硕士学位。

专业教材

目前国内尼泊尔语专业教材较少，部分课程国内无可选用教材，除精选尼泊尔语原文教材授课外，尼泊尔语教研室也积极筹备教材编写出版工作，目前已与外教合作完成《尼泊尔语口语教程》《尼泊尔语听力教程》《尼泊尔语阅读教程》《尼泊尔语文学选读1》，并有《尼泊尔语文学选读2》《尼泊尔语报刊选读》在编。

专业人才培养

2017年首招学生10人，2018年再招学生10人，均按照"3+1"（即国内3年+对象国1年）模式培养。云南民族大学已与尼泊尔特里布文大学签署MOU，2019年2017级的10名学生赴特里布文大学留学1年。

执笔人：翁玲佳

僧伽罗语专业

专业设立时间

云南民族大学僧伽罗语专业开设于2017年，是全国4所开设僧伽罗语专业的高等院校之一。僧伽罗语专业是在"一带一路"倡议及云南建设面向南亚东南亚辐射中心的大背景下为响应人才需求而设立的非通用语种专业。

专业定位

为切实服务"一带一路"建设以及云南建设成为面向东南亚南亚辐射中心的需要,培养适应新时期国家对外开放和社会经济发展需要、具备扎实的僧伽罗语专业基础知识和较强的僧伽罗语应用能力的"僧伽罗语+"复合型、应用型高水平人才。

专业师资及教材情况

僧伽罗语教研室拥有经验丰富、结构相对合理的师资队伍。目前共有3名教师,其中外教1名、中教2名;硕士1名、学士2名。僧伽罗语专业为小班教学,师生比约为1:4。目前正积极自编基础僧伽罗语、阅读等教材,完善补充僧伽罗语专业教材建设。

专业教学平台

学校拥有多媒体教室群,由同声传译实训室1间、录播室1间、语音室1间组成,搭配多媒体教学资源平台和IPTV直播平台,可以实现南亚国家24路卫星电视频道的实时接收、录制和视频剪辑工作。

专业就业情况

目前无毕业生。随着"一带一路"建设的推进,中斯两国在经济、文化上的交流日益频繁,亟须大批掌握僧伽罗语的高级人才,僧伽罗语专业的就业需求扩大。主要需求单位为高等院校,外交部、文化和旅游部、新华社、中国国际广播电台等机关单位,以及中建三局、斯里兰卡航空公司、中航国际、中石化、希尔顿集团等中外知名企业。

学生获奖情况

多次在南亚语种相关比赛荣获一、二等奖;积极参加各种社会服务及学生工作。

专业特色及优势亮点

第一,就业市场竞争力强。虽然僧伽罗语的教学始于1961年,但招生规模小、招生频次低,高质量的僧伽罗语人才仍处于紧缺状态。2017年本专业首次招收的10名学生和2019年招收的11名学生在毕业时均是该年份全国唯一一批僧伽罗语本科毕业生。

第二,国际化的培养模式。僧伽罗语专业长期聘请精通僧伽罗语、英语、汉语的斯里兰卡外国专家任教,注重培养学生扎实的语言基本功,培养学生多语言能力。

第三,"3+1"人才培养模式。采取3年国内学习、大三1年赴对象国留学的人才培养模式。已与斯里兰卡凯拉尼亚大学签署合作谅解备忘录,在学生互换、外教聘请、学术交流等方面深入展开合作。2017级的10名学生均在大三前往斯里兰卡凯拉尼亚大学留学,其中有8名学生获得国家留学基金委"国际区域问题研究及外语高层次人才培养项目"奖学金。

执笔人:刘江署

乌尔都语专业

专业设立时间

为主动融入"一带一路"建设,助推云南省面向南亚东南亚辐射中心建设,巩固中国—巴基斯坦全天候战略合作伙伴关系,云南民族大学于2017年9月正式设立乌尔都语专业，并进行首次招生，是云南省第一个开设乌尔都语专业的高校。

专业定位

本专业为适应中巴两国广泛的交流合作和中巴经济走廊建设对复合型人才的需求，致力于培养具备扎实的乌尔都语专业基础知识及语言应用能力，掌握本专业以外其他专业的核心知识和基本技能，同时具备较强的英语能力、国际视野和跨文化沟通能力、分析问题和解决问题能力的复合型人才。

专业师资情况及教材建设

现有教师3名，其中教授1名、讲师1名、助教1名，师生比1∶4。其中柔性引进的北京大学巴基斯坦研究中心孔菊兰教授为专业带头人，巴籍教师1名，毕业于巴基斯坦国立现代语言大学乌尔都语语言与文学专业的青年教师1名。

国内乌尔都语权威专家孔菊兰教授，主编有《乌尔都语汉语词典》，先后发表20多篇乌尔都语文学、文化、教学等方面的论文。本专业采用其主编的国家级规划教材、精品教材《基础乌尔都语》（全5册）、《乌尔都语语法》等优秀教材进行教学；现教研室已经编写完成《乌尔都语口语》和《乌尔都语泛读》教材，并正在编写国内尚属空白的《乌尔都语视听说》教材。本专业教研室参与承办第七届中国—南亚国际文化论坛，为对外交流奠定了良好的基础。

专业教学平台

学校拥有多媒体教室群，由同声传译实训室1间、录播室1间、语音室1间组成，搭配多媒体教学资源平台和IPTV直播平台，实现了南亚国家24路卫星电视频道的实时接收、录制和视频剪辑工作。

专业就业情况

目前没有毕业生。本专业培养的高素质复合型人才具有稀缺性和较高的专业性，主要就业方向涉及政府、企事业单位、教育科研机构、新闻媒体、旅游业等，可从事外事外贸、国际文化交流、新闻、教学、翻译、科研等工作。

学生获奖情况

获2018年"普译奖"全国大学生英语写作大赛初赛优秀奖，获2017年云南民族大学外研杯英语写作大赛三等奖；多人获2018年云南民族大学南亚学院南亚语种专业朗诵、书法比赛、演讲比赛一等奖、二等奖、优秀奖等。

专业特色优势及亮点

基于中巴经济走廊建设和云南省面向南亚东南亚辐射中心的建设背景，乌尔都语专业按照"语言+专业"和"3+1"（即国内3年+对象国1年）模式培养复合型、创新型人才，已初步完成与巴基斯坦国立现代语言大学签署两校间可持续交流合作谅解备忘录的商谈。

执笔人：袁曦苒

普什图语专业

专业发展历程

云南民族大学普什图语专业开设于2017年，是全省唯一设立此专业的高等院校，是在

"一带一路"建设及云南建设面向南亚东南亚辐射中心的大背景下，为响应人才需求而设立的非通用语种专业。

2017年5月，云南民族大学中印瑜伽学院、南亚学院普什图语专业获教育部备案，首次招生8人。至今，本专业已同阿富汗喀布尔大学取得联系，并于2017年12月与阿富汗喀布尔大学签署合作框架协议，进行资源共享和人员互换，计划2020年从喀布尔大学借调普什图语老师；2018年11月与巴基斯坦国立现代语言大学签署合作框架协议，本专业7名学生于2019年9月赴伊斯兰堡进行为期1年的普什图语学习。此外，普什图语教研室积极争取机会进修访问巴基斯坦、阿富汗高校，逐步建立起全面的合作关系。

专业定位

此专业坚持教学与科研并行，打造品牌和影响力。教学方面，根植于基础和实践教育，培养"语言+专业"的复合型人才；科研方面，找准需求，填补空白；积极对外合作，树立优势品牌。致力于服务"一带一路"建设及云南省建设面向南亚东南亚辐射中心的部署。

专业师资

本专业开设不久，国内人才紧缺。现有中国教师两名，两位教师根据普什图语作为跨边境民族语言的现实特点，于2015和2019年分别前往巴基斯坦、阿富汗两国高校学习普什图语，对普什图语东、西部两大方言展开了全面、系统的学习。普什图语教研室为了提高教学质量，聘请普什图语专家BASIR AHMAD HAMDARD对学生进行语音意识、语素意识指导。

专业优势

普什图语在"一带一路"沿线国家和地区被广泛使用，普什图语民族在南亚具有重大影响力。该专业的人才和其他资源在国内极其匮乏，已无法满足国家对外战略需求。

云南民族大学是全国第二所开设普什图语专业的高等院校，依托云南地缘与政策支持，发挥云南省建设面向南亚东南亚辐射中心的优势，在云南省积极开展与南亚各国的交流会合作的大环境下，获得了其他院校所不具备的发展机会，学生能够参加南博会和南亚合作论坛等国际性活动。

就业前景

国内普什图语就业需求随着"一带一路"建设合作的深入进一步扩大，毕业生能在各类企事业单位从事外事、外贸、文化、媒体、科教等工作。毕业生就业的方向包括外交部、中国国际广播电台、新华社、中国翻译协会、国家安全局、各省市安全厅、南亚研究所、部分高校等。

执笔人：杨朝辉

泰米尔语专业

专业定位及培养目标

云南民族大学泰米尔语专业开设于2017年，是在"一带一路"建设部署及云南建设面向南亚东南亚辐射中心的大背景下，为应对人才紧缺情况而设立的非通用语种专业。

本专业采取"语言+专业"的培养模式，致力于培养通晓泰米尔语言、文化，掌握相关政治、经贸、法律专业核心知识技能的，具有竞争力的复合型人才。"3+1"人才培养模式下，学生将于大三期间赴对象国高校学习1年。本专业即将与印度SRM科技学院签署合作备忘录，并已与印度多所高校和机构洽谈合作，为学生"3+1"人才培养模式的学习提供条件。

专业师资

本专业专任教师1名，硕士，曾在中国国际广播电台泰米尔语部担任翻译两年，后在香港某研究机构担任助理研究员。参与央财资助项目、云南省人民政府发展研究中心重大课题1项。发表英文论文《中国的泰米尔语教育——挑战与策略》《中国的泰米尔语教与学》等，用泰米尔语在《莲花日报》等印度主流媒体上发表文章。多次受到对象国媒体、学术机构邀请，参加采访、学术会议等活动。将于近年攻读博士学位。

本专业采取"老带新"模式，外教对青年教师定期讲授专业和科研课程。隔4年一招生。

专业教学平台

学校拥有多媒体教室群，包括同声传译实训室1间、录播室1间、语音室1间，搭配多媒体教学资源平台和IPTV直播平台，可以实现南亚国家24路卫星电视频道的实时接收、录制和视频剪辑工作。

就业前景

本专业目前没有毕业生，2017年首次招生的6名学生将在毕业年份成为全国唯一一届本专业毕业生。国内泰米尔语就业市场需求有所扩大，已有一些政府部门、事业单位、外贸企业等主动联系本专业表明用人需求。

执笔人：张琪

玉溪师范学院
非通用语种类专业建设和发展报告
（2006—2019）

一、历史概况

玉溪师范学院坐落于滇中著名的"中国十佳休闲宜居生态城市"、聂耳的故乡玉溪市，是云南省距离省会昆明最近的地方院校。学校秉承"至真至善 致美致用"的校训精神，根植玉溪、情系师范、立德树人、改革创新；围绕"一带一路"建设规划，主动融入和服务云南乃至国家重大战略，积极推进国际化办学。为玉溪和周边地区培养了近6万名适应地方基础教育和经济社会发展需要的合格人才。玉溪师范学院是省属全日制普通本科院校。学校前身是于1978年经云南省批准成立的玉溪师范专科班，1983年经云南省人民政府批准，改建为玉溪师范专科学校。1992年经原国家教育委员会批准，更名为玉溪师范高等专科学校，2000年经教育部批准，在玉溪师范高等专科学校、玉溪师范学校、玉溪成人教育培训中心（教育资源）合并的基础上建立玉溪师范学院。2007年学校通过教育部本科教学工作水平评估，2017年通过了教育部本科教学审核评估，2019年成为云南省应用型本科人才培养示范院校。

玉溪师范学院非通用语种类专业开办于2006年，是云南省开设非通用语种类专业较早的学校之一，现共开设有非通用语种类专业3个，即泰语、缅甸语和老挝语。其中，最早招生的是泰语专业，自2006年开始招生；其次是缅甸语专业，自2012年开始招生；最后是老挝语专业，本应从2017年开始招生，但到目前为止还未正式招生。泰语专业实行中泰"2+2"（1—2年级学生在中国学习，3—4年级学生在泰国学习）的教学模式，已培养8届总计412名学生毕业；缅甸语专业实行中缅"3+1"（1—3年级学生在中国学习，4年级学生在缅甸学习）的教学模式，已培养2届共60名学生毕业。玉溪师范学院泰语、缅甸语专业毕业的学生就业面广、就业率高，在云南面向南亚东南亚辐射中心建设中发挥着积极的作用。

2008年，玉溪师范学院泰语专业被评为首批"云南省小语种重点（特色）建设专业"；2012年，泰语专业教研室"玉溪师范学院小语种人才培养示范点"获省级首批立项建设，2014年，泰语专业教研室被评为"云南省优秀小语种教研室"。2019年12月，玉溪师范学院泰语专业被认定为省级一流本科专业建设点。

表 2-1 各专业开设时间一览表

专业	开设年份	备注
泰语	2006 年	2006 年开设本科并招收学生
缅甸语	2012 年	2012 年开设本科并招收学生
老挝语	2017 年	2017 年开设本科暂未招生

二、师资队伍

玉溪师范学院外国语学院重视非通用语种类专业教师师资队伍的建设，坚持以建设师资队伍为核心，以提升教学质量为原则，通过多项举措来推进师资队伍建设。举措主要包括通过加大对青年教师的培养力度，提高青年教师的整体素质；鼓励青年教师攻读博士学位；引导教师开展教育教学改革研究，申报科研项目和教改课题，参加教学技能大赛；选派教师外出学习、培训；等等。

目前，玉溪师范学院外国语学院非通用语种类专业正式在编教师人数为14人，其中具有博士学位（包括在读博士）教师4人，具有硕士学位教师9人；具有副教授职称专业教师2人，具有讲师职称专业教师5人。其中，泰语专业教师张红云副教授受聘为云南省高校非通用语种类专业教学指导委员会委员。学院全体非通用语种类专业教师均有赴语言对象国高校留学、访学和进修的经历，年龄在40岁及以下的专业语种教师有11人，约占全部专业语种教师的79%，是一支以中青年教师为主体的潜力型青年教师队伍。（学院非通用语种类专业教师职称、学历统计详见表2-2）

表 2-2 专业教师职称、学历一览表

序号	专业	人数（人）	教授（人）	副教授（人）	博士（人）	硕士（人）	本科（人）	高职称占比	博士占比
1	泰语	10	0	2	4	6	0	20%	40%
2	缅甸语	3	0	0	0	3	0	0%	0%
3	老挝语	1	0	0	0	0	1	0%	0%
	合计	14	0	2	4	9	1	14%	29%

注：信息统计截至 2019 年 12 月。

截至2019年12月，玉溪师范学院已与周边泰国、缅甸、老挝等国多个高校建立起长期稳定的合作办学关系。学校外国语学院非通用语种类专业自开办起就长期重视外籍教师聘任工作。2006—2019年，学院从合作院校正式聘请泰国、缅甸籍外教共计22人。（学院聘请外籍教师人数统计见表2-3）

表 2-3 聘请各国外教人数一览表（2006—2019 年）

聘请外教国籍	聘请外教人数（人）
泰国	20
缅甸	2
东南亚地区合计	22

除此之外，学院还聘请杨光远教授、陆生教授、岳麻腊教授等专业领域知名学者为客座教授，不定期地为师生进行讲座和短期讲学。学校也不定期地与泰国、缅甸的合作院校举办文化交流活动。

三、教学和人才培养

根据玉溪师范学院建设一流地方应用型大学的办学定位，结合"一带一路"建设和云南省"三大战略"，玉溪师范学院非通用语种类专业的专业定位是通过国际合作办学，培养德才兼备、语言功底扎实，具有国际化视野，能够服务于云南省"八大产业发展"和玉溪市"5577"总体发展思路需求，立足云南、面向全国、对接东南亚，促进中泰、中缅、中老旅游、商务、文化、翻译、外事等领域的繁荣与发展的高素质非通用语专门人才。玉溪师范学院非通用语种类专业经过十数载的办学实践，先后获得省级立项建设项目若干项、建设省级精品课程3门。毕业生就业率一直为100%，办学成效显著。

（一）历届学生培养人数

2006—2019年，玉溪师范学院外国语学院培养毕业了泰语、缅甸语2个语种专业本科（四年制）学生472人。（学院历届各专业学生人数统计见表2-4）

表2-4　学院历届各专业学生人数一览表

层次/学制	届别	专业/层次（人） 泰语	缅甸语	老挝语	年级合计（人）
本科/4年	2006级/2010届	60			60
	2008级/2012届	60			60
	2010级/2014届	38			38
	2011级/2015届	34			34
本科/4年	2012级/2016届	39	27		66
	2013级/2017届	39			39
	2014级/2018届	41			41
	2015级/2019届	101	33		134
	2016级/2020届	88			88
	2017级/2021届	73	26		99
	2018级/2022届	56	33		89
	2019级/2023届	38	31		69
总计	毕业学生总数	412	60		472
	在读学生总数	255	90		345

注：信息统计截至2019年12月。

（二）人才培养模式

玉溪师范学院外国语学院的泰语专业是截至2019年12月底国内唯一采用"2+2"中泰国际合作办学模式的泰语专业。该模式分别经中泰两国教育部批准，实行中泰合作办学，优质国际教育资源共享，毕业生可获得中泰两国分别颁发的毕业证、学位证，具备极强的就业竞争力和极高的深造潜质，这也是玉溪师范学院泰语专业的一大办学特色和优势。学院缅甸语专业的办学模式则一直采用常见的"3+1"模式。

截至2019年12月，外国语学院已累计派出"2+2"模式泰语本科专业学生共573人赴泰国高校学习，累计派出"3+1"模式缅甸语本科专业学生共86人赴缅甸高校学习。

（三）教学质量工程项目及教材建设

外国语学院一直努力推进教学改革，注重提高教学质量，加强学科建设。自2010年以来，学院的教学质量工程项目立项、成效显著。先后获得省级教学质量工程项目10余项，主要有小语种重点（特色）建设专业、小语种人才培养示范点、优秀小语种教研室、精品课程等。

截至2019年，学院泰语专业教师出版了泰语专业教材4部，详见表2-5。

表2-5 教材出版一览表（截至2019年）

序号	作者	教材	出版社	出版时间
1	熊来湘	《泰语阅读1》	北京希望电子出版社	2015年
2	杨文学等	《旅游泰语》	北京希望电子出版社	2016年
3	杨文学等	《实用交际泰语（口语篇）》	中央民族大学出版社	2018年完稿交出版社
4	杨文学等	《实用泰语写作教程》	中央民族大学出版社	2018年完稿交出版社

（四）就业工作

玉溪师范学院非通用语种类专业毕业生就业率一直为100%。学校采取实地考察用人单位和电话咨询的方式对历届泰语、缅甸语专业毕业生的就业单位进行过调查，同时还通过问卷调查的方式对泰语、缅甸语专业近3年毕业的约200名学生进行了跟踪调查。结果显示：用人单位对玉溪师范学院泰语、缅甸语专业毕业生的政治思想和职业道德表现予以充分的肯定，认为他们的专业业务素质过硬、组织纪律性强，有较强的基础理论知识，专业技能熟练，实际动手能力强，很多毕业生一专多能，能快速适应多种不同工作岗位的需要。在众多的泰语、缅甸语专业优秀毕业生当中，不乏在海关系统、国家安全部门、高校、国外大型知名企业等就业的学生。除此之外，每届毕业生中都有数人考取国内外高校的研究生继续深造。

（五）办学基础设施建设

在玉溪师范学院和泰国清莱皇家大学的大力支持下，玉溪师范学院外国语学院图书资料室现藏有东南亚各国外文原版图书和期刊3000余册、中文图书近7000册以及一定量的音频、视频等多媒体教学材料，供学院师生查阅学习。

学院配备有泰国文化室1间，供师生们开展举办泰国主题相关的小、中型室内教学、文化活动；泰语、缅甸语专业教研室1间，供专业教师们开展教研活动；缅甸文化室1间，专供缅甸语专业师生开展相关教学研究、教学实践、文化交流等活动；语言类专业技能实训室1间，供各语种师生们开展制作美食、舞蹈、书法、手工等课外实践活动。此外，还有多媒体教室7间、语音教室5间，为师生提供了便捷多样的现代化教学设备。

（六）第二课堂活动开展情况

学院经过多年的梳理和规范，不断健全《外国语学院非通用语种类专业实践教学活动方案》，积极开展第二课堂活动，实践课堂理论知识，培养学生专业应用能力。每年按时举办的活动主要有每周1次的泰语角和缅语角活动、非通用语种演讲比赛、非通用语种书法比赛、泼水节文化活动、水灯节文化活动等，活动形式多样、内容丰富，学生的参与度很高。

四、科学研究

坚持教学和科研相长是外国语学院教师发展的良好传统，也是学院非通用语种类专业广大年轻教师今后个人职业发展和自我提升的必由之路。截至2019年12月，学院泰语、缅甸语专业教师先后主持申报立项国家社科基金青年项目1项、省部级科研项目3项、校级科研项目9项；学院泰语、缅甸语专业教师在各级别学术期刊上公开发表学术论文近百篇，其中不乏发表在CSSCI来源期刊上的论文。其中，由张睿老师独撰并公开发表的学术论文获得云南省第二十次哲学社会科学优秀成果二等奖。

表2-6 省部级以上科研项目立项一览表

序号	项目名称	项目编号	主持人	项目级别	备注
国家社科项目					
1	云南少数民族聚居地区城镇化进程中基督教现状调查研究	19CZJ025	张睿	国家社会科学基金青年项目	2019年立项
省部级科研项目					
2	大理白族基督教信仰调查研究	JD2015YB17	张睿	云南省哲学社会科学研究基地课题	2015年立项
3	云南与东南亚地区小乘佛教的异化研究	JD2016YB10	张红云	云南省哲学社会科学规划项目	2016年立项
4	高校转型及建设"双一流"背景下云南地州院校缅语人才培养路径研究	2019J0719	谢春丽	云南省教育厅科学研究基金项目	2019年立项

注：信息统计截至2019年12月。

表2-7 专（译）著一览表

序号	书名	作者	出版社	出版时间	备注
1	《东南亚神王文化研究》	张红云	中国社会科学出版社	2017年10月	获第五届中国外语非通用语优秀科研成果著作类二等奖
2	《荀子选译》（汉缅对照）	何亚琼译	广西师范大学出版社	2018年10月	获第五届中国外语非通用语优秀科研成果译著类二等奖

注：信息统计截至2019年12月。

表 2-8　学术论文一览表（C 刊级以上）

序号	作者	论文题目	期刊名称	期次
1	张睿	《从城乡结合部取得突破的大理白族基督教信仰》	《世界宗教文化》	2015 年第 4 期
2	张睿	《城镇化背景下基督教在白族地区的传播和发展——以对云南省大理市凤仪镇的调查为例》	《云南社会科学》	2016 年第 2 期

注：信息统计截至 2019 年 12 月。

五、对外交流

玉溪师范学院在非通用语种类专业办学过程中历来重视与合作办学方之间的关系，并且一直在持续不断地加强和巩固与国内外兄弟院校之间的交流与合作，尤其是自泰语、缅甸语专业开办以来，学校就一直与泰国清莱皇家大学、泰国呵叻皇家大学、缅甸仰光外国语大学、缅甸曼德勒外国语大学保持着良好的合作关系，常年从这几所大学聘请外籍教师到学校任教。目前，学校正在积极寻求与泰国合作方大学就学校教师学历提升、学生考研和就业指导等领域进行更广泛、更深入的合作。

附：各专业描述

泰语专业

专业定位及培养目标

玉溪师范学院外国语学院泰语专业于 2006 年开始招生，采用"2+2"中泰国际合作办学模式，培养具有国际视野的泰语本科专业人才。

根据学校建设一流地方应用型大学的办学定位，结合"一带一路"建设和云南省"三大战略"，通过国际合作办学，培养德才兼备、泰语语言功底扎实，具有国际化视野，能够服务于云南省"八大产业发展"和玉溪市"5577"总体发展思路需求，立足云南、面向全国、对接东南亚，促进中泰两国旅游、商务、文化、翻译、外事等领域的繁荣与发展的高素质泰语专门人才。建成优势特色明显、具有引领示范作用的一流泰语本科专业。

人才培养

自 2006 年开始，率先实施了"2+2"人才培养模式，取得良好效果。

师资队伍建设

泰语专业现有专业教师 10 名，其中副教授 2 人、讲师 3 人、助教 5 人；博士 4 人（含在读博士 2 人）、硕士 6 人，全体教师均有长期留学的教育经历。

专业建设成果

在长期办学过程中，泰语专业形成的特色以及建设成果主要体现为两个方面。第一，人才培养模式独特且富有成效：中泰合作办学；国际资源共享；颁发双毕业证、学位证；

培养泰、英、汉三语应用型人才；跨国或异地就业；就业竞争力强。第二，专业办学卓有成效：泰语专业省级立项建设项目10项；东南亚南亚省级精品课程"泰国文学概况""泰国国家概况""泰语语音"3门；省级教学质量工程项目2项，分别为"小语种重点（特色）建设专业""小语种人才培养示范点"；荣获校级"优秀教育教学成果二等奖"。

2008年，该专业被评为首批"云南省小语种重点（特色）建设专业"；2012年，"玉溪师范学院小语种人才培养示范点"获得省级立项建设；2014年，泰语专业教研室被评为"云南省优秀小语种教研室"。

科学研究成果

泰语专业教师主持立项国家社科基金青年项目1项、省部级项目2项。

就业情况

本专业历届毕业生的就业率均达到100%，社会评价良好，学生的就业自我满意度较高。

缅甸语专业

专业定位及培养目标

玉溪师范学院缅甸语专业坚持以"学生能力形成"为核心、以应用型人才培养为导向的办学指导思想，科学构建以知识、能力、人格形成为核心的人才培养体系，强化学生专业质量规格，努力培养适应时代发展所需要的具有核心竞争力、掌握缅甸语专业理论和实践技能、具有国际化视野的缅甸语应用型人才。通过国际合作办学，培养具有国际化视野的缅甸语本科专业人才。注重培养学生的缅甸语综合能力，提高本专业缅甸语应用能力专业四级、八级的通过率；同时，努力培养缅英双语应用型人才，在缅甸语教学、中缅交流、缅英交流、缅甸语旅游、缅甸语商务等方面具备较好的专业素质与能力，并且能在外事、经贸、文化、新闻出版、教育、科研、旅游等部门从事翻译、研究、教育、管理工作的缅甸语应用型人才。

人才培养

自2012年首次招生起，玉溪师范学院缅甸语专业实施"3+1"人才培养模式，教学效果良好。

师资队伍建设

本专业现有专业教师3名，其中：讲师2人、助教1人；硕士3人。

专业建设成果

本专业有省级教学质量工程项目1项："东南亚南亚语种优秀教研室"。

科学研究成果

本专业教师主持立项省部级项目2项。

就业情况

本专业历届毕业生的就业率均达到100%，社会评价良好，学生的就业自我满意度较高。

红河学院非通用语种类专业建设与发展报告
（2007—2019）

一、历史概况

红河学院2007年开始开设非通用语种类专业，坚持"立足红河，服务云南，辐射东南亚、南亚的较高水平的区域性、国际化的地方综合大学"的办学定位。

越南语专业于2007年开设，至今已经招收13届学生，授文学学士学位，标准学制4年，实行弹性学制，允许在3—8年内毕业（含8年）。2009年，越南语被认定为省级一流本科专业建设点。

泰语专业于2009年9月开设，至今招收了11届学生，已毕业7届，毕业生合计264人。本专业采取"1+3"人才培养模式，即学生第一年到泰国学习，使学生具有扎实的语音基础并加深其对泰国的政治、经济、文化背景的了解和认识，为后面3年回校后进行系统专业深入的学习奠定了坚实的基础。实习阶段可以到泰国实习，也可以在国内实习。

柬埔寨语专业于2012年获批开设，2013年面向全国招收本科学生，是在"一带一路"建设背景下，为培养适应地方和区域经济社会发展对柬埔寨语专业人才的需求而开办的。目前本专业已培养毕业生52人，就业率达100%。应届毕业生月薪5000元以上，高于全校平均水平。

缅甸语专业于2012年开设，2013年开始招生，目前已有3届毕业生，共毕业58人；现有在校生共62人。本专业标准学制4年，实行弹性学制，允许在3—8年内毕业（含8年）。红河学院缅甸语专业的创设适逢"一带一路"建设的有利时机，顺应了红河学院"国门大学"发展目标需求，开设7年来，经过各方努力建设，取得了较好的发展。

老挝语专业于2013年获批开设，2014年开始面向全国招收本科学生，截至2019年底，老挝专业在校生共57人，其中2016级11人、2017级15人、2018级13人、2019级18人。目前已培养毕业生33人，就业率达90%。

表3-1　各专业开设时间一览表

专业	开设时间	备注
越南语	2007年	本科专业
泰语	2009年	本科专业
柬埔寨	2012年	本科专业
缅甸语	2012年	本科专业
老挝语	2013年	本科专业

表3-2 2007—2019年各专业本科招生人数一览表

专业 年份	泰语（人）招生	泰语（人）毕业	缅甸语（人）招生	缅甸语（人）毕业	越南语（人）招生	越南语（人）毕业	老挝语（人）招生	老挝语（人）毕业	柬埔寨语（人）招生	柬埔寨语（人）毕业
2007					33	0				
2008					89	0				
2009	35	0			49	0				
2010	36	0			59	0				
2011	32	0			45	33				
2012	33	0			40	89				
2013	42	35	24	0	35	49			16	0
2014	41	36	16	0	22	59	18	0	18	0
2015	45	32	21	0	32	45	15	0	18	0
2016	43	33	14	0	22	40	11	0	18	0
2017	41	42	13	24	30	35	15	0	21	16
2018	35	41	20	15	32	22	13	18	15	18
2019	36	45	15	19	34	32	18	15	—	18
总计	419	264	123	58	522	404	90	33	106	52

二、师资队伍

（一）师资队伍建设情况

越南语专业有一支合格的专任教师队伍，现有专任教师4人、越南籍教师1人，基本可以满足教学的要求，专任教师的年龄、学缘、职称结构合理，全部具有硕士研究生及以上学历，其中高级职称2人、中级职称2人。

泰语专业现有专任教师5人，全部具有硕士研究生学历。其中：讲师4人，占专业师资总数的80%；助教1人，占专业师资总数的20%。除此之外，还有外聘教师1人、客座教授1人。

柬埔寨语专业现有专任教师3人，均为本科学历，其中1人正在攻读硕士；讲师1人、助教2人。

缅甸语专业共有专任教师4人，职称结构为：副教授1人、讲师1人、助教2人；学历结构为：博士1人、硕士1人、本科2人。外聘教师4人，其中教授1人、副教授1人、讲师1人、中级经济师1人。缅甸语专业教师队伍中，年轻教师居多，工作经验不足，职称偏低，教学科研能力还需进一步提高。

老挝语专业共有专任教师4人，均为助教。学历结构为：硕士2人、本科2人，其中1人为在读硕士。4名教师均具有企业翻译实践经历。

表3-3 各专业专任教师一览表

专业	姓名	职称	出生年份	本科毕业院校及专业	硕士毕业院校及专业	博士毕业院校及专业
越南语	江海燕	副教授	1977	云南民族大学越南语专业	越南人文与社会科学大学语言学专业	
	何会仙	副教授	1976	云南民族大学越南语专业	越南人文与社会科学大学语言学专业	越南人文与社会科学大学语言学专业
	钟娇	讲师	1987	云南民族大学越南语专业	越南人文与社会科学大学语言学专业	
	陈宇	讲师	1984	云南民族大学越南语专业	云南民族大学亚非语言文学专业	
泰语	方芳	讲师	1984	云南师范大学对外汉语专业	泰国农业大学泰语专业	
	邱琼	讲师	1981	云南民族大学泰语专业	云南民族大学亚非语言文学专业	
	柏敏	讲师	1983	云南民族大学中国少数民族语言文学专业	云南民族大学亚非语言文学专业	
	黄迎丽	讲师	1982	云南师范大学对外汉语专业	泰国清迈皇家大学泰语专业	
	魏娜	助教	1984	泰国南邦皇家大学国际经济与贸易专业	泰国清迈大学泰语教学专业	
柬埔寨语	高希文	讲师	1989	云南民族大学柬埔寨语专业	柬埔寨皇家研究院柬埔寨文学专业（在读）	
	杨益江	助教	1991	云南民族大学柬埔寨语专业		
	柏振东	助教	1989	云南民族大学柬埔寨语专业		
缅甸语	路洁清	讲师	1990	广西民族大学缅甸语专业		
	杨芳	助教	1994	云南民族大学缅甸语专业		
	沈美兰	助教	1988	广西民族大学缅甸语专业	广西民族大学亚非语言文学专业	
	陈仙卿（外籍教师）	副教授	1979	仰光外国语大学汉语言专业	广西师范大学语言学及应用语言学专业	上海师范大学语言学及应用语言学专业
老挝语	吕丽	助教	1985	云南民族大学老挝语专业	云南民族大学民族学专业（在读）	
	陈明雪	助教	1989	清莱皇家大学英语专业	老挝国立大学老挝语专业	
	马艳娟	助教	1990	云南民族大学老挝语专业		
	李雪芳	助教	1994	云南民族大学老挝语专业		

注：信息统计截至2019年12月。

表3-4 各专业教师职称、学历一览表

单位：人

专业	教师总数	副教授	讲师	助教	本科	硕士	博士
越南语	5	2	3	0	0	4	1
泰语	5	0	4	1	0	5	0

续表

专业	教师总数	副教授	讲师	助教	本科	硕士	博士
柬埔寨语	3	0	1	2	3	0	0
缅甸语	4	1	1	2	2	1	1
老挝语专业	4	0	0	4	2	2	0

注：统计信息包括在读。

（二）教师教学学术培训、交流学习等情况

学院注重对非通用语种类专业教师的培养，鼓励教师积极外出参加学术培训及交流学习活动。自非通用语种类专业开办以来，学院每年都选派教师参加培训，包括高等学校青年骨干教师高级研修班、翻译研究与教学高级研修班、中国高校泰语教师翻译培训、小语种教师培训等。截至2019年，学院非通用语种类专业教师参加不同级别的学术培训达20多次。

（三）国内外教师聘请情况

在外聘教师方面，学院从国内外聘请有相关教育教学经验的教师承担部分专业课程的授课任务。学院自开办非通用语种类专业以来，共聘请了30位外籍教师以助力非通用语种类专业课程的开展。

表3-5 外聘教师一览表

姓名	国籍	职称/学历	所在学校、单位	教授专业	执教时间
高氏红	越南	副教授/博士	越南太原大学	越南语	2008.9—2009.7
黎芳草	越南	讲师/博士	河内师范大学	越南语	2009.9—2010.7
陈怀芳	越南	讲师/博士	河内师范大学	越南语	2011.9—2012.7
阮文根	越南	讲师/博士	越南社科院	越南语	2012.9—2013.7
陶青云	越南	讲师/博士	越南社科院	越南语	2012.9—2013.7
范德龙	越南	讲师/博士	越南太原大学	越南语	2013.9—2014.7
陈文南	越南	讲师/博士	越南太原大学	越南语	2014.9—2015.7
裴辉全	越南	讲师/博士	越南太原大学	越南语	2015.9—2016.7
裴如昂	越南	讲师/博士	越南太原大学	越南语	2016.9—2018.7
何氏锦燕	越南	讲师/硕士	云南师范大学	越南语	2016.9至今
陈智睿	越南	教授/博士	越南社科人文大学	越南语	2013.9—2014.7
梁远	中国	教授/硕士	广西民族大学	越南语	2013.9—2014.7
方晨明	中国	副教授/硕士	云南民族大学	越南语	2018.9至今
Khamwan Panomwan 甜甜	泰国	助教/硕士	—	泰语	2013.3—2014.1
Denthangjanya wan 雷蕾	泰国	助教/学士（在读研究生）	北京师范大学	泰语	2013.9—2014.10
Kiatyuddhajati Suchada 苏佳	泰国	讲师/硕士	清迈皇家大学	泰语	2014.9—2015.9
Murasiwa Teeraplo 郑浩南	泰国	助教/本科	—	泰语	2015.9—2016.1
Chananchida Kerdmongkol 苹果	泰国	助教/硕士	清迈大学	泰语	2016.11—2017.7

续表

姓名	国籍	职称/学历	所在学校、单位	教授专业	执教时间
Ruenpong Sittichai 李江	泰国	助教/硕士	—	泰语	2017.9至今
DOK CHENDA	柬埔寨	硕士	—	柬埔寨语	1年
寸雪涛	中国	教授/博士	云南大学	缅甸语	2004
邹怀强	中国	副教授/博士	云南民族大学	缅甸语	2003
欧江玲	中国	讲师/硕士	广西民族大学	缅甸语	2004
肖云洪	中国	中级经济师/本科	广西民族大学	—	—
黄慕霞	中国	副教授/硕士	云南民族大学	老挝语（2019届毕业生毕业论文指导）	2019
陶文娟	中国	副教授/硕士	云南民族大学	老挝语（2019届毕业生毕业论文指导）	2019
本塔维	老挝	讲师/硕士	老挝国立大学	老挝语	2014
沃拉湃·纬来沙	老挝	讲师/硕士	老挝国立大学	老挝语	2015
森万·马尼冯	老挝	助教/学士	老挝国立大学	老挝语	2016
普康·坎塔翁赛	老挝	讲师/硕士	老挝国立大学	老挝语	2017至今

（四）开展学术交流与学术讲座情况

非通用语种类专业自开办以来，学院注重师生的发展及其能力的提升，经常邀请校外专家到校开展与各专业有关的讲座，每年2—3次，讲座的内容主要涉及非通用语种类专业教学法、语言研究、文化研究等方面。

三、教学与人才培养

（一）人才培养目标及要求

红河学院非通用语种类专业致力于培养德智体全面发展的应用型人才——具有一定的马克思主义理论修养以及正确的世界观、人生观和价值观；具有较强的社会责任感和公民意识；勇于追求真理，坚持真理；具有健康的体魄、良好的心理素质、健全的人格和良好的道德修养，有敬业精神、奉献意识和合作精神；具备较高的人文与科学素养，专业基础理论扎实，能熟练掌握听、说、读、写、译等方面的语言技能；具有较强的实践能力和较开阔的国际视野，熟悉各国政治、经济、文化各领域的基本情况，能在外事、旅游、经贸、文化、新闻出版等经济文化交流领域和教育部门熟练运用非通用语从事相关工作，为地方经济和社会发展以及区域性国际经济发展服务。

（二）教学课程体系

在教学课程设置上，围绕知识结构、能力结构、素质结构3个方面进行教学体系的安排，各非通用语种专业课程体系包括理论课程体系和实践课程体系两个部分。

理论课程体系包括公共基础课、专业课。其中，公共基础课又包括社会科学基础知识、马克思主义基本理论和思想道德修养、外语知识、计算机应用知识等。对于理论课程，一般按照平时成绩占30%、期中成绩占10%、期末成绩占60%的占比进行。平时成绩主要是考查学生的出勤率、课堂表现、作业情况等。

红河学院非通用语种类专业注重学生实践能力的培养，实践教学体系包括实践类课程和集中实践环节。其中，实践类课程能够覆盖本专业的核心课程。集中实践环节要求学生完成240个学时（至少6周）的实践工作，包括实习、毕业设计等，主要目的是提高学生的专业能力、分析问题的能力、解决问题的能力，培养学生的创新思维，增强学生的实践能力和创业能力。

（三）人才培养模式

红河学院非通用语种类专业采取"1+3"人才培养模式，即第一学年学生到对象国的大学学习，后3年在红河学院学习。

表3-6 国外合作交流高校一览表

专业	高校名称
越南语专业	越南太原大学
	越南雄王大学
泰语专业	泰国清迈大学
	泰国清迈皇家大学
	泰国西北大学
	泰国玛哈萨拉堪皇家大学
柬埔寨语专业	柬埔寨金边皇家大学
缅甸语专业	缅甸曼德勒外国语大学
老挝语专业	老挝国立大学

（四）获奖情况

红河学院泰语专业每年都派出学生参加东南亚泰语组演讲比赛，分别在2012年获二等奖1名、三等奖2名，2013年获三等奖1名，2014年获二等奖1名，2017年获优秀奖1名，2018年获三等奖1名，2019年获三等奖1名。

越南语专业学生参加国家级和省级专业技能比赛，累计取得一等奖3人次、二等奖8人次、三等奖20人次的好成绩；至今已经有15名学生考上硕士研究生；越南语专业荣获"云南省第八届高校教育教学成果一等奖"。

历年来柬埔寨语专业学生中获得国家励志奖学金5人次、云南省政府奖学金4人次、省级三好学生1人次、省级优秀学生干部1人次、省级优秀毕业生3人次、校级优秀毕业生3人次；2015级柬埔寨语班荣获"省级先进班集体"荣誉称号，2013级、2014级、2015级柬埔寨语班先后荣获"校级先进班集体"荣誉称号；还有25余人次获得院级、校级荣誉；在专业技能竞赛中有1人荣获省级一等奖、1人获省级二等奖；1人获得2019年国家留学基金委项目；1项大学生创新项目被评为校级优秀结题项目；获评大学生科技创新项目优秀论文1篇。

缅甸语专业学生参加等级考试，在2015年12月的云南省缅甸语A级考试中，有2名学生成绩位列云南省前10名；在2016年6月的云南省缅甸语四级考试中，有1名学生成绩位列云南省前10名；在2016年12月的云南省缅甸语八级考试中，有2名学生成绩位列云南省前10名。专业内每年都举行形式多样的学科竞赛活动，并积极推选优秀学生参加省级专业技能比赛。

老挝语专业学生中获得国家励志奖学金11人次、省级优秀毕业生2人、校级优秀毕业生

2人次；2015级、2016级老挝语班先后荣获"校级先进班集体"荣誉称号；在专业技能竞赛中有2人分别荣获省级二等奖、优秀奖；6名同学通过大学英语四级考试；2人参加全国英语写作大赛，分别荣获二等奖和三等奖；3人（2014级的黄红苗、郭云霞、许婉宴）考取老挝国立大学的研究生。

（五）教学质量工程项目及教材选择

红河学院非通用语种类专业经过各位老师的努力，取得省级质量工程10项、校级教学质量工程立项20余项。在教材方面，我们选用北京大学出版社、世界图书出版社、云南大学出版社等出版的优质教材，并注重教材对应用型人才培养的适应性。

（六）就业工作

学院非通用语种类专业学生毕业后，大多从事外事、旅游、经贸、文化等领域的工作，就业情况良好，有一定的就业竞争力。

（七）办学基础设施建设

红河学院有非通用语语言类藏书约3000本，并设有专门用于语言教学的实训室和同声传译室。

四、科学研究

（一）研究领域

各专业教师的研究方向可总结为语言文化对比、民族文化对比、教学研究等方向。

（二）可依托的校内研究机构

红河学院非通用语种类专业可依托的校内机构有：红河州越南研究中心、红河学院语料库语言学研究中心、云南国际哈尼/阿卡社会历史与文化发展研究基地、红河学院国际哈尼/阿卡研究中心、红河学院民族文化遗产研究中心、云南边疆文学与文化研究中心。

表3-7 科研项目（省部厅级）一览表

序号	项目名称	主持人	项目类别	项目编号	立项/结项时间
1	汉越死亡委婉语对比研究	何会仙	云南省教育厅科学研究基金项目	—	2010年立项/2013年结项
2	中国金平县哈尼"苦扎扎"节与泰北清莱阿卡"耶苦扎"节对比研究	柏敏	云南省哲学社会科学规划项目（青年项目）	QN2014047	2014年立项/2016年合格结项
3	泰国阿卡传统节日社会功能的演变及对我国哈尼节日文化的启示	柏敏	云南省教育厅科研项目	2017ZZX126	2016年立项
4	泰语自然地理环境词的文化意象研究	方芳	云南省教育厅科研项目	2019J0629	2019年立项
5	缅甸语缩略词研究	路洁清	云南省教育厅科学研究基金项目	2019J1178	2019年立项
6	汉老生理现象委婉语对比研究	吕丽	云南省教育厅科学研究基金项目	—	2019年立项

续表

序号	项目名称	主持人	项目类别	项目编号	立项/结项时间
7	滇越边境地区哈尼族语言认同调查研究	钟娇	云南省哲学社会科学规划项目	—	2019年立项

附：各专业描述

越南语专业

专业定位及培养目标

红河学院越南语专业培养具备较高人文与科学素养、越南语专业基础理论扎实，能熟练掌握越南语听、说、读、写、译等方面的语言技能，掌握越南的语言、文学、历史、政治、经济、文化、宗教、社会等知识，具有较强的专业实践能力和较开阔的国际视野，能够在政府部门、企事业单位、教育科研机构等各行业从事相关工作的应用型人才。

人才培养

本专业实行"1+3"人才培养模式。学生入学后即被派往越南进行1年的语言学习和文化体验，脱离母语环境，置身于全方位的体验式外语学习环境中，学习纯正的越南语语音和体验真实的越南国家文化，实现语言学习与文化认同相长。越南语专业结合办学定位，培养具有国际视野和服务区域经济社会发展的应用型人才。

师资队伍建设

本专业现有专任教师5人，其中副教授2人、讲师3人；博士1人、硕士4人，是一支素质较高、有潜力、有活力的师资队伍，100%的国内主讲教师都有到越南留学的经历。教学团队中的教师责任感强、有团结协作精神、有合理的知识结构和年龄结构，教研室教师师德好、学术造诣高、教学能力强、教学经验丰富、教学特色鲜明。

专业建设成果

本专业教师1人获"红河学院十佳教师"称号、2人获"红云园丁奖"。学生参加国家级和省级专业技能比赛，取得一等奖3人次、二等奖8人次、三等奖20人次的好成绩。本专业至今已经有15名学生考上研究生。

科学研究成果

本专业教师积极开展与专业相关的科学研究。自2009年以来，获省级立项项目3项、校级立项项目5项，出版教材1部、译著1部。此外，公开发表与越南文化和语言相关的论文20余篇。

就业情况

本专业学生能够在政府部门、企事业单位、教育科研机构等各行业从事相关工作。红河学院应届毕业生培养质量评价报告显示：越南语就业率为93%，越南语专业应届毕业生平均月收入为5875元。用人单位对毕业生评价良好。

泰语专业

专业定位及培养目标

红河学院泰语专业于2009年开设,至今已有10年的时间,致力于培养具有一定的马克思主义理论修养,正确的世界观、人生观和价值观;具有较强的社会责任感和公民意识;勇于追求真理、坚持真理;具有健康的体魄、良好的心理素质、健全的人格和良好的道德修养,有敬业精神、奉献意识和合作精神;具备较高的人文与科学素养,泰语专业基础理论扎实,能熟练掌握泰语听、说、读、写、译等方面的语言技能;具有较强的实践能力和较开阔的国际视野,熟悉泰国政治、经济、文化各领域的基本情况,能在外事、旅游、经贸、文化、新闻出版等经济文化交流领域和教育部门熟练运用泰语从事相关工作,为地方经济和社会发展以及区域性国际经济发展服务的德智体全面发展的应用型人才。

人才培养

自2009年开始,本专业实施"1+3"人才培养模式,即第一年学生到泰国学习,打下扎实的语音基础知识功底,对泰国政治、经济、文化背景知识有一定的了解和认识,为返校后的3年进行深入系统的专业学习奠定了坚实的基础。

师资队伍建设

在师资队伍建设上,现有专业教师5名,其中讲师4人,占本专业师资总数的80%;助教1人,占本专业师资总数的20%。教师队伍均具有硕士研究生学历。此外,本专业每年都从泰国高校聘请泰语教师到校任教。

专业建设成果

在专业建设上,自2009年以来,获校级教学质量工程项目5项:"大学外语Ⅰ、Ⅱ"课程建设项目、"'泰语专业+国际经济与贸易专业'人才培养模式研究"项目、"基础泰语阅读"课程建设项目、"实用泰语"课程建设项目、泰语口译课程教学模式探索与实践。

科学研究成果

在科学研究方面,本专业获省部级科研课题1项,即云南省哲学社会科学规划项目"中国金平县哈尼'苦扎扎'节与泰北清莱阿卡'耶苦扎'节对比研究";获厅级科研项目2项,即云南省教育厅科研项目"泰国阿卡传统节日社会功能的演变及对我国哈尼节日文化的启示""泰语自然地理环境词的文化意象研究"。此外,公开发表与泰国文化和语言相关的论文20余篇。

就业情况

毕业生就业于泰国驻北京大使馆、泰国国家旅游局、云南省昆明市公安局特警大队、云南省武警边防大队等以及国家党政机关及中央直属部门和企事业单位,为国家建设及云南对外开放做出了贡献。

柬埔寨语专业

专业定位及培养目标

红河学院柬埔寨语专业致力于培养具备较高人文与科学素养，专业基础理论扎实，熟练掌握柬埔寨语听、说、读、写、译等方面的语言技能，具有较强实践能力，具有较开阔的国际视野，熟悉柬埔寨政治、经济、文化各领域的基本情况，在外事、旅游、经贸、文化、新闻出版等经济文化交流领域和教育部门熟练运用柬埔寨语从事相关工作，能为地方经济和社会发展以及区域性国际经济发展服务的应用型人才。

人才培养

自2013年开始招生以来，实施了"1+3"人才培养模式，通过"厚基础、宽口径、重实践"的课程体系的构建，集中体现应用型、国际化的人才培养目标，注重学生语言文化基础知识及其应用能力、跨文化交际能力的培养，并注重开阔学生国际视野。本专业人才培养初具成效，效果显著。自2013年招生以来，本专业共培养了109名学生，有8人次参加了省级专业技能比赛，取得一等奖2次、二等奖2次、三等奖4次的成绩。

师资队伍建设

在师资队伍建设上，本专业现有专业教师3名，均为本科学历，其中1人在读硕士；1人为讲师、2人为助教。为推进专业建设，学院聘请7名柬埔寨籍教师到校配合中国籍教师进行教学、论文指导等工作。此外，还聘请云南民族大学柬埔寨语专业副教授莫源源老师为特聘教授到我校指导专业建设，多次邀请北京外国语大学柬埔寨语专业教授彭晖老师到我校举办讲座。

专业建设成果

在专业建设上，自2013年以来，柬埔寨语专业教师积极提升教学和科研能力，近年来主持省级项目1项、校级项目6项，发表论文9篇，指导国家级大创项目2项，有2人先后获"红云园丁奖"。

就业情况

本专业现有毕业生3届共52人，在毕业当年实现全部就业，就业单位有境内外企事业单位，覆盖了旅游、建筑、会计、烟草等行业，连续3年就业率达100%。

缅甸语专业

专业定位及培养目标

红河学院缅甸语专业于2012年开设，至今已有7年历史，致力于培养适应新时期国家对外开放和社会经济发展需要，具有较高的人文情怀与科学素养、较开阔的国际视野和创新精神，缅甸语专业基础理论扎实，具有较强的缅甸语应用能力，熟悉缅甸政治、经济、文化各领域的基本情况，在外事、经贸、文化、新闻出版、旅游等经济文化交流领域和教育科研机构能熟练运用缅甸语从事翻译、管理、服务、教学、研究等相关工作，能为地方经济和社会发展以及区域性国际经济发展服务的高素质应用型人才。

人才培养

自2013年开始，实施"1+3"人才培养创新模式，学校与缅甸曼德勒外国语大学进行教育合作。重视学生应用能力的培养，与地方、行业、企业签署产学研合作协议，建立协同育人机制。在不断的探索和实践中，人才培养取得一定效果。

师资队伍建设

在师资队伍建设方面，本专业现有专任教师4名，职称结构为副教授1人、讲师1人、助教2人；学历结构为博士1人、硕士1人、学士2人。教师队伍中，年轻教师居多，学历和职称结构不够合理，教学科研能力有待进一步提高。聘有外聘教师4人。此外，常年聘请缅甸语专业外教。

专业建设成果

在专业建设上，2017年"东南亚语种'1+3'人才培养模式改革探索与实践"获云南省教学成果一等奖。省级教学质量工程项目有"云南省东南亚、南亚语种人才培养基地""小语种人才培养示范点""东南亚南亚语种新专业支持计划项目（缅甸语专业）""2016年东南亚南亚语种特聘教师支持计划（缅甸语）"等。专业教师参编教材5部。在科学研究上，获云南省教育厅科学研究基金项目1项，著有专著1部（《汉语助动词"要"及其相关问题研究》）、合著1部（《语境理论视域下的缅甸本部民间口头文学研究》）、译著1部。

就业情况

本专业现有3届毕业生，毕业生广泛就业于涉外企业、公安系统、安全部门、杂志社、学校以及翻译培训机构，为中缅友好往来、经济贸易合作、中缅边境和谐做出了贡献。

老挝语专业

专业定位及培养目标

红河学院老挝语专业于2014年开设，本专业致力于培养具备较高的人文与科学素养，老挝语专业基础理论扎实，熟练掌握老挝语听、说、读、写、译等方面的语言技能，具有较强实践能力，具有较开阔的国际视野，通晓国际规则、能够参与国际事务和国际竞争，熟悉老挝政治、经济、文化各领域的基本情况，在外事、旅游、经贸、文化、新闻出版等经济文化交流领域和教育部门熟练运用老挝语从事相关工作，能为地方经济和社会发展以及区域性国际经济发展服务的应用型、复合型人才。

人才培养

本专业实行"1+3"人才培养模式，即学生入学第一年第一学期在红河学院完成语音基础课程学习后，前往老挝国立大学学习，以此获得对纯正老挝语语音的认知和体验，并且初步了解和接触老挝社会、民俗、政治、经济、文化背景知识，进行全方位沉浸式的学习，第二、三年返回红河学院参加校内课程的学习。根据需要，部分学生四年级时再次送往老挝进行专业实习实践，进一步夯实语言文化知识和提高专业实践能力。

师资队伍建设

在师资队伍建设上，现有专业教师4名，2人为硕士（其中1人在读）、2人为本科；讲师1人、助教4人。为推进专业建设，先后聘请4名老挝国立大学的教师到校配合中国籍教师进行教学和论文指导等工作。此外，还聘请云南民族大学老挝语专业副教授黄慕霞、陶文娟老师进行2019届毕业生的毕业论文指导工作。

专业建设成果

在专业建设上，自2014年以来，本专业教师积极提升教学和科研能力。近年来主持省级项目1项、院级项目1项，发表论文4篇，指导校级大创项目3项。2人参加省级专业技能比赛，取得二等奖和优秀奖的成绩。

就业情况

本专业毕业生致力于服务区域经济发展，大部分毕业生选择到国外就业，积极为中老友谊贡献自己的绵薄之力。就业单位有境内外企事业单位，涵盖了旅游、建筑、科技、金融等行业。就业率达90%，毕业生平均工资可达6000元以上，高于全校平均水平。

曲靖师范学院
非通用语种类专业建设与发展报告
（2007—2019）

一、历史概况

作为珠江源头的第一个城市，曲靖市在云南省具有经济上和地理上的特殊优势，同时其深厚的文化积淀、秀丽的风光以及宜人居住的优厚条件，吸引了大量的境外人士来曲靖旅游、居住。在较好的教育条件下发展泰语（本科）专业，是实现云南省加快"泛珠三角"流域经济发展的必要条件，为曲靖师范学院与南亚东南亚地区的高校开展师生互派、人才交流与合作奠定了坚实的基础，不仅可以为泰国企业输送泰语专门人才，还能够增强服务地方经济的能力。

曲靖师范学院于2007年成功申报应用泰国语专科专业，共招收了3届该专业专科学生，采用"2+1"人才培养模式。2011年，应用泰国语专科专业成功升级为泰语本科专业，截至2019年共招收8届泰语专业本科学生，采用"2+2""2+1+1"国际化人才培养模式。为积极响应"一带一路"倡议，曲靖师范学院于2017年成功申报印度尼西亚语本科专业，并连续3年招收印度尼西亚语专业本科学生。同时在两个专业发展建设的基础上，不断优化专业培养模式，于2015年9月及2018年9月开始分别对泰语专业及印度尼西亚语专业学生实施"泰语+英语+商务"复合人才实验班以及"印尼语+英语+商务"复合人才实验班教学，在强化学生非通用语言学习的同时，注重英语学习，并旨向商务方向，更加专业化、系统化地培养复合型、应用型人才。

表4-1　各专业开设时间一览表

专业	专业开设时间	备注
应用泰国语	2007年	专科专业，2011年升为泰语本科专业
泰语	2011年	本科专业
印度尼西亚语	2017年	本科专业

二、师资队伍

（一）师资队伍建设情况

1. 师资队伍职称、学历分析

目前泰语专业有泰语专职教师6人、泰籍教师1人；印度尼西亚语专业有专职教师2人、印尼籍外教1人。泰语专业专职教师均为硕士研究生学历、讲师职称；印度尼西亚语专业专职教师两人均为大学本科学历、助教职称。

表 4-2　泰语专业教师职称、学历一览表

姓名	职称	出生年份	本科学校及专业	硕士学校及专业
李娅静	讲师	1984 年	云南民族大学 泰语专业	云南民族大学 亚非语言文学专业
李彬芳	讲师	1984 年	云南民族大学 泰语专业	云南民族大学 亚非语言文学专业
赵绍平	讲师	1980 年	云南民族大学 泰语专业	云南民族大学 亚非语言文学专业
李雪梅	讲师	1982 年	泰国南邦皇家大学 社区发展专业	泰国清迈大学 泰语教学专业
陈娴	讲师	1987 年	广西民族大学 泰语专业	泰国北柳皇家大学 教育管理专业
吴春兰	讲师	1986 年	云南民族大学 泰语专业	泰国碧武里皇家大学 教育管理专业

表 4-3　印度尼西亚语专业教师职称、学历一览表

姓名	职称	出生年份	本科学校及专业
陈蝶	助教	1994 年	云南民族大学 印度尼西亚语专业
杜小梅	助教	1995 年	云南民族大学 印度尼西亚语专业

表 4-4　师资队伍汇总表

单位：人

专业	教师总数	讲师	助教	本科	硕士
泰语	6	6	0	0	6
印度尼西亚语	2	0	2	2	0
总计	8	6	2	2	6

表 4-5　外聘教师信息一览表

姓名	国籍	职称/学位	所在学校	教授专业	执教时间
Warapron Jirawanit	泰国	讲师/硕士	泰国北柳皇家大学	应用泰语专业（专科）	2007.09—2010.08
Varee Roungsuk	泰国	讲师/硕士	泰国北柳皇家大学	应用泰语专业（专科）	2010.08—2011.08
Songrid Chimmode	泰国	讲师/硕士	泰国北柳皇家大学	泰语专业	2011.09—2012.07
Warangkana Kunasawat	泰国	讲师/硕士	泰国北柳皇家大学	泰语专业	2011.10—2012.08
Amonwadee Laokhetkit	泰国	讲师/硕士	泰国川登喜皇家大学	泰语专业	2013.02—2014.02
MRS.Kornkarn Promdewet	泰国	副教授/硕士	泰国北柳皇家大学	泰语专业	2014.05—2019.02
Piyaporn Chaipun	泰国	助教/硕士	泰国玛希隆大学	泰语专业	2019.03—2020.02

续表

姓名	国籍	职称/学位	所在学校	教授专业	执教时间
Suroso MPD DRS BP	印度尼西亚	教授/博士	印度尼西亚日惹大学	印度尼西亚语专业	2017.09—2018.07
Avi Meilawati	印度尼西亚	讲师/硕士	印度尼西亚日惹大学	印度尼西亚语专业	2018.09—2019.07
Deasy Natalia	印度尼西亚	助教/硕士	昆明理工大学	印度尼西亚语专业	2019.09—2020.07

2. 教师所获荣誉

泰语专业及印度尼西亚语专业教师上课认真负责，做事踏实肯干，治学严谨，从严执教，在教好书的同时也做好育人工作，关心学生，经常深入学生宿舍与学生进行交流，积极帮助有困难的学生，深得学生的喜爱和敬佩。自学院实行导师制以来，导师会深入了解学生的学习、思想及生活状况，根据自己负责的每个学生的实际情况制订出相应的培养计划，尽可能地提高学生的泰语专业四级、八级考试合格率，提升学生的全国大学英语四级、六级成绩以及计算机二级过级率、考研率，为培养综合素质高、专业技能强、能快速适应社会的优秀毕业生做努力。泰语、印度尼西亚语专业教师踏实的工作作风、高昂的工作热情、真诚的工作态度都为本专业泰语赢得了良好的口碑，也获得了一些荣誉。

表4-6 教师所获荣誉一览表

荣誉获得者	获奖时间	表彰类型
陈娴	2014.04	指导学生荣获第三届云南省"孔敬大学杯"泰语系列比赛之泰语与泰国知识竞赛专业组一等奖
	2014.04	指导学生荣获第三届云南省"孔敬大学杯"泰语系列比赛之泰语歌咏比赛一等奖
	2014.04	指导学生荣获第三届云南省"孔敬大学杯"泰语系列比赛之泰语书法比赛优秀奖
	2014.04	指导学生荣获第三届云南省"孔敬大学杯"泰语系列比赛之泰语演讲比赛优秀奖
	2014.12	曲靖师范学院外国语学院"立德树人"演讲比赛二等奖
	2019.04	第十届中国高校学生泰语演讲、泰语技能比赛之泰语书法比赛指导老师优秀奖
	2019.11	指导学生荣获第七届云南省高等学校东南亚语演讲比赛泰语非专业组二等奖
李娅静	2004.09	曲靖师范学院"校风、教风、学风建设大家谈"征文比赛二等奖
	2009.11	曲靖师范学院第三届中青年教师课堂教学竞赛三等奖
	2014.12	曲靖师范学院外国语学院"立德树人"演讲比赛三等奖
	2016.03	指导学生荣获云南省高校第四届东南亚语演讲比赛泰语专业组三等奖
	2017.05	指导学生荣获云南省高校第五届东南亚语演讲比赛泰语专业组三等奖
	2017.10	云南省"红云园丁奖"
	2019.04	第十届中国高校学生泰语演讲、泰语技能比赛之泰语讲故事比赛指导老师优秀奖
赵绍平	2012.02	指导学生荣获云南省高校第一届东南亚语演讲比赛泰语专业组二等奖
	2014.04	指导学生荣获第三届云南省"孔敬大学杯"泰语系列比赛之泰语与泰国知识竞赛一等奖
	2016.03	指导学生荣获云南省高校第四届东南亚语演讲比赛泰语非专业组二等奖
	2019.11	指导学生荣获第七届云南省高等学校东南亚语演讲比赛泰语专业低年级组三等奖
吴春兰	2019.11	指导学生荣获第七届云南省高等学校东南亚语演讲比赛泰语专业高年级组二等奖
李雪梅	2019.04	第十届中国高校学生泰语演讲、泰语技能比赛之泰语演讲指导老师优秀奖
	2013	云南高等学校首届东南亚语演讲比赛指导老师优秀奖
	2017.05	指导学生荣获云南省高校第五届东南亚语演讲比赛泰语非专业组优秀奖
	2018.10	指导学生荣获第六届云南省高校东南亚语演讲比赛泰语非专业组二等奖

续表

荣誉获得者	获奖时间	表彰类型
李彬芳	2011.11	指导学生荣获云南省首届大学泰语演讲比赛优秀奖
	2018.10	指导学生荣获第六届云南省高校东南亚语演讲比赛泰语专业组优秀奖
	2019.04	第十届中国高校学生泰语演讲、泰语技能比赛之泰语歌唱比赛指导老师优秀奖

3. 教师教学学术培训、交流学习等情况

学校按照"培养提高、按需引进、优化结构"的要求，加大师资队伍的建设力度，促进教师积极向双素质型教师转变；采用在岗培训、校外培训、国内外学历提升等形式，不断提高教师的学历、学位、知识、能力素养和教学水平，加大对学科带头人和学术骨干的引进力度；开展骨干教师培训，树立教学楷模和加强教师的职业道德教育等促进师德、师风的建设。同时，学校还选派部分教师参加各类培训、教学研讨和学术会议。通过几年的建设，使泰语、印度尼西亚两个专业的师资队伍在数量、结构、水平等方面都有很大的改观。

表 4-7 教师培训、交流等情况一览表

序号	培训时间	培训内容或会议	参加人员	参加人数
1	2010.10	中国非通用语种教学研究会泰语分会第二次学术会议	李娅静、李彬芳	2
2	2011.11	中国非通用语种教学研究会泰语分会第三次学术会议	李彬芳、赵绍平	2
3	2013.07.14—18	云南省高校小语种教师培训项目	李彬芳	1
4	2014.03.14—21	云南省高校小语种骨干教师培训	李雪梅	1
5	2014.09.14	首届中泰语言文化研究国际学术研讨会	邓万学、李雪梅	2
6	2015.06.02	云南省第二届泰语教学研讨会	赵绍平、李欣莲、李娅静、李彬芳、陈娴、吴春兰	6
7	2015.06.11—19	云南省高校小语种骨干教师培训	李娅静	1
8	2015.08.02—17	泰语专业教学技能培训	赵绍平、李欣莲、李娅静、李彬芳、陈娴、吴春兰	6
9	2016.05.24—27	中国泰语教师教学能力培训班	李娅静、陈娴、吴春兰	3
10	2016.07.24—08.20	泰国清迈大学教学交流及技能培训	李雪梅	1
11	2019.06.28—30	第二届"一带一路"外语教育规划圆桌会议	李娅静、何艳	2
12	2019.12.28—30	全国高校国别和区域研究学术年会	李娅静	1

4. 国内外教师聘请情况

学校积极探索与国外高校合作，目前泰语专业及印度尼西亚语专业常年聘请有泰籍教师1—2人、印度尼西亚籍教师1—2人、客座教授2人，通过国际教育教学合作，有效提高了学校非通用语种类专业学生的教学质量与教学成效。

5. 开展学术交流与学术讲座情况

为有效提高学校非通用语种类教师的科研能力，学校积极与国内外相关高校及研究机构开展学术交流活动，并定期开展了学术讲座，以扩宽师生的专业知识面，通过交流与学习提升教师的科研能力。

表 4-8　开展学术交流与学术讲座情况一览表

序号	时间	主题	主讲人员	类型
1	2015.05	东南亚文化赏析	曲靖师范学院外国语学院吴春兰老师	学术讲座
2	2016.06	泰国文化赏析	泰国博乐大学苏瓦博士	学术讲座
3	2016.06	Language, Culture and Translation	新西兰梅西大学商学院黎明生教授	学术讲座
4	2016.06	高校国际化教育与人才培养创新	加拿大驻重庆总领事馆高级教育专员，四川外国语大学、云南大学硕士生导师廖忠博士	学术讲座
5	2017.05	东南亚文化赏析——走进东南亚	曲靖师范学院外国语学院吴春兰老师	学术讲座
6	2017.09	外语学科建设与专业发展建设	云南师范大学杨端和教授、云南民族大学李强教授	学术讲座
7	2018.05	国别与区域研究建设	云南大学国际关系研究院教授	学术交流
8	2018.10	国别与区域研究建设	中山大学国际关系学院教授	学术交流
9	2019.04	基于 CSSCI 外国语言学来源期刊的文献计量研究	西安外国语大学博士生导师孙毅教授	学术讲座
10	2019.04	走进绚丽多彩的翻译世界	苏州大学王宏教授	学术讲座
11	2019.09	吹落的树叶 30 年：泰国社会里的性别状态变化	泰国北柳皇家大学 Varee Roungsuk 博士	学术讲座
12	2019.11	国家社会科学基金申报指南 10 问	云南师范学大学原一川教授	学术讲座

三、教学与人才培养

（一）教学和人才培养基本情况

学校于 2007 年成功申报应用泰国语专科专业，于 2007 年 9 月招收首届全日制专科学生 56 人、2009 年 9 月招收 82 人、2010 年 9 月招收 33 人，采用"2+1"人才培养模式。2011 年，该专业成功升级为泰语本科专业，2011 年 9 月招收 29 人、2012 年 9 月招收 41 人、2013 年 9 月招收 33 人、2014 年 9 月招收 38 人、2015 年 9 月招收 45 人、2016 年 9 月招收 42 人、2017 年招收 50 人、2018 年招收 38 人、2019 年招收 38 人，采用"2+1+1"国际化人才培养模式。

为积极响应"一带一路"倡议，学校于 2017 年成功申报印度尼西亚语本科专业，同年招收学生 11 人，2018 年招收学生 17 人，2019 年招收学生 17 人。

在两个非通用语种类专业发展建设的基础上，学校不断优化专业培养模式，分别于 2015 年 9 月、2018 年 9 月开始对泰语专业及印度尼西亚语专业学生实施"泰语+英语+商务"复合人才实验班以及"印尼语+英语+商务"复合人才实验班教学，在强化学生非通用语言学习的同时，注重英语学习，并旨向商务方向，更加专业化、系统化地培养复合型、应用型人才。

（二）人才培养模式

学校泰语专业及印度尼西亚语专业实行"2+1+1"或"2+2"的人才培养模式，同时采用"泰语+英语+商务""印尼语+英语+商务"复合人才实验班的"双语+方向"的方式与泰国及印度尼西亚相关高校共同培养国际化的复合型人才。目前已跟泰国的碧武里皇家大学、清迈大学、博乐大学、北柳皇家大学以及印度尼西亚的日惹大学等多所高校签订合作协议，保证了学生到泰国及印度尼西亚的留学需求，学生在大三学年分赴泰国及印度尼西亚相关高校进行为期约1年的专业课程学习并完成专业实习环节。

表 4-9 国外合作交流高校一览表

专业	高校名称
泰语专业	泰国清迈大学
	泰国北柳皇家大学
	泰国碧武里皇家大学
	泰国佛统皇家大学
	泰国博乐大学
	泰国宋卡王子大学
	泰国东方大学
	泰国南邦技术大学
印度尼西亚语专业	印度尼西亚日惹大学

（三）人才培养效果

在复合式国际化人才培养模式的培养下，学校泰语专业和印尼语专业学生的专业知识水平与能力有了较大提升，并多次参加云南省及全国性的泰语相关比赛，如云南省高校东南亚语种演讲比赛、中国高校泰语演讲及技能大赛等，并获得荣誉。

表 4-10 学生在专业竞赛获奖一览表

序号	奖励类别	获奖等级	奖项名称	获奖者	获奖年度
1	演讲比赛	二等奖	云南省首届高校"东南亚语比赛周"大赛泰语专业组比赛	玉恩罕	2009 年
2	演讲比赛	优秀奖	云南省首届大学杯泰语演讲比赛	普兴雪	2011 年
3	演讲比赛	优秀奖	云南省高等学校第二届东南亚语演讲比赛	张红瑞	2013 年
4	泰国知识竞赛	一等奖	第三届云南省"孔敬大学杯"泰语系列比赛之泰语与泰国知识竞赛专业组比赛	王秋婷 胡嘉川	2014 年
5	泰语歌唱比赛	一等奖	第三届云南省"孔敬大学杯"泰语系列比赛之泰语歌唱比赛	凌佩红	2014 年
6	泰语书写比赛	优秀奖	第三届云南省"孔敬大学杯"泰语系列比赛之泰语书写比赛	刀小杏	2014 年
7	泰语演讲比赛	优秀奖	第三届云南省"孔敬大学杯"泰语系列比赛之泰语演讲比赛	帅相探	2014 年
8	泰语演讲比赛	三等奖	云南省高校第四届东南亚语演讲比赛泰语专业组三等奖	罗淑英	2016 年
9	泰语演讲比赛	三等奖	云南省高校第五届东南亚语演讲比赛泰语专业组三等奖	李义春	2017 年
10	泰语演讲比赛	优秀奖	第十届中国高校学生泰语演讲、泰语技能比赛	黄诗婷	2019 年
11	泰语讲故事比赛	优秀奖	第十届中国高校学生泰语演讲、泰语技能比赛	陈宣青	2019 年
12	泰语歌唱比赛	优秀奖	第十届中国高校学生泰语演讲、泰语技能比赛	徐芮	2019 年
13	泰语书法比赛	优秀奖	第十届中国高校学生泰语演讲、泰语技能比赛	陈亚莉	2019 年
14	泰语演讲比赛	二等奖	第七届云南省高等学校东南亚语演讲比赛泰语专业高年级组一等奖	杨艳	2019 年
15	泰语演讲比赛	三等奖	第七届云南省高等学校东南亚语演讲比赛泰语专业低年级组三等奖	李明雪	2019 年

（四）教学质量工程项目及教材建设

学校泰语专业及印度尼西亚语专业专任教师积极参与教学改革和教学研究，并取得了一定的成果。现有首届云南省高校小语种人才培养模式示范点项目1项、云南省教学质量工程精品课程2项、云南省高等学校东南亚南亚语种特聘教师支持项目3项、云南省高等学校东南亚南亚语种优秀学生留学支持项目2项、云南省高校优秀翻译人才基地项目4项、校级科研项目4项、校级网络课程"泰语听力""泰语阅读""基础泰语""印尼语听力""印尼语阅读"等共7项、校级优质课程"基础泰语"1项、校级教学成果三等奖1项、出版著作及主编、参编教材6部等。

表4-11　教学质量改革工程项目（省级以上）一览表

序号	主持人	名称	批准单位及文件号	年份	备注
1	李彬芳	泰语听力	云南省教育厅 云教高〔2013〕117号	2013年	省级精品课程（已结题）
2	赵绍平	泰语阅读	云南省教育厅 云教高〔2014〕106号	2014年	省级精品课程（已结题）
3	邓万学	云南省高等学校东南亚南亚语种优秀学生留学支持项目	云南省教育厅 云教高〔2014〕106号 云教高〔2015〕91号	2014年 2015年	（已结题）
4	邓万学	云南省高校优秀翻译人才基地项目	云南省教育厅 云教高〔2014〕106号等	2014年 2015年 2016年	（已结题）
5	邓万学	云南省高等学校东南亚南亚语种特聘教师支持项目	云南省教育厅 云教高〔2014〕106号 云教高〔2015〕94号 云教高〔2016〕66号	2014年 2015年 2016年	（已结题）
6	李娅静	云南省高校优秀翻译人才基地项目	云南省教育厅 云教高〔2017〕59号	2017年	暂未结项
7	朱宏华	云南省高校小语种人才培养模式示范点项目	云南省教育厅 云教高〔2012〕120号	2012年	（已结题）

表4-12　教材出版一览表

序号	作者	名称	出版社	出版时间
1	邓万学	《大学泰语教程（一）》	云南大学出版社	2016年1月
2	赵绍平	《泰语泛读》	待定	待定

（五）国家留学基金委项目

2019年3月，根据国家留学基金管理委员会《关于遴选非通用语种在校本科生出国留学的通知》的选派条件，学校严格按照推荐要求，择优选派，最终2017级泰语专业丁晶晶和陈宣青以及印度尼西亚语专业李晏莹和黄丹丹4名同学成功获得2019年度非通用语种在校本科生出国留学资格。其中，泰语专业两名同学为泰国互换奖学金项目，印度尼西亚语专业两名同学为国家留学基金委全额资助项目。

（六）就业工作

1. 就业方向

学校一直贯彻落实就业工作"一把手"工程，成立以外国语学院党委书记为组长，院长、党委副书记为副组长，班主任、辅导员、就业工作专职人员为组员的学院就业工作领导小组，协同学校招生就业处形成了上下联动、师生全员参与的就业工作模式，坚持"请进来、走出去"的就业工作思路，不断探索和完善适合学校非通用语种类专业特色的就业招聘模式；面对严峻的就业形势，积极采取有效措施，不断加大力度开拓国外就业市场，拓展就业空间，进一步加强对非通用语种类专业毕业生创业就业的指导和服务工作，引导学生积极报考国内外研究生、从事相关语种工作，鼓励学生到语言对象国就业，努力提升毕业生市场就业竞争力。

截至2019年，应用泰国语专业有3届专科毕业生、泰语专业5届本科毕业生的就业率均达到97%以上，就业质量较好：就业于西安外国语大学、天津外国语大学、云南大学、云南师范大学、昆明理工大学等省内外高校，成为云南省及外省各高校泰语专业师资的重要来源；此外，毕业生还广泛就业于国家党政军机关及中央直属部门和企事业单位，为国家建设及云南对外开放做出了贡献。

表4-13 应用泰国语专业专科毕业生及泰语专业本科毕业生就业率一览表

届别	专业	学历	班级	人数	就业率
2009届	应用泰国语	专科	20070371班	56人	100%
2012届	应用泰国语	专科	20090371班	81人	100%
2013届	应用泰国语	专科	20100371班	33人	100%
2015届	泰语	本科	20110321班	28人	100%
2016届	泰语	本科	20120321班	41人	100%
2017届	泰语	本科	20130321班	33人	97%
2018届	泰语	本科	20140321班	38人	100%
2019届	泰语	本科	20150301班	43人	97.7%

2. 考研成果

通过"2+1+1"的国际化办学模式，学生既增强了国外学习的经历，开阔了国际视野，也提高了学生所学语言的实用性，部分学生还通过继续攻读硕士研究生提升了学历层次。2015届毕业生考取硕士研究生4人，2016届毕业生考取硕士研究生7人，2017届毕业生考取硕士研究生8人，2018届毕业生考取硕士研究生1人，2019届毕业生考取硕士研究生1人。

（六）基础设施建设

1. 专业实验与实习条件

（1）专业实验室建设

目前学校共建有外语语言实验室两个，并不断对语言实验室进行了改扩建，不仅增加并更新了设备，而且增加了实验室面积，实验室设备完好率约96%，使用率高。所建实验室针对学生开放有泰语听力、泰语视听说、印尼语听力、印尼语视听说等课程，学生普遍反应良好。

表4-14 外语语言实验室建设情况一览表

建成时间	机房名称	面积（平方米）	机位（个）
2010年	理学楼（1）A109	145.8	104
2011年	理学楼（1）A108	97.2	72
总计		243	176

表4-15 外语语言实验室开课情况一览表

承担课程名称	实验学时（个）	开课学时（个）	开课率（%）	综合性、设计性所占率（%）
泰语听力	36	72	100	100
泰语视听说	18	36	100	100
印尼语听力	36	72	100	100
印尼语视听说	18	36	100	100

（2）实习实训基地建设

学校泰语专业及印度尼西亚语专业一直以来都重视实习基地的联系和建设，目前国内相对缺乏适合专业人才的实践实训基地，但在泰国及印度尼西亚已建立起实习实训基地，与泰国清迈大学、清迈文化艺术中心、泰国北柳皇家大学附属第一小学及第二小学、中国文化传播有限公司（泰国）、印尼日惹大学等建立了良好的合作关系。基地设施良好、管理规范，能满足专业实践教学的需要。

2.专业图书资料

为了配合教学工作，近些年，学校投入大量资金购置了大量纸质图书，并购进了一些网络资源版权。目前，有关泰语及印度尼西亚语学科的藏书总量约为1000册。图书馆还在校园网上提供了十分丰富的网络图书资源，学术期刊资料更为丰富。图书馆提供中文期刊有：中国知网、万方数字化期刊群等。学校同时也购买了很多有关泰语及泰国文化的各种期刊资料，例如《湄公河》杂志、《汉泰》杂志等，以方便学生进行课文阅读、课程设计、毕业设计，进行科研工作。

3.专业建设经费投入及使用

学校支持非通用语种类专业建设，有新专业建设经费的投入。学院十分重视泰语专业及印度尼西亚语专业的建设发展，在课程引入、实训基地建设和联系上给予有力的经济支持。截至目前，共投入50余万元，且每年用于这两个专业建设的经费在总经费中的占比不断提高。

四、科学研究

学校泰语专业及印度尼西亚语专业按照"培养提高、按需引进、优化结构"的要求加大师资队伍的建设力度，促进教师积极向双素质型教师转变；采用在岗培训、校外培训、国内外学历提升等形式，不断提高教师的学历、知识、能力素养和教学水平，加大对学科带头人和学术骨干的引进力度；开展"骨干教师"培训，树立教学楷模和加强教师的职业道德教育等促进师德、师风的建设；同时还选派部分教师参加各类培训、教学研讨和学术会议。通过几年的建设，两个非通用语种类专业的师资队伍在数量、结构、水平等方面都有很大的改观。目前，初步建成有泰语教育教学及印度尼西亚语教育教学科研团队共2个、国别与区域研究团队1个，主要从事泰语及印度尼西亚语教育教学、文化、语言以及对泰国、印度尼西亚乃至整个东南亚领域的科学研究，可依托的国内外研究机构有中山大学国际研究院、泰国清迈大学、泰国北柳皇家大学等。有3位教师获得教育部国别区域研究专项课题3项、校级科研项目4项。

表格4-16 其他级别科研项目（省部厅级）一览表

序号	项目类别	项目名称	主持人	项目编号	立项/结项时间
1	教育部教外司2017年国别与区域专项研究课题	马来西亚语言教育政策研究	王进军（后调整为朱宏华）	无	2017年立项；2019年结项
2	教育部教外司2017年国别与区域专项研究课题	中缅边境跨境民族聚居区域中文学习现状及未来学习和服务需求研究	杨黔云	无	2017年立项；2019年结项
3	教育部国际司"一带一路"国际教育合作2019年专项研究课题	"一带一路"背景下泰国语言教育政策对中国语言规划的影响和对策研究	吴春兰	无	2019年立项

附：各专业描述

泰语专业

专业定位及培养目标

曲靖师范学院自2007年开设应用泰国语专科专业以来，至今已有13年的泰语教学历史，致力于培养具备扎实的泰语和英语听、说、读、写、译基本技能，具有商务贸易基础理论及其基本技能，掌握泰国的社会与文化知识，综合素质高、实践能力较强，具有创新精神、跨文化交际和商贸实践能力，能在外事、经贸、旅游、文化、传媒等领域从事翻译、管理、教学、文案等工作的具有较高人文素养、国际化视野的双语复合型、应用型人才。

人才培养

学校自2007年开始招收应用泰国语专科专业学生以来，共招收3届泰语专业专科学生，采用"2+1"的人才培养模式。后自2011年至今招收泰语专业本科学生，采用"2+1+1"或"2+2"的国际化人才培养模式，与泰国多所高校签订了合作培养协议，取得了良好的效果，为云南省滇东北地区乃至全国各地培养了一批优秀的具有国际化视野的双语应用型本科人才。

师资队伍建设

专业设立以来，一直把师资队伍建设作为专业发展的根本保证，牢固树立"人才为本"的理念，不断加大人才培养与引进力度，改善师资队伍结构，提高泰语师资队伍的竞争力。通过13年的建设，本专业形成了一支年龄结构、学历结构、职称结构基本合理并且教学水平较高的师资队伍。现有泰语专职教师6人，均为硕士研究生，全部为讲师职称，年轻化的教师群体在教学上具有活力与积极性，每年还从泰国高校聘请泰国外籍教师1—2人到学校任教，另外聘请有国内泰语领域知名客座教授2人。截至目前，从泰国聘用的教师累计达7人。

总体说来，朝气蓬勃的青年教师已成为本专业教师队伍的主体。本专业教师的学历、学位、学缘、专业方向等分布相对合理，发展趋势良好。师资进修提高有年度计划，积极开展师德教育和继续教育，重视专业负责人和中青年骨干教师的培养提高，教师队伍有良好的发展态势。

专业建设成果

在专业建设上，本专业建设有云南省教学质量工程精品课程2项（"泰语听力""泰语阅读"）、云南省高等学校东南亚南亚语种特聘教师支持项目2项、云南省高等学校东南亚南亚语种优秀学生留学支持项目3项、云南省高校优秀翻译人才基地项目4项、校级科研项目4项、校级网络课程3项（"泰语听力""泰语阅读""基础泰语"）、校级优质课程1项（"基础泰语"），荣获校级教学成果三等奖1项。

科学研究成果

在科学研究上，获教育部国际司和教外司2019年度以及2017年度专项研究课题共3项、获校级科研项目4项，出版著作及主编、参编教材7部，发表科研论文百余篇。

就业情况

毕业生就业于昆明理工大学、四川外国语学院、重庆南方翻译学院、昆明艺术职业学院等省内外高校，为云南省乃至外省部分高校泰语专业培养了一批优秀的教师人才。此外，毕业生还广泛就业于省内外的企事业单位、中泰合资企业、培训机构等单位，为"一带一路"建设输送了优秀的泰语人才。

印度尼西亚语专业

专业定位及培养目标

曲靖师范学院印度尼西亚语专业开设于2017年，是云南省第二所开办有此专业的高校，该专业虽属于新办专业但正蓬勃发展，致力于培养具备扎实的印度尼西亚语和英语听、说、读、写、译基本技能，具有商务贸易基础理论和基本技能，掌握印度尼西亚的社会与文化知识，综合素质高、实践能力较强，具有创新精神、跨文化交际和商贸实践能力，能在外事、经贸、旅游、文化、传媒等领域从事翻译、管理、教学、文案等工作的具有较高人文素养、国际化视野的双语复合型、应用型人才。

人才培养

本专业自2017年开设至今共招收了3届学生，采用"2+1+1"的国际化人才培养模式，与印度尼西亚日惹大学签订了合作培养协议，取得了良好的效果，致力于为我省滇东北地区乃至全国各地培养一批优秀的具有国际化视野的双语应用型本科人才。

师资队伍建设

专业设立以来，学校不断加大人才培养与引进力度，努力改善师资队伍结构和提高印度尼西亚语师资队伍的竞争力。目前有印度尼西亚语专职教师2人，均为大学本科学历，年轻化的教师群体在教学上具有活力与积极性。每年还从印度尼西亚高校聘请印度尼西亚籍教师1—2人到学校任教。截至目前，从印度尼西亚聘用的教师共3人。今后本专业仍将继续积极引进高学历、高职称的印度尼西亚语专业教师，加强本专业负责人和青年骨干教师的培养，使教师队伍呈良好的发展态势。

专业建设成果

在专业建设上，印度尼西亚语专业属于新建专业，目前建设有印尼语听力、印尼语阅读两门校级网络课程，基础印尼语、印尼语阅读为校级思政教育改革课程。今后仍将继续加强专业建设，申请建设更多优质省级乃至国家级的一流课程、线上线下课程等，使印度尼西亚语专业稳定优质健康发展。

科学研究成果

在科学研究上，印尼语专业教师正积极开展在印尼语教学、文学、语言及国别等领域的科学研究，相信将会收获颇丰。

就业情况

目前本专业暂无毕业生。

执笔人：李娅静

文山学院
非通用语种类专业建设和发展报告
（2007—2019）

一、历史概况

文山学院位于祖国西南边陲的文山壮族苗族自治州，办学历史可追溯到1947年由云南昭通南迁至文山的国立西南师范学校。1955年经云南省人民政府批准，在国立西南师范学校的基础上成立云南文山师范学校。1958年在文山师范学校内开办文山人民大学，招收师专和医专各1个班。1977年经云南省教育厅批准，在文山师范学校附设师专班。1984年云南省人民政府批准成立文山师范专科学校，全国人大常委会原副委员长楚图南先生为学校题写校名。1992年更名为文山师范高等专科学校，2009年获教育部批准升格为全日制普通本科院校。

截至2019年，文山学院共开设有越南语和泰语2个非通用语种类本科专业。这两个非通用语本科专业和学科点均设置在文山学院外国语学院。该学院前身为成立于1978年的文山师专英语教研室，承担全校公共英语课堂的授课任务；2004年重新组建成立文山师范高等专科学校英语系，开设了英语教育专业（专科）；2009年英语系更名为外语系；2012年外语系更名为外国语学院。为更好地进行越南语教学和学生管理，也为将来非通用语专业的申报奠定基础，2009年文山学院成立非通用语种教研室，该教研室设置在外国语学院。

为适应国家面向东南亚地区对外开放、满足国内外各行业对非通用语专业人才的需求，依托文山地缘优势，文山学院于2002年招聘首名越南语教师作为越南语专业储备人才；2003—2006年开设基础越语、越南文化等全校选修课，积累教学经验，为越南语专业的申报奠定了基础；2006年向省教育厅申报开设应用越南语专科专业获批，2007年9月招收第一届应用越南语专科学生；2007—2012年连续每年招生，共招收了6届越南语专科学生228人。随着"一带一路"倡议对小语种人才培养的需求的增长，加之学校良好的办学基础，文山学院越南语专业于2013年开始招收全日制本科学生。截至2019年，越南语本科专业已有3届毕业生，共85人。

2013年6月，文山学院向云南省教育厅提交泰语专业设置申请，2014年4月获批，同年9月开始招收第一批泰语专业本科学生。截至2019年，泰语专业共有2届毕业生共88人。

截至2019年12月，文山学院已累计培养非通用语种类专业毕业生专科学生228人、本科学生173人。

二、专业建设与发展

文山学院非通用语种类专业以"一带一路"、国门大学建设为契机，明确专业定位，制订越南语、泰语专业五年发展规划，构造发展目标。在学校转型发展中融入专业群的发展，提升专业与社会的契合度，增加服务范围的广度和深度；秉承"博思审问、明德笃行"的校训，以培养学生的综合能力为核心，以夯实学生的语言基本技能和提高综合素养为目标，从人才培养方案的制订与修订、人才培养模式的探索和师资队伍建设等方面促进专业发展。

（一）人才培养方案

1. 人才培养方案的制订与修订

应高校转型发展和应用型人才培养的需求、结合专业建设实践、积极听取校内外专家学者的建议、结合用人单位的需求调研和专业学生反馈意见等实际情况，根据学校教务处下发的《文山学院修订本科专业人才培养方案的指导意见》制定、修订程序。在2013版越南语专业人才培养方案（首版）和2014版泰语专业人才培养方案（首版）的基础上，根据人才培养与社会实际需要，不断修订和完善越南语、泰语专业人才培养方案，以实现各专业人才培养与社会实际需求之间的有效衔接。

2. 培养目标与培养规格

文山学院非通用语种类专业以知识、能力、素质培养为核心，重视学生的思想道德政治教育，注重学生自主学习能力、专业能力、社会适应能力和跨文化交际能力的培养及学生人文素养和心理素质的提高，通过4—6年的基础理论和语言技能的学习与实践以及较为合理的课程体系和知识架构，致力于培养具有扎实语言基础知识、较强专业语言综合运用能力，并能熟练运用专业语言在教育、旅游、商务、文化、社会和外事等领域从事教学、导游、经贸、翻译、管理等工作的应用型非通用语专业人才。

3. 专业特色

文山学院非通用语种类专业以人文素质教育为导向，以切实提高语言综合运用能力和跨文化交际能力为目标，采用国内外联合培养的"2+1+1"模式，培养了解国情、熟悉国家政策，既具有中国情怀和国际视野，又具有语言能力和交际策略的应用型人才。学生一、二年级时在国内学习通识课程和专业基础课程，打牢语言基础；三年级到目的语国家学习更高阶段的专业课程和部分选修课程，把语言学习与文化、社会、生活融为一体，注重提高实践能力，加强国内外实践的比重，着力提升学生的语言交际能力和应用能力、培养学生的跨文化交际意识和交际策略，彰显国际化教育办学特色；四年级返校继续完成专业实习和论文写作等实践课程。另外，越南语专业开设的综合英语及英语听说课程，均安排英语外籍教师授课，除此之外，泰语专业还开设英语语音课程，力求通过连续的英语课程学习和听、说、读、写技能训练培养学生的"双外语"交际能力，增强学生在多语言环境下的文化敏感性和跨文化交际能力。

4. 课程模块

文山学院非通用语种类专业的课程模块由3个部分组成，即通识课程、专业课程和独立实践课程。

（二）人才培养模式

1. 国内外联合培养

文山学院非通用语种类专业以人文素质教育为导向，以夯实语言综合运用能力和跨文化交际能力为目标，采用国内外联合培养的"2+1+1"模式，彰显国际化教育办学特色。国内培养注重打牢语言基础、提升学生的综合素质；国外培养注重增强语言的输入输出，在真实语境和实习环境中学习和使用语言，学习文化风俗，进入语言的高阶阶段。在国外培养的过程中，国内教师可作为留学指导教师跟踪指导学生的学习和生活。国内外联合培养旨在培养具有中国情怀和国际视野、具有语言能力和交际策略的应用型人才。

文山学院非通用语人才培养除了国内外联合培养模式外，还有"三校培养"模式。"三校培养"模式是指文山学院、云南民族大学、对象国高校共同培养高精翻译人才。根据云南省教育厅东南亚南亚语种优秀翻译人才培养项目的文件精神，文山学院越南语、泰语专业对专业能力强及综合素质好的学生实行"1+1+1+1"的培养模式。

国内外联合培养模式增加了语言文化实训课程比重，提高了学生语言应用能力、实践能力和跨文化交际能力，探索和拓宽了非通用语种本科人才的培养途径，提高了本科教学质量，并提升了我校的国际合作与对外交流水平。截至2019年，文山学院共有159名学生到泰国留学、145名学生到越南留学，选送了13名越南语、泰语专业学生到云南民族大学东南亚南亚语种翻译人才培养基地班学习。

2. 实习、实训与见习基地的建设

文山学院非通用语种类专业实习实训基地包括校内实训中心和多媒体实训教室、国内企事业单位实习实训基地、国外实习基地（包括留学合作学校，国外实习、见习基地）。

（1）国外基地

文山学院越南语专业学生留学、实习及组织开展专业见习的学校有越南河内大学、越南太原农林大学、越南社会人文科学大学；泰语专业学生留学及组织开展专业见习的学校有泰国商会大学、泰国清迈大学、泰国玛希隆大学。这些学校除了进行学生日常的教学和生活管理外，还为学生安排校内外专业见习和实习工作。

（2）国内基地

目前，文山学院外国语学院已与文山州外事侨务办、文山州商务局、文山州马关县政府外事办、马关县公安局、文山州麻栗坡县政府外事办、文山州麻栗坡口岸管理委员会、河口海关、河口政府外事办、河口宣传部、西双版纳自治州外事侨务办、广西师范大学、广州市泰领翻译服务有限公司等省内外多家企事业单位建立实习基地。

每年选送优秀学生到各实习基地进行为期18周的实习，实习实行双指导教师制度，即实习单位指导教师和校内实习指导教师共同指导实习和督促实习工作。实习基地可为学生提供翻译、会谈、外事活动等实践机会，提高学生的实践能力和职业技能。实习单位除了培养实习生外，还为学校的人才培养提出建议，还选派工作人员到校进行指导和交流。

3. 人才培养质量监控及保障体系

为更好地提高学生的综合能力，文山学院非通用语种类专业致力于通过较为系统的课程学习和丰富的第二课堂学习活动培养学生的语言综合运用能力、自主学习能力和团队合作精神。在课程开设、常规教学、第二课堂学习活动等方面实行质量监控和指导，重视人才培养的过程，保障人才培养的质量。

（1）课程开设

文山学院非通用语种类专业所有课程模块均按照人才培养方案有计划地开设，如遇课程设置滞后于人才培养的实际需要、需要调整计划课程的开课时间、学时学分分配等具体情况时，在充分论证的基础上，外国语学院均以书面形式报告学校教务处，获得批准后方可对计划课程进行调整。目前，开课计划执行情况良好，没有出现课程断层、随意调整和更改计划的情况。

（2）常规教学

外国语学院每天安排一位值班领导对常规教学和教学组织进行督导，对教学组织过程中出现的突发问题给予及时反馈和处理；学院教学督导不定期对教师的课堂教学进行督查和指导，督导教师随堂听课后对任课教师的教学设计、教学内容安排、活动设计、师生互动等情况进行评价和反馈，在监控常规课堂教学的同时帮助青年教师尽快成长。各班安排有纪律委员、教学信息联络员，对班里学生学习情况、学习动态等实施全方位的教学检查，及时了解教学动态。另外，非通用语种类专业一、二年级的学生每天清晨进行30分钟的晨读训练，由专业教师带读或根据学生需要进行指导，并安排值班领导督查。

（3）第二课堂学习活动

语言和文化密切相关，为提高非通用语种类专业学生的语言表达能力、交际能力，加深学生对专业语言对象国文化的了解，促进语言学习，文山学院非通用语种类专业充分利用教师资源，由外籍教师自主选择内容和授课形式，每周开展1次专业文化交流活动，交流的主题涉及专业语言对象国的礼仪、风俗习惯、传统节日等方面。每周安排学生在外籍教师和专业教师的指导下，以学生为中心开展语言角活动，如越南教师节庆祝活动、越南妇女节庆祝活动、泰国宋干节庆祝活动、水灯制作活动以及越南语演讲、泰语演讲等与专业相关的第二课堂学习活动，极大地锻炼了学生的胆量，培养了学生的协作意识和实践能力，促进了学生专业语言技能的提高，增加了学生对越南、泰国文化的了解。

4. 人才培养情况

（1）以赛促学、以赛促教

非通用语种类专业在学校和学院的领导下开展各级各类院级比赛，鼓励学生积极参与省级各类比赛，并在各类竞赛中取得一定的成绩，促使学生的综合能力也得到了很大提高。学生除完成常规课程学习之外，还积极参加各级各类文体活动和语言技能竞赛，踊跃加入学校各个社团。

（2）就业情况

学院建立了毕业生跟踪调查的长效机制，通过对毕业生及用人单位进行问卷调查和第三方对毕业生就学校的教学管理、课程设置、工作态度、岗位适应能力、就业的稳定性等方面进行全面跟踪调查。

从学院收集的调查样本结果分析来看，学生总体对学校的教学、管理、课程设置是满意的，满意率均达90%以上。据第三方麦克斯公司2017、2018年文山学院应届毕业生培养质量评价报告显示，越南语专业学生初次就业率均达98%以上，境外就业占比为27%；毕业生就业与专业相关度达60%。泰语专业学生初次就业率均达72.5%以上，境外就业占比10.3%；毕业生就业与专业相关度达56.8%。离职率较低。毕业生对学校的教学、管理等不满意度为零。用人单位认为文山学院非通用语种类专业毕业生有强烈的爱国情怀、高度的责任感和敬业精神，诚实守信、严谨踏实，能吃苦耐劳，品德优良，专业实践能力强、综合素质高；同时也建议学校应为学生提供更多的实践学习平台，使学生能广泛接触社会，在实践中积累工作经验，更好地为社会服务。

通过调查，文山学院非通用语种类专业毕业生的专业知识、专业技能能较好地满足其实际工作岗位要求。通过实际的岗位锻炼，大多数毕业生认为，学校的教学、管理、育人工作扎实有效，使得他们在工作岗位上在"团结协作、乐观向上、积极努力、追求上进"等方面的综合素养得到较快提升。

三、师资队伍

文山学院现有非通用语种类专业教师12人，师资队伍的学历和职称结构逐年改善。目前，非通用语种类教师中具有硕士学位（包括在读硕士1人）的有11人，占专业教师总人数的91.67%；全部有赴专业语言对象国高校留学、访学和进修的经历；年龄在35岁及以下的专业语种教师有10人，占全部专业语种教师的83.33%，是一支以青年教师为主体的年轻而富有活力、创造力及协作能力的师资队伍。

外国语学院整合多方力量，不断提升教师能力。近3年陆续派出非通用语种教师到专业语言对象国学习交流，到边境口岸、实习基地、国内外企业调研，参加越南河内人文大学组织的对外越语教学培训班暨越南语教学研讨会、泰国清迈大学组织的对外泰语教学培训班暨泰语教学研讨会，参加国内外学术研讨活动等共计30余人次。

学院根据所属学科专业的自身特点，长期重视外籍专家、外籍教师的聘请工作。在学校和各语种对象国驻华使（领）馆的支持下，各非通用语种每年从专业语言对象国聘请外籍教师到校任教。除了外籍教师，还通过省级质量工程项目建设分别聘请了云南民族大学吕士清教授、广西大学陈碧兰副教授、越南太原大学苏武诚博士、广东外语外贸大学刘志强教授、云南民族大学杨丽周教授、国防科技大学国际关系学院（原南京解放军国际关系学院）的成汉平教授和虞群副教授到校进行专业建设和教学科研工作指导。特聘教师进校开展工作，开阔了非通用语种师生的学术视野，为师生们研究东南亚国家的文学、文化、语言、国情提供了很大帮助。2014—2017年到文山学院讲学的特聘教师见表5-1。

表 5-1　2014—2017 年到文山学院讲学的特聘教师一览表

序号	教师姓名	所在单位/原单位	专业	承担的工作任务	时间
1	成汉平	国防科技大学国际关系学院	越南语	专业建设、教学及科研指导	2014.4.20—28
2	陈碧兰	广西大学	越南语	专业建设、教学及科研指导	2014.11.17—21
3	成汉平	国防科技大学国际关系学院	越南语	专业建设、教学及科研指导	2015.6.8—12
4	苏武诚（越南）	越南太原大学	汉语	专业建设、教学及科研指导	2016.4.16—5.13
5	杨丽周	云南民族大学	泰语	专业建设、教学及科研指导	2016.5.9—12
6	刘志强	广东外语外贸大学	越南语	专业建设、教学及科研指导	2017.9.22—25
7	虞群	国防科技大学国际关系学院	泰语	专业建设、教学及科研指导	2017.12.12—16

聘请外籍教师和特聘教师，不仅加强了专业语种师资队伍，也为学院青年教师培养、教学质量提升、学科平台建设和科研能力提高提供了有力支持。

四、办学基础设施建设

文山学院整合学校资源，非通用语教学实训基础设施有：多功能语言实验室5间、导游模拟实训室1间、新闻采编室1间、多媒体教室1间，能满足非通用语种类专业教学和实习实训的需要。

外国语学院图书资料室每年采购越南、泰国原版书籍以建立和丰富图书资料室。截至2019年，外文图书资料室有越南、泰国原版纸质图书和期刊3000余册以及音频、视频等多媒体教学材料，很好地满足了越南语、泰语专业师生的查阅、借阅需求。

五、科学研究

在搞好教学工作的同时，文山学院也重视鼓励教师的科研工作。学院充分依托各语种自身专业优势，鼓励专业教师积极开展科学研究和教学改革研究，一手抓教学、一手抓科研，力争做到"教学、科研两不误"。

近几年学校非通用语种类专业获云南省质量工程立项13项、云南省教育厅科学研究基金项目立项2项、文山学院质量工程项目立项6项、文山学院转型发展项目立项1项、云南省教育厅创新创业训练项目3项，参与国家社科基金项目1项，合作出版教材1部。近年虽在对象国和地区语言、历史、文化、宗教和国情等领域的科研工作取得一定的成绩，但整体科研实力还不够突显。

六、社会服务

文山州地处祖国西南边陲，南与越南社会主义共和国接壤。在"一带一路"倡议背景下，文山与越南政治、经济、人文交流合作较频繁，越南语专业师生为文山政府和企业与越南交流合作提供语言和志愿者服务。

2014—2019年，学校非通用语种类专业教师为地方公安机关、法院等司法部门提供翻译服务11次，累计15人次；2016年，在文山举行的中越（文山）国际商贸旅游交易会上，选派了8名学生担任越南语翻译志愿者；2018年，文山州60周年庆典，选派了7名师生担任翻译志愿者；2019年11月，选派7名师生为共青团文山州委提供"中国文山—越南合江青年友好交流活动"翻译志愿者服务。自2017年以来，文山学院非通用语种类专业师生为地方社会经济建设提供服务的职能日益凸显。此外，还为地方政府及边防部队提供小语种培训服务。学校师生良好的业务素质和外事接待风貌受到了相关单位的好评。

今后，文山学院非通用语种类专业将继续以"一带一路"建设和"文山学院国门大学"建设为契机，努力探索适合自身专业发展之路，更好地为"一带一路"和地方经济社会服务。积极探索"语言+专业"的人才培养模式，从"语言+专业"的根基出发，整合、优化课程教学体系，改革课程教学内容，将"一带一路"理念融入教育教学活动的各个环节，加大实践教学力度，突出"应用"特色，让学生从"大学生"逐渐变成"职业人"，为"一带一路"建设和"文山学院服务文山行动计划"提供人才支持。

保山学院
非通用语种类专业建设和发展报告
(2009—2019)

一、历史概况

保山学院(以下简称"学院")位于云南省保山市,办学历史可以追溯到1905年创办的永昌师范学堂。1978年4月,经教育部批准成立保山师范专科学校;2009年4月,经教育部批准升格为保山学院,实行省市共建、以省为主的管理体制。2013年学院通过审核成为学士学位授予单位,2014年学院获评为云南省首批两所"国门大学"基础能力建设高校之一,2015年学院评选为云南省十所"地方高校转型发展试点改革学校"之一,2016年学院获评为云南省"创新创业改革试点学院",2017年学院获评为云南省首批六所"应用型人才培养示范院校"之一,2017年学院被国务院侨办批准为云南省两个"华文教育基地"之一。

学院非通用语教学主要涉及缅甸语和泰语2个语种。其中,缅甸语专业开设于2009年,同年12月被批准为云南省高校小语种教研室之一。学院极为重视缅甸语专业的建设和发展,将此专业立为校级特色重点建设专业之一。缅甸语专业的发展分两个阶段,即专科阶段(2009—2016年)和本科阶段(2015年开始),自2014年开始派出缅甸语专业学生至缅甸仰光大学、仰光外国语大学、曼德勒大学等合作高校进行交流学习。泰语没开设专业,学校泰语教师专门负责全校公共外语(泰语)和泰语选修课的教学。

截至2019年12月,累计培养缅甸语专业学生441人,其中专科毕业生194人、本科毕业生39人,共计233人,现在校学生208人。(缅甸语专业专科和本科开设时间顺序见表6-1)

表6-1 缅甸语专业专科和本科开设时间一览表

专业	开设年份	备注
应用外语(缅甸语)	2009年	2009年开始招收三年制专科,2017年停招
缅甸语	2015年	2015年升为本科专业

二、师资队伍

自2009年起,学院非通用语教师在学院的重视之下,团队成员团结奋进、爱岗敬业,同时也注重自身的学习和提高,形成了一支年轻而富有活力的教学水平扎实稳定的师资队伍。截至2019年12月,两个专业的在编在岗教师共10人。团队成员年龄最长为40岁,最小为25岁。其中,具有博士学位(含在读)教师2人、硕士学位(含在读)教师共4人;副教授1人、讲师3人、未定级教师6人。(详见表6-2)缅甸语专业教师均有赴语言对象国留学的经历，并具备良好的专业知识和能力，基本满足目前教学要求。

同时，学院自2010年开始聘请外籍教师到校任教，全程参与专业建设、课程建设和教学管理中。（详见表6-3）学院领导都比较重视非通用语种教师的培养，创造条件，开拓渠道，组织教师外出培训，选派教师参加各级各类教研和科研会议，鼓励教师积极参与交流，截至2019年12月，累计派出30余人次。

表6-2　教师职称、学历一览表

序号	语种	人数	教授	副教授	讲师	未定级	博士	硕士	本科
1	缅甸语	8	—	1	2	5	2	2	4
2	泰语	2	—	—	1	1	—	2	—
	合计	10	0	1	3	6	2	4	8

注：保山学院非通用语种类专业只开设有缅甸语专业，但有2位泰语教师专门负责全校公共外语（泰语）和泰语选修课的教学，在此做特别说明。

表6-3　外籍教师一览表

执教年份	教师姓名	国籍	职称/学历	毕业学校	教授语种
2010.09—2011.07	Zar ni ko ko	缅甸	本科	仰光东部大学	缅甸语
2011.09—2012.07	Zar ni ko ko	缅甸	本科	仰光东部大学	缅甸语
2012.09—2013.07	Zar ni ko ko	缅甸	本科	仰光东部大学	缅甸语
2013.09—2014.07	Zar ni ko ko	缅甸	本科	仰光东部大学	缅甸语
2014.09—2015.07	Zar ni ko ko	缅甸	本科	仰光东部大学	缅甸语
	May Mon Ko	缅甸	硕士	仰光东部大学	缅甸语
2015.09—2016.07	Zar ni ko ko	缅甸	本科	仰光东部大学	缅甸语
	May Mon Ko	缅甸	硕士	仰光东部大学	缅甸语
	罗丽雅	泰国	硕士	云南师范大学	泰语
2016.09—2017.07	Zar ni ko ko	缅甸	本科	仰光东部大学	缅甸语
	May Mon Ko	缅甸	硕士	仰光东部大学	缅甸语
	Shei shei	缅甸	教授/博士	缅甸曼德勒大学	缅甸语
2017.09—2018.07	Zar ni ko ko	缅甸	本科	仰光东部大学	缅甸语
	Tin Tin Cho	缅甸	教授/博士	缅甸密支那大学	缅甸语
	Win Than Oo	缅甸	教授/博士	缅甸帕安大学	缅甸语
	Ohn ma	缅甸	讲师/博士	缅甸曼德勒大学	缅甸语
	Aung Nay Myo	缅甸	教授/博士	缅甸格雷大学	缅甸语
2018.09—2019.07	Zar ni ko ko	缅甸	本科	仰光东部大学	缅甸语
	Oak kar minn	缅甸	讲师/博士	缅甸曼德勒大学	缅甸语
2019.09—2020.07	Zar ni ko ko	缅甸	本科	仰光东部大学	缅甸语
	Than Htway Aung	缅甸	副教授/博士	缅甸曼德勒大学	缅甸语
	Ei Ei Mon	缅甸	讲师/博士	缅甸曼德勒大学	缅甸语

三、教学和人才培养

（一）历届学生培养人数

2009—2016年，学院培养了三年制大专毕业生8届，共计194人；本科毕业生1届，共计39人，现在校本科学生208人。（详见表6-4）

表6-4 历届缅甸语学生人数一览表

单位：人

层次/学制	年级/届别	应用外语（缅甸语）	缅甸语	合计
专科/3年（毕业）	2009级/2012届	20	—	194
	2010级/2013届	12	—	
	2011级/2014届	32	—	
	2012级/2015届	19	—	
	2013级/2016届	22	—	
	2014级/2017届	32	—	
	2015级/2018届	31	—	
	2016级/2019届	26	—	
本科/4年（毕业）	2015级/2019届	—	39	39
本科/4年（在校）	2016级	—	81	208
	2017级	—	64	
	2018级	—	29	
	2019级	—	34	
总计		194	247	441

（二）创新人才培养模式，提升人才培养质量

一是根据社会需求和学校办学定位（立足保山，服务滇西，辐射南亚东南亚、"建设特色突出、优势明显的多学科、教学型、应用型地方本科院校"），以"夯实基础、加强实践、发挥个性、分流培养"为指导思想，真正拟定缅甸语专业人才培养方案（以下简称方案）。方案的整个课程体系由必修课（通识必修课、专业必修课、独立实践教学环节）和选修课（通识选修课、专业拓展课、职前强化课）等模块构成，课程设置中选修课（通识选修课、专业拓展课）占11%，专业方向课程占10%；理论学时占51%，实践学时占39%。这种课程体系有利于对学生专业能力的培养和促进其个性潜能的发展，依据培养目标和教学内容制定了合理、完整的教学大纲和考纲，使整个教学活动有理可行、有据可查。

二是强化实践教学。缅甸语专业的实践课程主要集中在职前强化课程和独立实践课程两大模块，这两块课程设置与专业主干课程和专业方向课程紧密相扣。在实践实训课程体系建设上，始终坚持以培养应用型缅甸语专业人才为导向，将学生应用能力的培养分为两条主线，一方面是语言应用能力，另一方面是行业专业能力。语言的应用能力，即听、说、读、写、译的能力。作为应用型本科外语类专业，语言只是一门工具。行业专业能力是指学生依托行业的专业能力。开设与行业特别是企业相关的课程体系，能使学生在校期

间了解行业、认识行业、熟悉行业。

三是加强校内硬件建设和校外合作。在校内硬件建设方面，语言教学实训"硬"环境建设速度加快，设备利用率显著提高。根据应用型外语人才的培养要求，加大了实验（实训）教学设备和设施的建设力度，如同声传译训练室、数字化多功能室和多媒体教室的建成和投入使用。在校外合作方面，加强与保山市各县区企事业单位的合作，与云南腾冲火山热海投资开发有限公司、腾冲市兴华贸易有限公司和保山茂华义乌国际商贸城有限公司等3家企业合作，共建成3个稳定的校外实习（见习）基地。

四是加强与国外高校的合作与交流，鼓励和组织学生参加专业技能大赛。在与缅甸高校的合作方面，现已与缅甸仰光大学和曼德勒大学等高校合作，派遣学生到缅学习，深入了解缅甸社会，切身体会缅甸文化。在学生专业竞赛方面，为提高缅甸语专业学生的语言能力，鼓励和组织学生参加专业技能大赛，所培养的学生语言理论基础扎实，语言能力、职业能力及社会适应性强，专业人才培养质量全面提升。在参加的各届云南省高校东南亚语演讲比赛中，学院学生获奖6项（详见表6-5）、教师指导奖3项（详见表6-6）。

表6-5 学生专业竞赛获奖一览表

序号	奖励等级	奖项	比赛名称	获奖者	获奖时间
1	省级	三等奖	云南省非通用语演讲比赛（缅甸语）	郭园园	2019.10
2	省级	优秀奖	云南省非通用语演讲比赛（缅甸语）	杨林偶	2019.10
3	省级	优秀奖	云南省非通用语演讲比赛（缅甸语）	杨祚楠	2017.5
4	省级	优秀奖	云南省非通用语演讲比赛（缅甸语）	梅俊春	2016
5	省级	优秀奖	云南省非通用语演讲比赛（缅甸语）	蔡姣	2014.11
6	省级	优秀奖	云南省非通用语演讲比赛（缅甸语）	鄢艳珍	2013

表6-6 教师指导奖一览表

序号	奖励等级	奖项	比赛名称	获奖者	获奖年度
1	省级	指导教师奖	云南非通用语演讲比赛	李欣	2019
2	省级	指导教师奖	云南非通用语演讲比赛	李欣	2017
3	省级	指导教师奖	云南非通用语演讲比赛	李沛原	2016

（三）教学质量工程项目及教材建设

近年来，基于校园网络和多媒体等现代化教育技术的教学手段改革取得新进展，缅甸语专业教师积极利用学校网络和网络教学平台创建校内缅甸语网络课程，课程建设促进了教学方法的改进，进一步推进启发式、讨论式、参与式和研究式等教学方法融入课堂，同时还有效地加强了对学生学习情况的监督。在基础缅甸语、缅甸语语法、经贸缅甸语等课程的建设已初具雏形的基础上，相关课程教师还积极申报云南省高等学校东南亚南亚语种精品课程建设项目，部分项目获批。（见表6-7）由专业教师主编、参编、出版教材教辅共3部，其中《缅语报刊阅读技巧》获中国非通用语教学研究会2016年度中国非通用语优秀学术成果奖教材类三等奖。（见表6-8）教学改革与教学研究不断深化，有力地推动了教学质量的提高，同时也促进了专业教师的成长、教师综合能力和素质的提高。

表6-7 教学质量改革工程项目一览表

序号	主持人	名称	批准单位及文件号	年份
1	王德仙	基础缅甸语	云教高〔2013〕117号	2013
2	李欣	经贸缅甸语	云教高〔2014〕106号	2014

表6-8 教材出版一览表

序号	作者	名称	出版社	出版时间	奖项信息
1	王德仙	《缅语报刊阅读技巧》	云南大学出版社	2015.06	2016年度中国非通用语优秀学术成果奖教材类三等奖
2	王德仙	《缅语字母书写练习册》	世界图书出版广东有限公司	2017.09	
3	李欣	《日常缅语口语》	云南人民出版社	2018.10	

（四）实习实训

根据应用型外语人才的培养要求，学校加大了校内实验（实训）教学设备和设施建设，如同声传译训练、数字化多功能室和多媒体教室的建成和投入使用。在校外合作方面，加强与保山市各县区企事业单位的合作，与云南腾冲火山热海投资开发有限公司、腾冲市兴华贸易有限公司和保山茂华义乌国际商贸城有限公司等3家企业合作，共建成3个稳定的校外实习（见习）基地。

为了使学生对缅甸语专业有更感性的认识，把在课堂上学到的知识应用于处理实际业务的活动中，学院安排学生在保山市每年6月份举行的"中国保山南方丝绸古道商贸旅游节暨保山端阳花市"上进行专业见习；于大二、大三下学期分别组织学生到实习基地进行见习参观；于大四下学期由学生根据自身择业兴趣和意向进行为期两个月的专业实习。同时，定期或不定期地组织学生到保山市主要对外贸易企业如保山白虎山咖啡进出口贸易有限公司、腾冲市兴华贸易有限公司、云南腾冲火山热海旅游区开发管理有限公司等企业进行参观学习。

四、科学研究

自2009年学院升本以来，十分重视科学研究，制定了《保山学院科研管理办法（试行）》和一系列科研奖励政策，激励广大教师积极从事教研工作，提高教学水平。学院非通用语种类专业教师完成繁重的教学任务的同时，还进行自主学习、提升、锻炼，积极参与和申报各级各类课题，共主持省教育厅科研项目2项（详见表6-9）和校级课题共6项、发表学术论文16篇、参与课题3项（国家社科基金项目2项、市级课题1项）。

表6-9 省教育厅科研项目一览表

序号	项目类别	项目名称	主持人	项目编号	立项/结项时间
1	云南省教育厅科学研究基金项目	缅汉称谓语文化与语用研究	王德仙	2011Y069	2011.9/2013.9
2	云南省教育厅科学研究基金项目	缅甸省邦至镇区一级地名的文化语言学研究	王德仙	2020J0693	2020.3/2021.2

五、社会服务

学院积极为地方和周边地区服务,缅甸语专业教师和学生也积极参与并配合学院开展社会服务性活动,共培训公检法和旅游管理人员等在职人员200余人次。同时,专业师生还应保山地区及周边县市等公检法机关单位的需要,积极配合,承担涉缅案件审讯、庭审、调查、教育和社区摸排等工作中的翻译工作,相关单位给予了高度的评价和肯定。

附:专业描述

缅甸语专业

专业定位及培养目标

保山学院缅甸语专业自2009年开设至今,致力于培养适应新时期国家对外开放发展所需的符合区域经济社会发展,具有社会责任感、创新精神、实践能力和国际视野的高素质应用型人才。专业学生应具备扎实的缅甸语基础知识以及较好的缅甸语听、说、读、写、译基本技能,熟悉缅甸历史、文化、文学、政治、经济、宗教、社会等相关知识,能在外事、外贸、文化交流、新闻出版、旅游等经济文化交流领域和教育科研机构运用缅甸语从事翻译、管理、服务、教学、研究等相关工作,能通过深入钻研实际岗位工作提高工作中的业务能力,具有问题意识和沟通能力,能紧跟本专业及相关行业的国内外发展动态进行自主学习,形成反思能力,实现专业发展,为地方社会经济发展和区域性经济发展服务,成为中国特色社会主义事业的建设者和接班人。

人才培养

自2014年开始,学院加强与缅甸高校的合作,把缅甸语专业学生派送到缅甸高校进行学习,了解缅甸社会,深入体会和感受缅甸文化。实施专科"2+1"人培养模式,专升本后实施"3+1"人才培养模式,进行"缅甸语+"应用型人才的培养。

师资队伍建设

学院非通用语教师团队成员团结奋进、爱岗敬业,同时也注重自身的学习和提高,形成了一支年轻而富有活力的教学团队。目前,缅甸语专业的在编在岗教职工8人。其中,具有博士学位(含在读)教师2人、硕士学位(含在读)教师2人;副教授1人、讲师2人、未定级教师5人。缅甸语专业教师均有赴语言对象国留学的经历,并具备良好的专业知识和能力,基本满足目前教学要求。同时,学院自2010年开始先后聘请了11位外籍教师到校任教,并全程参与专业建设、课程建设和教学管理。截至2019年12月,累计选派教师外出培训、参加各级各类教研和科研会议30余人次,鼓励教师积极参与交流。

专业建设成果

在专业建设上,缅甸语专业重视教材建设的规划与落实,自专业开设以来就明确提出要加强教材建设，积极组织编写教材和教学参考书，至目前已主编、参编、出版教材教辅3部，其中教材《缅语报刊阅读技巧》获中国非通用语教学研究会2016年度中国非通用语优秀学术成果奖教材类三等奖。学院鼓励教师积极参与和申报教学质量改革工程项目，截至目前已获批云南省高等学校东南亚南亚语种精品课程建设项目2项，其中基础缅甸语建设已完成，经贸缅甸语在积极建设中；在科学研究方面，缅甸语专业教师积极参与和申报各级各类课题，主持省教育厅2项和校级课题4项，发表学术论文16篇（以C刊为主），参与课题3项（国家社科基金项目2项、市级课题1项）。

就业情况

本专业毕业生中，有专升本的，也有读硕士后再攻读博士学位的；有自主创业的，也有在政府公务员或事业单位工作的，还有到与缅甸有往来的外贸公司和旅游公司以及国内外的相关行业企业工作的，为"一带一路""中缅经济走廊""中缅命运共同体"建设和"澜湄合作"贡献了一定力量。

执笔人：王德仙
审稿人：孙宗芹

昆明学院泰语专业建设和发展报告
（2002—2019）

一、历史概况

　　昆明学院是2004年5月经教育部批准成立的全日制普通高等学校，在原昆明师范高等专科学校和昆明大学合并的基础上整合昆明市优质教育资源组建而成。2012年学校高质量通过教育部本科教学合格评估，2014年被列为云南省应用型转型试点高校，2015年获评第四届全国文明单位、2017年复查合格继续保留，2017年成为云南省应用型人才培养示范学校，2018年成为硕士学位授予单位和云南省应用型高校联盟首届理事长单位。此外，昆明学院还是全国新建本科院校联盟、全国地方院校教师教育联盟、云南省高等学校教师教育联盟成员单位。

　　昆明学院外国语学院泰语专业始终秉承学校"以本为本""以生为本"的人才培养理念，推进学校完全学分制改革，推进应用型示范院校建设，主动适应经济社会发展和人才全面发展的需求，构建符合学校办学定位与人才培养目标的人才培养体系的新观点、新理念，尊重学生的成才选择权，满足学生个性化发展需求。

　　昆明学院于2002年开始在导游专业里开设泰语课程，是导游专业（泰语方向）的一门专业必修课；2009年招收了第一届泰语专业专科学生；2010年在全校开设大学泰语公共必修课程；2011年针对外国语学院英语专业学生开设第二外语——泰语课程；2015年招收第一届泰语专业本科学生；2019年通过泰语专业学士学位授权评审。截至2019年，共有1届泰语专业本科毕业生、4届在读。

二、师资队伍

　　学校重视泰语专业师资队伍建设，不断提升教师队伍素质，全力支撑教学和科研工作。泰语专业现有专业教师5人，其中在读博士1人，人员构成以中青年研究生学历为主，都有赴泰高校留学或进修经历。

　　学校重视校外专家和泰籍教师的聘请。2002年至今不间断聘请泰籍教师共6人。截至2019年，学校有泰籍外教2人、特聘泰籍专家1人，还聘请有校外教学督导1人。特聘泰籍专家是泰国清莱皇家大学副教授Mr. Adisorn Prathoomthin，主要承担的工作是参与课外比赛的指导及每个学期末对学生进行泰语语言能力测评和结果分析，并指导泰语教学相关工作。

表7-1 泰语专业教师职称、学历一览表

专业	人数	讲师	助教	博士	硕士	本科	中级职称占比	博士占比
泰语	5	3	2	1（在读）	3	1	60%	20%

三、教学和人才培养

本专业根据外国语言文学专业培养要求，结合云南省在"一带一路"建设中的地域特点、社会经济需求及产业发展需要，培养德、智、体、美、劳全面发展，具有良好的综合素质和道德品质，具备扎实的泰语基本功和泰语应用能力，符合商务、旅游、国际文化交流等行业需要的应用型、实用型人才。通过与泰国高校联合培养人才的"3+1"培养模式，在对学生进行泰语语言基本功训练的同时，结合中泰文化体验和综合技能拓展训练，培养综合素质高、实践能力强的泰语专业人才。突出学校应用型本科人才培养的教学特色，除了专业核心课程及必修课程之外，在拓展选修课中增设语言文学、语言文化、翻译写作、商务和拓展模块，同时加大专业实践课的比重，着重培养学生的语言应用能力，目前取得了较好成效。

（一）历届学生培养情况

2002—2005年，旅游学院培养毕业了两届泰语导游专科（三年制）学生。

2008—2016年，旅游学院培养毕业了4届泰语导游专科（二年制）学生。

2015—2019年，外国语学院培养毕业了首届泰语专业本科（四年制）学生，人数25人。

截至2019年12月，外国语学院4届在读泰语本科生，共146人。

（二）泰语专业本科人才培养模式

昆明学院泰语专业自2017年起开始实行"3+1"中泰联合培养模式，学校与泰国清迈大学、泰国北碧皇家大学、泰国吞武里皇家大学、泰国南邦皇家大学等多所泰国高校签订了合作备忘录。在校期间，泰语专业本科学生第一至四学期和第七至八学期在学院完成相关课程学习和毕业论文，第五至六学期在泰国高校完成相关课程学习及考核，获取相应的学分。

通过学校与泰国高校及企业搭建的交流学习平台，全校其他专业的在读学生也可以利用假期时间选择到泰国高校进行文化交流体验活动，高年级学生也有赴泰国实习的机会。

2017年7月，学校首届2015级泰语专业24名同学[①]作为第一批"3+1"培养模式学生前往泰国清迈大学学习；2018年7月，2016级泰语专业28名同学[②]前往泰国清迈大学学习；2019年7月，2017级泰语专业45名同学前往泰国清迈大学学习。

截至2019年12月，外国语学院在"3+1"培养模式下，累计派出98名泰语专业学生赴泰国高校学习。

---

① 2015级总人数25人，其中1人入选基地班。

② 2016级总人数31人，其中1人入选基地班、2人选择留在本校学习。

（三）专业实践教学体系建设、实践教学改革基本情况

学校泰语专业实践教学环节由通识教育实践、专业教育实践和综合素质教育实践构成。通识教育实践的时间、内容、目的、学分由学校统一制定。专业教育实践活动主要有：与课程教学关联的语言训练类实践，包括泰语语音实践活动，泰汉翻译实践、英汉翻译实践活动和学年论文，此类活动不占用教学周；集中实践环节中的专业实习和毕业论文等，旨在集中提高学生在旅游等对外交往活动中的语言应用能力、人际交往能力和一定的管理能力与科学研究能力。综合素质教育实践中三生教育实践活动的内容、目的、学时、学分由学校统一规定，科技创新活动、科技讲座、文体活动和社会实践分散进行，旨在提升学生的创新意识和创新能力，以及身心素养和社会适应能力；就业指导和职业资格认证实践学分鼓励学生获取泰语、英语语言等级证书以及导游或其他资格证书，鼓励学生参加泰国实习，获取泰国方面的实习证书。

外国语学院自2015年招收第一届泰语本科生以来，一直重视实践课的探索和研究，对泰语专业实践教学的开展既符合"一带一路"倡议下泰语人才需求的多样化发展，也符合学校应用型本科对人才培养的目标。泰语专业实践教学学分共29分，占总学分157分的18.5%。

外国语学院泰语专业的实践课主要围绕听、说、读、写和泰国文化体验几个方面展开，结合泰国每年两个学期的重大节日——宋干节和水灯节展开文化体验，围绕云南省教育厅举办的高等学校泰语演讲比赛及"孔敬杯"演讲比赛、泰语技能比赛展开泰语实训，再结合外国语学院"国际文化节"中的外文小品大赛、外语歌曲大赛的选拔，集中对泰语班学生开展实训课，实训内容包括泰国传统舞蹈、泰国传统手工、泰语书法、泰语歌曲、主题演讲、辩论、戏剧表演、泰语输入、泰国美食等。通过对学生分阶段、有目的、有计划地进行系统的基本技能训练，培养学生的泰语专业素养，引导学生养成好的学习习惯，提高学生的专业技能水平。学生在参加集中专项培训前，要自觉地进行专业技能自主练习；必须人人参加集中培训，严格按照实训导师的要求积极配合实训教师开展培训和考核，达到各个专项的考核标准。

同时，聘请相关专业具有丰富实践指导工作经验的教师进行各专项的培训，并针对每一项具体的实践训练要求和学生的实际情况，配合专任教师开展实践训练、组织考核。实训本着以教师为主导、以学生为主体的原则，采用教师精讲核心理论，组织学生进行强化练习，帮助每一位学生把各项技能的理论运用于实践，亲自参与、体验专业技能的训练并通过考核。

外国语学院泰语实训课已经开展了5个学年，学生对实训热情较高，都积极投入实训中，在实训课上大放异彩，也成为泰语专业每学期的成果汇报。学生在演讲比赛、宋干节选美比赛和各项泰国活动中取得的良好成绩与实训课的开展密不可分，同时我们也看到了不足，将通过成立语音辅导小组、演讲辅导组来重点培养学生的语言能力；在培养学生泰国、泰语文化素养的同时将提升其中华文化素养；结合泰语学习的热点，如导游、会展、模拟商务会谈、影视作品配音、翻译、视频短片的拍摄等来适当增减实训课的内容；通过各方面的探索使学校泰语专业的实践教学作为泰语专业教学的另一方面，对应用型本科的教学成果体现具有更突出的现实意义。

（四）第二课堂活动

为提高学生综合素质和专业能力同时丰富学生课余生活，根据学院第二课堂总体工作安排，几年来，学院组织了一系列旨在创造良好学习氛围、提高学生能力的丰富多彩的第二课堂活动。针对大一新生开展专业教育、解答专业疑惑，同时每学期邀请泰语语言、文化教育的专家学者开展有关泰语语音学习、泰国文化、泰语学习的讲座，加强对学生专业学习的引导和对知识的拓展；以校园文化艺术节为载体，在每一年的"国际文化节"开展外文歌曲大赛、外文戏剧大赛、外文书法大赛等各种形式的课外活动，在丰富学生的课外生活的同时，提高学生语言表达能力，使学生能对自身的知识和能力有正确认识，督促自己更好、更广泛地吸取专业以外的知识，提高学习能力；以学生为活动主体，通过老师指导，加强社团建设。2015年，学院首个泰语类学生社团申报工作完成，学生社团自开办以来协助学院完成对外交流、外事接待、泰国文化展示、泰语语言交流等多次活动，对第二课堂的顺利开展起到了很大的作用。

（五）实习基地

学校与泰国尚乐国际集团、泰国清迈大学、泰国甘烹碧皇家大学、泰国吞武里皇家大学、泰国南邦皇家大学共建校外实习实训基地并签署了合作协议，便于学生学习交流、实习、夏令营、第二课堂活动的开展。与泰国尚乐国际集团的合作始于2018年，着重负责实习培训、实习管理、实习安排，可供学生实习的岗位有教育实习和酒店实习，教育实习是汉语教师面向全泰国的中小学，酒店实习是在泰国的知名旅游城市中选择四星级以上的酒店完成酒店接待工作，目前第一批实习工作还在进行中。与清迈大学的实习合作是泰语专业学生大三在清迈大学学习期间，完成课程教学安排后，清迈大学通过报名统一安排学生到旅行社、图书馆、休闲娱乐中心和旅游景点商家等实习，时间为1—3个月，与清迈大学的合作已完成两届。与泰国甘烹碧皇家大学和吞武里皇家大学采用交换实习生和夏令营两种形式，已完成两届实习生的安排和夏令营工作。

（六）就业工作

第一届泰语专业毕业学生25人，就业率100%，其中1名学生在加勒比游轮工作，1名学生在华为手机公司做海外销售、1名学生在老挝境内贸易公司任翻译，其余学生均在省内国营私营企业就职。

（七）办学基础设施建设

1. 专业实验室

学院配有泰语专业实验室，主要用于泰语听力、泰语视听说课程的开展。实验室设备齐全，能满足课程需要和建设，利用率高。目前，学院正在积极申请建设泰语专业实训室。

2. 专业图书资料室

泰语专业相关文献资源主要分为期刊、中文图书和泰文图书、网络资源，共1000余册。期刊主要是《湄公河》和《东南亚纵横》；中文图书包括教材类、语言类、社会文化

（八）参加比赛及获奖情况

学校每年都会经过校内初赛推选学生参加云南省高校东南亚语种演讲比赛和由泰国孔敬大学来中国主办的泰语类比赛，学生共获得30余项省级奖项，其中一等奖3项、二等奖2项、三等奖4项和优秀奖20余项。

特别值得一提的是，在由昆明理工大学与泰王国驻昆明总领事馆共同举办的"2017年宋干节"庆祝活动中，2015级泰语专业的李姝婷同学一举夺得了"宋干小姐"冠军，也是昆明市第一个荣获"宋干小姐"冠军的中国学生，2016级泰语2班的李吉鑫同学获得最佳人气奖。

从2012年全省开始举办泰语类比赛开始，学院均积极组织并选拔学生参赛。

表7-2 2012—2019年泰语专业学生参加技能比赛获奖一览表

序号	时间	比赛名称	获奖类别	获奖学生	指导教师
1	2012.04	云南省高等首届"东南亚比赛周"	泰语非专业组优秀奖	任娜	孔敏素
2	2012.04	云南省高等首届"东南亚比赛周"	泰语专业组三等奖	王玉洁	叶莹莹
3	2012.12	第二届云南省"孔敬大学杯"泰语演讲比赛	泰语专业组二等奖	王玉洁	叶莹莹
4	2012.12	第二届云南省"孔敬大学杯"泰语演讲比赛	泰语非专业组优秀奖	玉开	孔敏素
5	2014.05	第三届云南省"孔敬大学杯"泰语演讲比赛	泰语非专业组优秀奖	岳晓景	孔敏素
6	2014.05	第三届云南省"孔敬大学杯"泰语知识竞赛	优秀奖	宋云秋、陈龙光	孔敏素、叶莹莹
7	2014.11	云南省第二届高等学校东南亚语演讲比赛	泰语非专业组一等奖	岳晓景	孔敏素
8	2014.11	云南省第三届高等学校东南亚语演讲比赛	泰语专业组优秀奖	常园	叶莹莹
9	2016.3	云南省第四届高等学校东南亚语演讲比赛	泰语非专业组二等奖	张莹萍	孔敏素
10	2016.03	云南省第四届高等学校东南亚语演讲比赛	泰语专业组优秀奖	吴雨	虞芳
11	2017.04	云南省第五届高等学校东南亚语演讲比赛	泰语非专业组三等奖	金喊新	虞芳
12	2017.04	云南省第五届高等学校东南亚语演讲比赛	泰语专业组优秀奖	李晓娟	虞芳
13	2018.04	第六届云南省高等学校东南亚语演讲比赛	泰语非专业组三等奖	李吉鑫	杨韵琪
14	2018.04	第六届云南省高等学校东南亚语演讲比赛	泰语专业组二等奖	李晓娟	李继琴
15	2018.04	2017年宋干节庆祝活动"宋干小姐选美比赛"	冠军	李姝婷	叶莹莹
16	2018.04	2017年宋干节庆祝活动"宋干小姐选美比赛"	最佳人气奖	李吉鑫	叶莹莹
17	2019.04	第十届中国高校学生泰语演讲、泰语技能比赛	技能比赛——书法一等奖	邓坤梅	王婧
18	2019.04	第十届中国高校学生泰语演讲、泰语技能比赛	唱歌比赛三等奖	2016级、2017级学生共10人	虞芳、叶莹莹
19	2019.11	第七届云南省高校东南亚语种演讲比赛	泰语专业低年级组一等奖	玉应罕	孔敏素、王婧
20	2019.11	第七届云南省高校东南亚语种演讲比赛	泰语非专业组优秀奖	李姝镐	虞芳、叶莹莹

四、科学研究和培训研讨

泰语教研室共有5名泰语专任教师,其中昆明学院青年骨干教师培养对象1人、获"云南省高等教师人才培养项目"赴泰国进修1人。学校泰语专业教师获国家级奖项3项、省部级奖项10余项、校级奖项10余项,获红云园丁奖1项(优秀实践教学指导奖),参编教材3部,主持校级课题1项(已结题),主持云南省社科课题1项(进行中),参与课题5项,发表论文8篇。

教研室所有教师都有海外学习经历,学校也积极选派老师参加省内外高校泰语教学研讨会和培训。(详见表7-3、7-4、7-5)

表7-3　泰语教师泰国学习、培训汇总表

序号	时间	高校	教师
1	2004	泰国川登喜皇家大学	孔敏素
2	2010	Portsmouth, Meridian school of English	孔敏素
3	2016至今	泰国玛希隆大学	孔敏素
4	2004	泰国南邦皇家大学	赵红雁
5	2010.05	泰国东方大学	虞芳
6	2016.07	泰国清迈大学泰语教学培训	虞芳、杨韵琪
7	2009.07	泰国东方大学	杨韵琪
8	2010.07	泰国东方大学	李继琴
9	2013.05	泰国朱拉隆功大学	李继琴

表7-4　泰语教师参加国内培训及研讨会汇总表

序号	时间	讲座主题	参会人
1	2013.10	云南省高等学校小语种教师培训	孔敏素
2	2014.10	云南省高等学校小语种教师培训	虞芳
3	2015.10	云南省高等学校小语种教师培训	赵红雁
4	2015.11.12	中国非通用语教学研究会泰语分会第五次学术研讨会	孔敏素、李继琴
5	2016.05.24—27	中国泰语教师教学能力培训班暨泰语教学研讨会	孔敏素、虞芳、杨韵琪、李继琴
6	2017.10.20	中国非通用语教学研讨会	孔敏素、虞芳
7	2017.10	实验语言学高级研修班	李继琴
8	2018.07.28	高校外语教师研修	虞芳、杨韵琪、李继琴

表7-5　泰语专业师生专题讲座汇总表

序号	时间	讲座主题	主讲人
1	2017.09	泰语专业新生专业指导	刘晓荣教授
2	2018.10	泰语专业考研辅导	刘晓荣教授
3	2018.10	泰语语音文字系统阐释	陆生教授

五、对外交流

昆明学院为响应"一带一路"倡议，将践行"外语+"理念，采用"非通用语+技能"的复合型人才培养路径，与目的语国家大学研究机构合作，为地方经济建设和发展提供语言人才；实行"3+1"培养模式，鼓励学生前往非通用语对象国交流学习。学院致力于推动教学科研复合、理论实践复合，培养复合型、应用型、国际化非通用语精英人才，助推学校建设，为服务"一带一路"建设培养具有国际视野、中国情怀的非通用语专门人才。

（一）与泰国高校开展交流与合作

通过"3+1"人才培养模式等学生派出项目，昆明学院与泰国多所高校建立了良好的办学合作关系。2012年，昆明学院与泰国的吞武里皇家大学签署合作协议，建立友好合作关系，联合开展过短期交换生等合作项目，反响良好，负责吞武里皇家大学学生来昆明学院参加夏令营期间的教学活动安排。自2016年与泰国清迈大学签订校际合作协议以来，学校每届泰语专业学生都会赴泰进行为期1年的学习生活，并实现学分互换，这为学院非通用语种类专业的人才培养、教学科研工作的顺利开展提供了有力保障。2016年9月，昆明学院与泰国甘烹碧皇家大学人文与社会科学学院签署了合作备忘录和合作协议，为两校的合作、文化交流，也为学习中泰语言和文化的同学们提供了良好的资源；协助举办泰国甘烹碧皇家大学学生来昆明学院的夏令营活动，承担教学安排、课程翻译、师生交流互动，安排1对1志愿者服务及闭幕式演出。昆明学院还与泰国东方大学、南邦皇家大学和吞武里皇家大学开展交流学习项目。下一步，昆明学院将继续深入推进东南亚大学联盟的平台建设，在"一带一路"建设下的教育对外开放中积极做出贡献。

（二）与泰王国驻昆明总领事馆开展合作与交流

在泰王国驻昆明总领事馆的大力支持下，学校与泰国清迈大学、吞武里皇家大学、南邦皇家大学、东方大学、甘烹碧皇家大学等教育机构建立了良好的合作关系，积极开展师生互访、短期培训、教育教学、项目合作、实习就业等广泛合作，这为中泰文化交流、应用型人才培养做出了积极的贡献。同时，泰王国驻昆明总领事馆还为昆明学院学生办理出国学习手续、外教的聘请和专业图书资料建设等方面工作提供了大力支持和帮助。

（三）与高校间开展交流与合作

在学校推进国际化办学的进程中，外国语学院善抓机遇，利用各方资源，拓展联合办学，坚持交换学习策略，让老师和学生都有机会"走出去"，先后派老师到北京大学、北京外国语大学、解放军外国语学院（现中国人民解放军战略支援部队信息工程大学外国语学院）、广西民族大学等高校进行交流学习。

2019年11月，外国语学院小语种教研室全体教师赴玉溪师范学院进行教学研讨活动，就人才培养方案、教学科研合作、专业和课程建设、科研合作及青年教师培养进行了深度探讨。

表 7-6 2016—2019 年昆明学院泰语教师参与外事活动一览表

序号	时间	活动	参与人	工作
1	2016.05.04	泰国北碧皇家大学来访	孔敏素、杨韵琪	对接、翻译
2	2016.05.19	泰国吞武里皇家大学来访	孔敏素、杨韵琪	翻译
3	2016.05.26	泰国清迈大学来访	孔敏素、杨韵琪	翻译
4	2016.06.14	泰国南邦皇家大学	孔敏素、李继琴	翻译
5	2016.06.27	泰国甘烹碧皇家大学来访	虞芳	翻译
6	2016.09.14	泰国清迈大学来访	全体泰语教师	汇报培训
7	2016.09.18—23	泰国甘烹碧皇家大学夏令营	全体泰语教师	策划、组织
8	2017.04.19	泰国清迈大学来访	虞芳	对接、翻译
9	2017.06.2—7	泰国甘烹碧皇家大学实习生安排	虞芳	实习工作
10	2017.08.27—28	2017 年滇泰教育合作论坛	虞芳	交流、翻译
11	2018.05.17	泰国南邦皇家大学来访	虞芳、李继琴	对接、翻译
12	2018.05.20—26	泰国甘烹碧皇家大学夏令营	全体泰语教师	策划、组织
13	2018.06.15	泰国清迈大学来访	虞芳、李继琴	翻译
14	2018.10.18	泰国清迈大学来访	虞芳、李继琴	翻译
15	2018.11.01	泰国湄公学院来访	全体泰语教师	翻译
16	2018.10.08	泰国甘烹碧皇家大学实习生工作	虞芳	实习工作安排
18	2019.11.25	澳大利亚维多利亚大学商务孔子学院师生一行来访	孔敏素、虞芳	接待、翻译；安排泰语专业学生演出
19	2019.12.02	第四届昆明国际友城合作与发展研讨会（市政府主办、昆明学院承办）	全体泰语教师	安排培训学生志愿者；翻译

六、社会服务

外国语学院在做好泰语专业各项教学、科研工作的同时，秉承"明德至善、知行利物"的校训和"奉献、友爱、互助、进步"的志愿精神，积极主动融入"一带一路"建设，积极投入云南省面向南亚东南亚辐射中心建设，广泛服务国家战略和地方社会经济建设。

泰语教研室教师陪同校领导参加云南省教育厅和泰王国驻昆明总领事馆联合主办、云南大学承办的"2017年滇泰教育合作论坛"，并承担翻译工作。

2016—2019年，学院均组织选派泰语专业学生为南亚博览会暨昆明进出口商品交易会的语言志愿者服务。昆明学院泰语专业的志愿者严格要求自己，出色地完成了相应志愿者工作，积极参加了各项爱心活动。他们以良好的精神面貌、飒爽的身姿、热情周到的服务展现了昆院学子不怕苦、不怕累、善于奉献的良好志愿者形象，他们用出色的服务获得了国内外友人的一致好评。

附：专业描述

泰语专业简介

专业简况

办学历史：昆明学院泰语专业办学始于2002年的旅游系导游专业（专科）；2010年

起，开设大学泰语公共必修课程；2011年起，开设第二外语（泰语）课程；2015年起，招收泰语专业本科学生。

培养目标：培养具有扎实的泰语语言基础知识，具备听、说、读、写、译能力的泰语从业者，毕业后能运用泰语在外事、经贸、文化、新闻出版、教育、旅游等部门从事贸易、翻译、教育、管理等工作。

培养模式：采取"3+1"中泰联合培养办学模式，开展赴泰长短期交流学习。与泰国清迈大学、泰国北碧皇家大学、泰国吞武里皇家大学、泰国南邦皇家大学等多所泰国高校签订了合作备忘录。学生可不定期到泰国进行假期文化交流体验活动，同时建立了泰国海外实习基地，为高年级学生提供赴泰国实习的机会。

师资队伍

泰语专业共有在职教师5名、泰籍教师2名、特聘教学督导1名、特聘外籍专家1名。专职教师均为硕士研究生学历，均有泰国留学进修经历，其中1人正在攻读博士学位；讲师3人、助教2人；年龄结构合理。

学生培养

招生：2015—2019年，泰语本科专业招生146人，每年招收1—2个班，文理兼招，均在云南省内招生，平均报到率约90%。

参加各类比赛获奖情况：本专业学生在云南省高校东南亚语演讲比赛中，获得专业组一等奖2次、二等奖2次、优秀奖3次，非专业组一等奖1次、二等奖1次、优秀奖4次，2017年获"宋干小姐"冠军1人及最佳人气奖1人；"孔敬杯"全国书法组一等奖1次、泰语歌唱比赛三等奖1次。

实习、实践：本专业实践课内容主要围绕泰国传统舞蹈、泰国传统手工、泰语书法、泰语歌曲、主题演讲、辩论、戏剧表演、泰国美食等主题进行，同时新增导游、会展、模拟商务会谈、影视作品配音、翻译、视频短片拍摄等方面的实训内容。每年本专业学生均参加赴泰实习、南博会见习以及接待校内来访外宾等外事活动。

执笔人：孔敏素

云南师范大学
非通用语种类专业建设和发展报告
（2009—2019）

一、历史概况

云南师范大学是一所历史悠久、具有优良传统的省属重点师范大学，是教育部和云南省人民政府"省部共建"高校、国家中西部基础能力提升工程重点建设百所高校之一。学校有文、史、哲、法、教、管、理、工、经济、艺术、农学11大学科门类，形成多学科协调发展的学科与专业格局，在2016年教育部第四轮学科评估中有15个学科排名全国高校前70%，其中地理学进入前20%、教育学进入前40%。现有93个本科专业，拥有17个省级重点学科、6个省级一流学科、2个博士后科研流动站、4个一级学科博士学位授权点、1个博士专业学位授权点、1个二级学科博士学位授权点、28个一级学科硕士学位授权点、16个硕士专业学位授权点。

云南师范大学于2009年开设非通用语种类专业，是云南省非通用语种类专业开办数量较多的高校之一，是中国非通用语教学研究会常务理事单位和云南省高校非通用语种类专业教学与考试指导委员会副主任委员单位，同时还是云南省教育厅批准的"云南省高校小语种人才培养示范点"（2012年获批）、"云南省高校东南亚南亚语种人才培养基地"（2013年获批），成为国家留学基金管理委员会公派留学项目的合作单位（2015年以来）。截至2019年12月，云南师范大学外国语学院和华文学院累计已培养毕业各语种专业本科学生1020人，硕士研究生招生27人、毕业10人。

云南师范大学非通用语种类专业的开设体现了云南特有的区域优势。虽然办学历史不长，但正积极地朝着建设有区域优势的东南亚语种专业和多层次办学的方向发展。目前积累了一些办学经验，也取得了较好的办学成效，部分专业在全国开设有非通用语种类本科专业的高校中具有良好的知名度和社会办学声誉。经过10年的建设，云南师范大学非通用语种类专业办学取得了一定进步，在学科专业建设、师资队伍建设、教学科研、人才培养和对外合作交流等各方面有了较快发展，取得了阶段性的成果。

截至2019年12月，云南师范大学开设有非通用语种类本科专业共5个，包括越南语、泰语、缅甸语、老挝语、柬埔寨语等东南亚语种本科专业。同时还拥有1个"外国语言文学"一级学科硕士学位授予点和"亚非语言文学""外国语言学及应用语言学"两个二级学术学科硕士学位授予点和"越南语笔译""泰国语笔译"两个专业学科硕士授予点。

上述非通用语种类本科专业和各学科点设置在外国语学院和华文学院。云南师范大学外国语学院越南语本科专业2008年申报获批，2009年开始招收第一届本科学生，同年获批成为云南省非通用语本科专业重点建设学科；2011年泰语本科专业开始招生；2012年开始招收缅甸语专业本科生。为进一步适应国家面向东南亚建设国际大通道的需要，整合云南师范大学非通用语专业和国际化办学优势，2012年学校将非通用语种类专业整合到国际留学生最多的华文学院，由华文学院招收泰语、越南语和缅甸语四年制本科专业学生和以这3个语种为大学主修外语的汉语国际教育和国际经济与贸易、金融学、旅游管理等专业学生。2013年开始招收老挝语四年制本科生，2014年开始招收柬埔寨语四年制本科生。华文学院每年有在校留学生近千人，且80%以上来自近邻的澜湄5国（泰、越、缅、老、柬），为云南师范大学5个非通用语种专业学生的语言学习创造了学习运用的实践空间。学校对非通用语种专业学生采用了"2+1+1"的"三互型"（语言专业互补互促、国内国外互通互认、中外学生互帮互学）人才培养模式，被媒体称为东南亚南亚语种人才培养"云师大模式"。2013年后，外国语学院继续发挥英语与其他非通用语学习相融合的优势，创办了"主修专业英语、辅修非通用语"的英语专业新模式，毕业学生拥有较强的双语运用能力，就业率和升研率很高。2014年云南师范大学开始招收亚非语言文学（泰语、越南语）硕士研究生，2019年开始招收亚非语言文学（缅甸语）硕士研究生。

表8-1　各专业开设时间一览表

专业	开设年份	备注
越南语	2008年	2009年首次招收本科学生，同年获批成为云南省重点建设非通语本科专业
泰语	2010年	2011年首次招收本科学生
缅甸语	2011年	2012年首次招收本科学生
老挝语	2012年	2013年首次招收本科学生
柬埔寨语	2013年	2014年首次招收本科学生
外国语言文学	2011年	2011年增设一级学科硕士学位授予点
亚非语言文学硕士	2014年	2014年获二级学科硕士学位授予权，同年首次招收硕士研究生
越南语笔译	2019年	2019年首次组织翻译硕士研究生入学考试
泰国语笔译	2019年	2019年首次组织翻译硕士研究生入学考试

近年来，云南师范大学按教育部印发的《教育部关于加强外语非通用语种人才培养工作的实施意见》（教高〔2015〕10号）进一步落实《云南省教育厅关于进一步加快东南亚南亚语种人才培养工作的指导意见》（云教高〔2013〕69号），在学校"高水平大学建设"项目的推动下，着力加快推进"东南亚语种群"本科专业建设和学科点建设，不断夯实办学基础，发挥专业特色优势，积极开拓创新，推动教学改革，为国家和云南省的经济建设和社会发展培养输送亟须的各类非通用语专业人才，在新时期主动融入并服务"一带一路"建设和云南省面向南亚东南亚辐射中心建设，办学特色和办学成效日益彰显。

在2019年云南省高校首轮本科专业评估中，云南师范大学越南语本科专业在省内该语种专业中排名第1，泰语、缅甸语本科专业排名第2。此外，越南语、泰语和缅甸语3个非通用语种类本科专业也被认定为校级一流本科专业建设点。

二、师资队伍

截至2019年12月，云南师范大学5个非通用语种类本科专业有在编教职工38人。

学校教师队伍的学历和职称结构逐年改善。目前，云南师范大学非通用语种教师当中具有博士学位（包括在读博士）教师12人，具有博士后研究经历教师2人；具有硕士及以上学位教师共36人，占全部专业教师总人数的94.7%；具有教授和副教授职称教师共6人，高级职称人数占全部专业教师总人数的15.8%。此外，还有硕士研究生导师3人，其中：杨健教授受聘为云南省高校非通用语种类专业教学指导委员会副主任委员、云南省社科院特聘专家；何冬梅教授受聘为中国非通用语教学研讨会泰语分会副会长。（学校各非通用语种专业教师职称、学历统计详细见表8-2）

表8-2 专业教师职称、学历一览表

序号	专业	人数（人）	教授（人）	副教授（人）	博士（人）	硕士（人）	本科（人）	高职称占比（%）	博士占比（%）
1	越南语	8	1	2	3	5	0	37.5%	37.5%
2	泰语	14	1	1	6	8	0	14.3%	42.9%
3	缅甸语	5	0	1	2	3	0	20%	40%
4	老挝语	6	0	0	1	5	0	0	16.7%
5	柬埔寨语	5	0	0	0	3	2	0	0
合计		38	2	4	12	24	2	15.8%	31.6%

注：信息统计截至2019年12月，博士在读按博士计算。

学校非通用语种类专业教师队伍学科结构不断优化，学缘结构不断丰富。非通用语教师均毕业于或在读于北京外国语大学、中国解放军战略支援部队信息工程大学、上海外国语大学、厦门大学、云南大学、广西民族大学以及泰国孔敬大学、泰国东方大学、泰国清迈皇家大学、越南河内人文社科大学、越南胡志明人文社科大学、缅甸仰光外国语大学、缅甸仰光大学、缅甸曼德勒大学、柬埔寨金边皇家大学和老挝国立大学等国内外知名高校。学院所有的非通用语教师均有赴专业语种对象国高校留学、访学和进修的经历，其年龄在40岁及以下的有33人，占全部专业语种教师的86.8%，是一支以中青年教师为主体、朝气蓬勃的优秀师资队伍。

学校根据所属学科专业的自身特点，利用云南省的区位优势，各语种专业每年从对象国和在滇就读的博士研究生中聘请外籍教师到校任教。2010—2019年，学院正式聘请东南亚各国外籍教师共计16人。（详见表8-3）

表8-3 聘请外教人数统计表（2010—2019年）

聘请外教国籍	聘请外教人数（人）
越南	4
泰国	2
缅甸	2
柬埔寨	3
老挝	5
东南亚地区合计	16

截至2019年12月，云南师范大学已与5个东南亚国家的15所（泰国5所、越南5所、缅甸2所、老挝2所、柬埔寨1所）高校签订了校际合作协议，与众多语种对象国高校建立起良好的教学科研合作关系，保障了学校聘请各语种专业外教的工作和"2+1+1"人才培养模式的顺利开展。

此外，2015—2019年，华文学院还聘请国内外知名教授到校进行长短期讲学与教学、开展学术讲座。他们分别是：广西民族大学范宏贵教授，越南著名语言文化学家、胡志明人文社科大学陈玉添（TRAN NGOC THEM）教授，解放军外国语大学越南语知名专家、博士生导师孙衍峰教授，中国非通用语教研会越南语分会会长、广西民族大学梁远教授和黎巧萍译审，四川外国语大学罗文青教授，缅甸仰光大学缅甸语系主任吴昂敏乌教授，中国人民解放军战略支援部队信息工程大学钟智翔教授、蔡向阳教授；清迈大学语言学院院长Sompong Witayasakpan教授，北京大学梁敏和教授；解放军外国语大学老挝语专家董泽林教授，北京外国语大学张良民教授，广西民族大学陶红教授，柬埔寨皇家研究院文学专家NON SOKHA教授、语言学专家BY SOKKONG教授，北京外国语大学柬埔寨语专家彭晖教授；等等。讲学与讲座内容涵盖东南亚国家的语言、文学、文化、国情及翻译理论与技巧研究，大大开阔了非通用语种类专业师生的学术视野，在一定程度上提升了非通用语人才培养质量。

三、教学和人才培养

（一）历届学生培养人数

2009—2019年，云南师范大学毕业了越南语、泰语、缅甸语、老挝语、柬埔寨语5个语种共计7届本科（四年制）1020名学生。2014—2019年，培养毕业了亚非语言文学专业共3届硕士研究生10人，其中泰语5人、越南语5人。云南师范大学非通用语种类专业历届学生人数统计见表8-4。

表8-4 云南师范大学非通用语种类专业历届学生人数统计表

层次/学制	级别/届别	越南语	泰语	缅甸语	老挝语	柬埔寨语	亚非语言文学	合计（人）
本科/4年	2009级/2013届	30	—	—	—	—	—	30
	2010级/2014届	30	—	—	—	—	—	30
	2011级/2015届	33+15	35+25	30	—	—	—	138
	2012级/2016届	50	91	41	—	—	—	182
	2013级/2017届	42	71	50	37	—	—	200
	2014级/2018届	33	90	30	27	25	—	205
	2015级/2019届	41	93	40	39	22	—	235
	2016级	61	53	69	63	60	—	306
	2017级	65	59	61	58	59	—	302
	2018级	86	88	52	38	24	—	288
	2019级	69	64	65	37	36	—	271

续表

| 层次/学制 | 级别/届别 | 专业（人） |||||| 合计（人） |
		越南语	泰语	缅甸语	老挝语	柬埔寨语	亚非语言文学	
硕士/3年	2014级/2017届	—	—	—	—	—	3	3
	2015级/2018届	—	—	—	—	—	4	4
	2016届/2019届	—	—	—	—	—	4	4
	2017级	—	—	—	—	—	4	4
	2018级	—	—	—	—	—	6	6
	2019级	—	—	—	—	—	6	6
本科规模	本科毕业	181+93	370+35	161+30	103	47	—	1020
	本科在读	281	264	247	196	179	—	1167
硕士规模	硕士毕业						10	10
	硕士在读						17	17
总计	毕业学生总数	274	405	191	103	47	10	1030
	在读学生总数	281	264	247	196	179	17	1184

注：统计截至2019年12月。

（二）"2+1+1"本科人才培养模式

云南师范大学自2009年招收第一批越南语本科专业学生以来，着力培养云南周边国家非通用语言专业人才，从"3.5+0.5""3+1""2+N+N"到"2+1+1"，不断探索和完善人才培养模式。积极主动开展教学质量工程建设项目，鼓励教师做好各种级别的科研工作，特别是争取高级别的科研课题。强化国内外的联合办学优势，努力建立从本科到博士的联合培养体系。按照云南省非通用语种教学质量标准，积极参与云南省非通用语等级考试，以满足"一带一路"建设、云南省面向南亚东南亚辐射中心建设对语言人才的需求。

云南师范大学自2009年以来，不断创新和完善非通用语种类专业的人才培养模式，最后将"3+1"的传统模式明确细化为"2+1+1"模式，即本科学生第1、2学年在国内学习，之后依托学校与语种专业对象国高校签订的合作培养协议，把外国学校作为外语教学和实习实践基地，把本科3年级学生送到对象国高校留学1年，回国后即本科第4年结合就业倾向进行"复合技能+外语能力"培养。通过在语种对象国1年的留学生活，学生可全面深入地亲身体验和感受对象国的风土人情，加深对对象国的了解，提升语言运用能力。第4年在国内增设复合技能模块，主要教学非通用语种就业市场需要的一些技能，由学生结合自己的就业和升学需求选修，结合其他必修外语课程，真正做到"语言专业互补互促、国内国外互通互认、中外学生互帮互学"，探索了具有云南区域特色的非通用语本科人才培养模式，拓宽了非通用语本科人才培养的途径，提高了非通用语本科人才的培养质量。

2012年，云南师范大学首次派出越南语专业2009级学生33人赴越南河内人文社科大学留学；2017年，越南语专业2014级学生有33人赴越南河内大学留学；2019年，越南语专业2017级学生有70人分别赴越南河内大学、胡志明人文社科大学和岘港师范大学留学。

2013年，云南师范大学首次派出泰语专业2011级学生23人赴泰国孔敬大学留学；2014年，泰语专业2012级学生有34人赴泰国孔敬大学留学；2015年，泰语专业2013级学生有75人赴泰国孔敬大学留学；2016年，泰语专业2014级学生有95人分别赴泰国孔敬大学、清迈皇家大学、清迈大学留学；2017年，泰语专业2015级学生有95人分别赴泰国孔敬大学、清迈皇家大学、清迈大学留学；2018年，泰语专业2016级学生有51人分别赴泰国孔敬大学、清迈皇家大学、清迈大学留学；2019年，泰语专业2017级学生有58人分别赴泰国孔敬大学、清迈皇家大学、清迈大学留学。

2014年6月4日，缅甸仰光大学校长昂都一行率团首次访问中国，并与云南师范大学签订战略合作协议。协议的签署使云南师范大学成为中国第一家与缅甸仰光大学签署战略合作协议的高校，同时实现我国高校与缅甸一流高校战略合作"零"突破。自2015级37名缅甸语专业学生分别赴缅甸仰光大学、曼德勒外国语大学留学之后，每年派送20人左右到仰光大学、40人左右到曼德勒外国语大学留学，中缅双方友好合作呈现常态化。

2015年，云南师范大学首次派出老挝语专业2013级学生37人分别赴老挝国立大学、老挝索萨卡技术管理学院留学；2016年，老挝语专业2014级学生27人赴老挝国立大学留学；2017年，老挝语专业2015级学生有39人赴老挝国立大学留学；2018年，老挝语专业2016级学生有63人赴老挝国立大学留学。

2016年，云南师范大学首次派出柬埔寨语专业2014级学生25人赴柬埔寨金边皇家大学留学，并与柬埔寨金边皇家大学、高棉大学签署合作谅解备忘录；2017年，柬埔寨语专业2015级学生有22人赴柬埔寨金边皇家大学留学；2018年，柬埔寨语专业2016级有学生60人赴柬埔寨金边皇家大学留学；2019年，柬埔寨语专业2017级学生有59人赴柬埔寨金边皇家大学留学。

（三）教学质量工程项目及教材建设

云南师范大学一直努力推进教学改革，注重提高教学质量，加强学科专业建设，特别是自2012年以来，学校非通语种类专业的教学质量工程项目立项、建设成效显著。云南师范大学非通用语种类专业10年来获得省级教学质量工程项目累计达20余项，包括省级小语种人才培养示范点、东南亚语种人才培养示范基地、东南亚语精品课程4门、省级东南亚南亚语种优秀教研室2个、虚拟仿真实验教学项目1项，另外有两部非通用语教材获云南省普通高等学校"十二五"规划教材建设项目立项并已出版，7名非通用语教师入选省级小语种青年骨干教师培训项目。2013—2017年间，通过省级东南亚南亚语种特聘教师支持计划项目聘请了6位国内知名非通用语教授为本校学生和教师授课及开设讲座，通过省级东南亚南亚语种优秀学生留学支持项目资助了27名优秀学生赴语种对象国学习，通过省级东南亚南亚语种优秀翻译人才培养基地班项目遴选了43名优秀学生进入基地班学习。

2013—2017年完成云南省东南亚语种精品课程"基础越南语"；2015—2019年完成和出版云南省"十二五"规划系列教材《大学越南语》3册；2014—2019年完成国务院侨办华文教育基地基金项目"越南语视听说课程有声数据库建设"，完成2018年云南省教育厅高校本科教育改革研究课题"云南省高校越南语本科专业发展改革研究"。2018年完成云南师范大学教改项目"'互联网+'背景下越南语课堂教学改革与实践——以云南师范大学越南语专业为例"；2019年完成云南师范大学校级精品慕课"玩转越南语——零起点快车道"建设，同年完成云南省级虚拟仿真实验教学项目"越南汉喃文学经典与中华传统文化"，并入选2019年国家级虚拟仿真实验教学候选项目。

2012—2015年获云南省普通高等学校"十二五"规划教材建设项目；2013—2017年获

云南省高等学校东南亚南亚语种精品课程建设项目"泰语阅读"，完成云南省东南亚语种精品课程"缅甸概况"；2014—2018年完成国务院侨办华文教育基地重点项目"泰语有声数据库"，完成国务院侨办华文教育基地基金项目"汉缅商务用语教程"。

2013年云南省高等学校东南亚语种精品课程建设项目"老挝概况"立项、云南省高等学校助教培训项目立项、云南省东南亚南亚语种老挝语新专业支持项目立项，2016年云南省高等学校东南亚南亚语种老挝语特聘教师支持计划项目立项，2019年"中老关系"获得课程思政立项。

通过不同级别、类别质量工程的实施，教学工作得到了进一步规范和加强，促进了省校和学院各级对教学改革的经费支持，这些经费支持在促进学院教学改革、提高教学质量、创新人才培养模式和改善办学条件等方面发挥了极大作用。

在各级教学教改项目建设的有力推动下，云南师范大学的非通用语教材处于建设阶段。截至2019年，各语种教研室已累计出版各类专业教材12部（详见表8-5），并正逐渐形成具有云南省区位特色的非通用语种系列教材。

表8-5 教材出版一览表（截至2019年）

序号	作者	教材	出版社	出版时间	备注
1	何冬梅	《泰语会话》	云南大学出版社	2012年	
2	何冬梅	《泰语阅读》	云南大学出版社	2012年	
3	佘冰莹	《旅游泰语》	云南科技出版社	2013年	
4	何冬梅	《商务泰语》	云南大学出版社	2015年	
5	杨健	《大学越南语入门篇》	世界图书出版公司	2015年	2019年再版
6	张敏	《越南语应用文写作》	世界图书出版公司	2016年	
7	杨绍权、任志远	《泰语阅读教程（1）》	世界图书出版公司	2018年	
8	杨健、何艳红、周婧	《入学越南语——初级篇》	世界图书出版公司	2019年	
9	王天玉、任志远等	《中国社会与文化》（东南亚版 泰文注释）	云南大学出版社	2018年	中泰双语
10	王天玉、何艳红等	《中国社会与文化》（东南亚版 越文注释）	云南大学出版社	2018年	中越双语
11	王天玉、杨颖等	《中国社会与文化》（东南亚版 柬文注释）	云南大学出版社	2018年	中柬双语
12	王天玉、何翠菊等	《中国社会与文化》（东南亚版 老文注释）	云南大学出版社	2018年	中老双语

（四）国家留学基金管理委员会政府奖学金项目

云南师范大学自2015年开始执行国家留学基金管理委员会非通用语种类专业出国留学政府奖学金遴选项目，并派出公派留学生，是云南省较早获得此类项目的高校。

截至2019年12月，云南师范大学通过国家留基委政府奖学金项目选派各语种专业学生公派出国留学共计160人（详见表8-6）。此外，自2014年起，云南师范大学通过国家留基委项目先后选派教师出国进修。自2016年起，学校与国家留基委保持良好的合作关系，选派14名研究生申请并获准"国际区域问题研究及外语高层次人才培养"项目赴泰国和越南留学。国家留基委派出项目的执行实施，有力地促进了学校非通用语种类人才的培养和师资队伍建设。公派留学生专业素质较高、思想素质过硬，考博率和就业率均有所提升，并得到了用人单位和社会的充分认可。

表8-6 各语种专业分年度获得国家留基委政府奖学金学生人数一览表

年份	专业（人）					合计（人）
	泰语	缅甸语	越南语	老挝语	柬埔寨语	
本科生						
2015年	3	4	5			12
2016年	4	5	5	5	18	37
2017年	1	8	6	4	21	40
2018年	8	14	9	5	5	41
2019年	2	2	2	6	4	16
合计	18	33	27	20	48	146
研究生						
2015年	1		2			3
2016年	1		0			1
2017年	2		2			4
2018年	2		2			4
2019年	2		0			2
合计	8		6			14

注：统计日期截至2019年。

在2014年李克强总理访问越南、2015年习近平总书记访问越南期间，云南师范大学的留学生在我驻当地使（领）馆的安排下，均参与了相关接待工作和欢迎活动，展示了中国留学生在外学习生活的良好形象和风貌。

2017年习近平总书记访问老挝期间，云南师范大学的留学生在我驻当地国使（领）馆的安排下，均参与了相关接待工作和欢迎活动，展示了中国留学生在外学习生活的形象和良好形象和风貌。

2017年3月，在金边皇家大学学习的云南师范大学2014级柬埔寨语专业学生在柬埔寨孔子学院的安排下，参加了在金边皇家大学举行的柬埔寨"东盟10+3"文化周志愿服务活动，在活动中充当了外国人了解中国文化的桥梁，展现了中国留学生良好的形象。

2019年6月，在金边皇家大学学习的云南师范大学2016级柬埔寨语专业学生参与了由中国文化和旅游部、中国驻柬埔寨大使馆举办的中柬文化旅游友好交流大会翻译工作。

2019年12月，在金边皇家大学学习的云南师范大学2017级柬埔寨语专业学生参加了由中国驻柬埔寨大使馆举办的中柬企业家见面会相关接待、翻译工作。

（五）人才培养基地建设

2012年和2013年，云南师范大学经省教育厅批准，建设"云南省高等学校小语种人才培养示范点"和"云南省高等学校南亚东南亚语种人才培养基地"。云南师范大学坚持为区域经济社会发展服务的定位,以社会需求为导向、以培养应用型高素质人才为宗旨、以学科建设与发展为依托、以师资队伍建设为重点,调整优化专业结构和资源配置,积极凝练专业优势与特色,创新并实施了"2+1+1"的人才培养模式,坚持与东南亚国家一流大学联合办学,积极探索国际化教育发展模式,整合国内国外两种教学资源,与国外合作院校制订教学计划贯通、课程体系接轨、学习内容衔接的人才培养方案,构建国际化课程、实践和管理三位一体的人才培养平台;充分整合教学资源,全面开展教改实践,多方面开发人才培养新途径,构建国内国外学习有机结合、课程学习与国外实践交叉、专业知识学习与实践能力培养并举的东南亚语种人才培养体系。通过多年的创新与实践,拓宽了人才培养途径,提高了人才培养层次,推进了教学改革与建设,扩大了国际合作与交流,提高了人才培养质量,提升了办学影响力,在东南亚语种人才培养上走出了一条有特色的发展路子。

2015和2017年,在云南省教育厅的组织下,云南师范大学建设的"云南省高等学校小语种人才培养示范点"和"云南省高等学校南亚东南亚语种人才培养基地"分别顺利通过考察和验收。通过对小语种人才培养示范点、南亚东南亚语种人才培养基地等省级教学质量工程项目的建设以及学院对非通用语种类专业人才培养模式的不断探索与实践,学校最终在东南亚语种人才培养上走出了一条有特色的发展路子,形成了"四个基础、三个特色、两个平台、一个目标"的"云师大模式"。

(六)就业工作

在人才培养工作水平逐步提升的背景下,云南师范大学非通用语种专业毕业生就业率较高、就业质量好。所培养的越南语和泰语专业历届毕业生陆续就业于中国银行、南方电网、广东省公安厅、贵州省安全厅、云南省社科院、云南省安全厅、四川外国语大学成都学院等一批中央及省属企事业单位、政府机关、高校科研机构及部队、公安和安全系统;20余名学生考取国内外知名高校硕士研究生,1人考取云南大学国际关系专业博士研究生、1人考取越南胡志明人文社科大学越南学研究博士研究生。

缅甸语专业毕业生目前的就业前景乐观,多就业于云南省外事办公室、四川外国语大学、云南大学等政府机关和知名高校,其中男生多就业于云南省安全厅、云南省第一监狱、中国石化、中国石油、中国银行、中国电投、华能澜沧江水电有限公司等中央及省属企事业单位。用人单位对毕业生的评价都非常好,语言能力强、能吃苦。每年缅甸语专业均有学生考取云南民族大学、云南大学、广西民族大学研究生。

老挝语专业就业率高、就业质量好、就业面广,就业方向为国家公务员、国企、高校、私企、银行、律所等,有云南省公安厅、云南省安全厅、老挝驻昆明总领馆、国家税务总局、边防总队、西双版纳职业技术学院、中国铁路、邮政银行、北京大成(昆明)律师事务所等一批政府、企事业单位。

柬埔寨语专业共培养出两届毕业生,分别就职于贵州安全厅、云南省文化投资有限责任公司,数名同学考取云南省特岗教师,多名同学服务于柬埔寨知名中资企业。此外,有2人考取云南民族大学亚非语言文学专业研究生、1人考取加拿大windsor大学教育学专业研究生、3人考取柬埔寨高棉大学研究生。

（七）办学基础设施建设

云南师范大学华文学院配备有卫星接收设备，师生能够实时收看越南、泰国、缅甸、老挝、柬埔寨5个对象国卫星电视节目，还配备多间多媒体语音教室，并建设有同声传译教学实验室、东南亚国家电子图书库和1间虚拟仿真实验室，使得非通用语种类专业的课堂教学手段日趋现代化。

（八）开展专业教学竞赛，以赛促学、以赛促教

2010—2019年，越南语专业有6名学生荣获4届全国大学生越南语演讲比赛一等奖，有7名学生荣获5届全国大学生越南语演讲比赛二等奖；在9届云南省东南亚语种周比赛中，获得7届越南语组专业组一等奖、9届非专业组一等奖。教师也获得了相应奖项的优秀指导教师奖。1名越南语老师获云南省职工大赛"高教社杯"高等师范院校外国语言文学教师技能大赛三等奖，1名教师获得云南省高校教师教学技能大赛三等奖，2名教师获云南省红云园丁奖二等奖、三等奖。2016年，"东南亚语种人才培养云师大模式的创新与实践"获2016年云南师范大学教学成果一等奖，"复合型非通用语人才需求背景下基础越南语课程的改革实践及成效"获云南师范大学教学成果三等奖。

泰语专业教师先后获云南师范大学青年教师课堂教学比赛一等奖、三等奖，云南省红云园丁奖，云南省高校东南亚语演讲比赛泰语专业组"优秀指导教师奖"，云南师范大学外国语言文学教师技能大赛二等奖。

2014—2019年，6名柬埔寨语专业同学在云南省非通用语东南亚语演讲比赛中获奖——第五届专业组1名同学获优秀奖、第六届专业组3名同学获三等奖、第七届专业组2名同学获二等奖。

自2010年以来，云南师范大学每年选派专业学生参加全国和全省的东南亚语种类专业演讲比赛，在国家级和省级比赛屡次获得一等奖的佳绩，出色的比赛成绩有力地促进了专业教学。2012年，云南师范大学承办了云南省首届东南亚语种演讲比赛；2013年，承办了全国性的专业外语演讲比赛——第六届全国大学生越南语演讲大赛；2015年，承办了中国非通用语教学研究会七届三次常务理事会（扩大）会议；2019年，承办了云南省第九届东南亚语种演讲比赛。

通过以上各类专业教学竞赛和非通用语教学研讨会的举行，进一步提高了学生专业语言的运用能力，有力促进了各专业的本科教学和本科人才培养，并加强了学校与云南省内、国内以至国外各相关高校的联系与交流合作，增进了相互了解和学习互鉴。

四、科学研究

学校充分依托各语种自身专业优势，鼓励非通用语种专业教师积极开展科学研究和教学改革研究，一手抓教学、一手抓科研，力争做到"教学、科研两不误"，使得科学研究在对象国和地区语言、历史、文化和国情等领域的科研工作取得可喜成绩。

自2012年至今，专业教师申报立项国家社会科学基金项目共4项，其中包括一般项目1

项、青年项目1项、西部项目2项，目前已结项1项。同时，教师主持省部级科研项目8项，其中含教育部社科基金1项、云南省社科基金项目1项、其他省部级科研项目6项。此外，自2010年以来，教师还有立项的地厅级科研项目3项和校级科研项目数项。（详见表8-7）

表8-7 省部级及以上科研项目立项统计表（2012—2019年）

序号	项目名称	项目编号	主持人	项目级别	备注
国家社科项目					
1	百年来越南中国观演变研究	12CGJ005	杨健	青年项目	2017年结项
2	傣语方言地图集	16XYY026	何冬梅	西部项目	在研
3	近代中越关系研究	17XZS09	熊世平	西部项目	在研
4	推进中越民间互信的热点、难点及对策研究	17@ZH023	杨健	委托项目	在研
省部级科研项目					
5	越南"六八体诗"《花笺传》研究	XKJS201510	张敏	云南省哲社一般项目	2019年结项
6	中国西南官话对越南边境地区地名的影响	16YJC740018	高屹娇	教育部青年项目	在研
7	泰语有声数据库建设	HW2014ZD02	何冬梅	国务院侨办华文教育基地基金重点项目	2018年结项
8	云南方志中的壮侗语族壮傣语支词汇研究	YB2014084	何冬梅	云南省哲社一般项目	2017结项
9	越南语视听说课程有声数据库建设	HW2014YB09	李丽娟	国务院侨办华文教育基地基金一般项目	2019年结项
10	缅汉商务用语教程		王丽凤	国务院侨办华文教育基地基金一般项目	2018年结项
11	2015年度云南省哲学社会科学学术著作出版资助项目		杨健	云南省社科基金专项项目	2017年结项
12	2014年度云南省哲学社会科学学术著作出版资助项目		何冬梅	云南省社科基金专项项目	2015年结项

2017年，杨健教授的专著《交融与内聚：越南文化的多维透视》荣获中国非通用语教学研讨会颁发的中国非通用语优秀科研成果专著类一等奖；2017年，何冬梅教授的专著《泰语构词研究》荣获中国非通用语教学研讨会颁发的中国非通用语优秀成果专著类三等奖；2019年，由张敏主编的《越南语应用文写作》荣获中国非通用语教学研讨会颁发的中国非通用语优秀科研成果教材类一等奖；由王天玉副教授主编、何艳红等非通用语种专业老师翻译的《中国社会与文化》（东南亚版）荣获中国非通用语教学研讨会颁发的中国非通用语优秀科研成果教材类一等奖。2018年，由杨健教授为第一作者撰写的论文《中越两国骆越文化的流变与分异》获云南省第二十一届哲学社会科学优秀社科成果论文类二等奖。

表8-8 专（译）著及辞书出版一览表

序号	书名	作者	出版社	出版时间	备注
1	《交融与内聚：越南文化的多维透视》	杨健	中国社会科学出版社	2017年	获2015年度云南省哲学社会科学学术著作出版资助项目、2017年中国非通用语优秀科研成果专著类一等奖
2	《泰语有声数据库建设研究》	何冬梅	科学出版社	2017年	

续表

3	《泰语构词研究》	何冬梅	云南人民出版社	2015年	获2014年度云南省哲学社会科学学术著作出版资助项目、2017年中国非通用语优秀成果专著类三等奖
4	New Generation of Overseas Chinese: Case Study of Chinese Immigrant in Thailand with Life History Method	马涛	泰国清迈皇家大学出版社	2015年	
5	《泰国传统文化艺术与民俗研究》	任志远	中国书籍出版社	2014年	

2010—2019年，非通用语种教师在学术期刊上公开发表学术论文数十篇，其中包括刊登于《民族语文》、《思想战线》、《云南师范大学学报》（哲社版）等CSSCI来源期刊论文7篇。（见表8-9）

表8-9 学术论文信息统计表（C刊级以上）

序号	论文作者	论文题目	期刊名称	期次
1	杨健	试析越南稻米生产与出口形势及我国对策	《云南行政学院学报》	2010年第5期
2	何冬梅	泰语词缀kaan^{33}、khwaam^{33}的名词化功能在词法和句法上的体现	《云南民族大学学报》（哲学社会科学版）	2011年第1期
3	杨健	越南京族语言系属辨析	《思想战线》	2012年第2期
4	杨健、周智生、熊世平	中越两国骆越文化研究的流变与分异	《云南师范大学学报》（哲学社会科学版）	2016年第1期
5	周智生、杨健	国家认同视阈下越南骆越文化的研究流变——以对"安阳王建瓯骆国"史料解读为线索	《云南民族大学学报》（哲学社会科学版）	2016年第5期
6	杨健	百年来越南的中国观演变轨迹及动因探析	《云南师范大学学报》（哲学社会科学版）	2018年第2期
7	何冬梅	泰国黑傣语概况	《民族语文》	2018年第4期
8	杨健	GIAI CAU TRUC VA SU LUU TRUYEN CUA KIM KIEU TRUYEN O VIET NAM	Journal of science the University of DANANG	2018年第12期
9	何冬梅	元江撮科傣话塞音韵尾变化规律探究	《民族语文》	2019年第6期

五、对外交流

云南师范大学在非通用语种类学科专业的办学过程中，充分利用外部资源，拓展对外合作交流。学校坚持和不断创新与各语种对象国联合培养的人才培养模式，与泰国、缅甸、越南、老挝、柬埔寨5国的著名高校保持有良好的合作关系，与国外高校在本科、硕士和博士的培养与合作以及外教聘请等活动方面得到大力支持与帮助。学校还与解放军外国语学院（现中国人民解放军战略支援部队信息工程大学外国语学院）亚非语系、广西民族大学和四川外国语大学等国内著名非通用语办学高校保持有良好的合作关系。

（一）与东南亚各国高校开展交流与合作

通过"3+1"人才培养模式等学生派出项目，云南师范大学与众多东南亚地区国家著名高校建立起良好的办学合作关系。这些国外高校包括越南河内人文社科大学、越南河内大学、越南胡志明人文社科大学、越南岘港师范大学、越南太原与经济大学、泰国清迈大学、泰国清迈皇家大学、泰国孔敬大学、泰国东方大学、泰国佛统皇家大学、缅甸仰光大学、曼德勒外国语大学、老挝国立大学、老挝索塔萨卡技术管理学院、柬埔寨金边皇家大学等15所高校签订校际合作协议，这为非通用语种类专业的人才培养、教学科研工作的顺利开展提供了有力保障。

（二）与国内知名高校开展交流与合作

云南师范大学拥有"东南亚语种群"的办学基础，因此与北京大学、北京外国语大学、解放军外国语学院（现中国人民解放军战略支援部队信息工程大学外国语学院）、广西民族大学等高校间保持并开展了专业交流与合作。其中，与解放军外国语学院开展教学科研合作的范围最广。

云南师范大学与解放军外国语学院在非通用语种类学科专业建设领域，特别是在中国周边东南亚语种群的教学科研、人才培养、服务地方社会经济建设等方面，具有很好的优势互补条件和前期合作基础。双方合作具体包括开展教学科研、专业和课程建设、青年教师培养和电子图书数据共享等领域的合作。

（三）加强在教育部教学指导委员、云南省教学指导委员和中国非通用语教学研究会组织框架下的多方面合作

教育部高校外语类专业教学指导委员会非通用语种类专业分委员会（以下简称"教育部高校外指委非通用语分指委"）、云南省高校外语类非通用语种类专业委员会（以下简称"云南省教指委"）和中国非通用语教学研究会是指导和统筹协调全国全省高校非通用语种类学科专业发展、教学科研和人才培养的重要机构，云南师范大学杨健教授受聘为云南省教指委副主任委员。云南师范大学是中国非通用语教学研究会常务理事单位，武友德副校长受聘为中国非通用语教学研究会常务理事，何冬梅教授受聘为中国非通用语教学研究会下属泰语分会副会长。在这3个组织框架下，云南师范大学与全国开设有非通用语种类专业，特别是开设有东南亚语种类专业的高校开展了包括青年教师培训、全国高校越南语和泰语演讲比赛等多个领域的合作。

六、社会服务

新时期云南师范大学在做好东南亚南亚各语种类专业各项教学、科研工作的同时，积极主动融入"一带一路"建设，积极投入云南省面向南亚东南亚辐射中心的建设，广泛服务国家战略和地方社会经济建设。

2012—2018年，每年选派各专业学生为"汉语桥"世界中学生中文比赛项目提供志愿服务。2014—2019年，每年均选派各专业学生为第1—6届南亚博览会暨昆明进出口商品交易会提供志愿者服务。

附：各专业描述

越南语专业

专业定位及培养目标

云南师范大学越南语专业旨在培养热爱祖国，具有国际视野，通晓国际规则，掌握越南语言、文学和文化等相关知识，具备越南语运用能力、跨文化交际能力、国情研判能力，能够参与国际事务和国际竞争，能够从事与越南相关的语言服务、外语教育以及涉外工作，并具有一定研究能力的国际化、多元化外语人才。

人才培养

云南师范大学越南语专业现执行"2+1+1"人才培养模式，即前两年在国内进行语言基础学习，第3年赴越南高校进行能力提升的学习和语言实习实践，第4年根据就业和升学倾向进行复合技能课程选修，并进行越南语高级综合能力的培养。云南师范大学与越南多所高校保持稳定的交流和合作培养机制，与新加坡国际教育学校建立有实习见习基地。专业学生可以自行选择在越南南、北、中的高校进入不同地区方言的全息语境课堂，为解决学生跨出国门就业创业的语言适应期提供了有效保障。

师资队伍建设

在师资队伍建设上，现有专业教师8人，其中教授1人、副教授2人，高级职称教师数量占比为37.5%；博士3人，占37.5%。教师队伍中，有云南省高等学校非通用语种类专业教学指导分委员会副主任委员、云南省社会科学院特聘专家1人。此外，长期从越南高校聘请外教来本专业任教，不定期聘请国外知名专家为特聘教授。

专业建设成果

在专业建设上，自2009年以来，完成省级教学质量改革工程项目"越南语重点专业""越南语优秀教研室""'基础越南语'精品课程""云南省非通用语人才培养基地"以及云南省"十二五"规划教材《大学越南语》系列教程。完成省级教育改革研究课题"云南省高校越南语本科专业发展改革研究"，完成省级虚拟仿真实验教学项目"越南汉喃文学经典与中华传统文化"并入选2019年国家级虚假仿真实验教学候选项目。《大学越南语入门篇》于2015年出版、2019年再版，并成为国内首本可以点读的越南语语音入门级教材；"玩转越南语——零起点快车道"获2019年云南师范大学精品慕课，于11月底在《学堂在线》上线，成为国内越南语首门线上慕课课程。

论文《中越两国骆越文化研究的流变与分异》获云南省第21次哲学社会科学优秀成果二等奖，专著《交融与内聚：越南文化的多维透视》获中国非通用语优秀科研成果专著类一等奖，教材《越南语应用文写作》、《中国社会与文化》（东南亚版）分获2017年、2019年中国外语非通用语优秀科研成果教材类一等奖。

科学研究成果方面，本专业8人教师团队共获3项国家社科基金项目，其中已完成1项、在研2项，有教育部人文社会科学项目1项、云南省哲社课题1项、省教育厅课题2项。

就业情况

本专业毕业生广泛就业于国家党政军机关、中央直属部门和企事业科研单位，为国家建设及云南对外开放做出了贡献。

泰语专业

专业定位及培养目标

本专业以培养应用型高素质泰语专业人才为宗旨、以师资队伍建设为重点、以社会需求为导向、以学科建设与发展为依托，调整优化专业结构和资源配置，以"综合集成发展，内涵特色兴校"为指导思想，积极凝练专业优势与特色，培育优势、特色专业，把学校非通用语种专业建设提高到"高""精""特"的水平。本专业旨在培养热爱祖国，具有国际视野，掌握泰国语言、文学、文化等相关知识并能从事翻译、旅游、经贸、法律和汉语国际教育教学工作的高素质、高水平的复合型人才。

人才培养

本专业实行的是"2+1+1"人才培养模式，学生除了在云南师范大学学习专业基础课程和专业主干课程外，还能够在泰国合作院校学习专业课程并完成专业见习和实习，着力提升泰语听、说、读、写、译等基本功和对泰国文化、社会与国情知识的学习及跨文化交际能力；结合"一带一路"建设和中国—东盟自由贸易区经济社会发展需要，以及云南省的经济建设和社会发展需求，培养能够运用泰语从事翻译、旅游、经贸、法律和对外汉语教学工作的具有"泰语+英语+专业技能"的高素质、高水平的复合型、应用型人才。

师资队伍建设

在师资队伍建设上，现有专业教师14名。其中，教授1名、副教授1名，博士后（出站）1名，博士6名、硕士8名。在学院的指导和教师的不懈努力下，教师的专业水平和教学能力不断提高：主持国家社科基金项目1项、国家社科基金重大项目子项目1项、云南省哲社课题1项、云南师范大学华文基地校级重点课题项目1项、云南省教育厅科学研究基金资助性项目1项、校级课题3项，发表论文15篇，有4人获得校级、院级教书育人奖。此外，长期聘请泰籍外教进行专业教学，不定期聘请国外知名专家为特聘教授。

专业建设成果

在专业建设上，自2011年以来，完成了云南省高等学校青年骨干教师培养项目、云南省高等学校东南亚南亚语种优秀教研室建设项目、"泰语阅读"精品课程建设、云南省非通用语人才培养基地建设项目、云南省高等学校东南亚南亚语种优秀学生留学支持项目、云南省普通高等学校"十二五"规划教材建设项目。

论文《泰国黑傣语概况》获云南省第23次哲学社会科学优秀成果三等奖，专著《泰语构词研究》、教材《泰语阅读》获中国外语非通用语优秀科研成果专著类和教材类三等奖。

在科学研究成果方面，获得科研项目8项，其中国家级1项、省级3项、校级4项，完成专著4本，在国内外期刊上发表论文15篇，出版教材6本。

就业情况

本专业毕业生广泛就业于国家党政军机关、中央直属部门和事业科研单位、跨国企业、国内外私企以及自主创业，为国家建设及云南对外开放做出了贡献。

缅甸语专业

专业定位及培养目标

为响应"一带一路"倡议，服务于把云南建设成为面向东南亚南亚辐射中心的宏伟目标，本专业以社会需求为导向，培养专业基础扎实、实践能力强、综合素质高，具有中国情怀，传播中国观点，拥有世界眼光，具备较强的跨文化交际能力和广阔国际视野、创新意识，能够运用缅甸语从事翻译、旅游、经贸、法律、公安和汉语国际教育教学工作的国际化人才。本专业学生在毕业后5年左右预期能够承担各类缅甸语中高级口笔译工作，在外事、经贸、教育、科研、旅游、新闻出版、公安等涉缅领域工作岗位上从事翻译、教学、研究和管理等工作。

人才培养

本专业结合社会需求和云南省经济建设实际，重视培养学生的思想道德素质、业务素质、文化素质和心理素质，注意学生知识结构的合理性、系统性和整体性，使他们具备扎实的缅甸语语言基本功和跨文化交际能力，具备较强的思维能力和创新能力，能够利用所学语言从事涉外旅游翻译、经济贸易和文秘工作。培养素养全面、学识深厚、具有创新精神和实践能力、有持续发展潜力的高层次缅甸语人才，采用"2+1+1"人才培养模式——"2"指的是缅甸语专业的学生前两年在云南师范大学学习专业基础课程和专业主干课程，以及校、院设置的部分选修课程；第一个"1"指的是第三年学生前往缅甸合作院校学习专业课程并完成专业见习和实习，强化实践教学；第二个"1"指的是第四年学生回国后根据个人兴趣爱好和职业发展规划选择模块课程。此模式是一种既能满足社会需要又能培养出复合型人才的培养模式，对学生的发展、就业以及社会的发展都有着积极意义。2019年9月，亚非语言文学专业缅甸语方向的研究生开始正式招收，并与缅甸多所高校签订了联合培养的合作协议，建立了从本科到硕士研究生培养的专业人才培养体系。

师资队伍建设

缅甸语专业有专职教师，在职称结构上，聘请2位教授（外教）、1位副教授、4位讲师；在学历结构上，有2位博士（在读）、3位硕士，共7位教师（含外教）。所有教师均有国外留学经历和工作经验，学缘结构合理。本专业毕业生不仅缅甸语听、说、读、写、译全面发展，还具备较强的跨文化交际能力及用缅甸语进行涉外经济贸易翻译的能力，熟悉对象国相关政策法规、具有高尚的职业道德、良好的职业习惯和较强的现代服务意识。本专业毕业生广泛受到用人单位的一致好评。

老挝语专业

专业定位及培养目标

云南师范大学老挝语专业旨在培养服务于"一带一路"建设、云南面向南亚东南亚辐射中心建设，具有扎实语言基本功，德、智、体、美全面发展，爱国进取，创新思辨，厚基础、宽口径、重实践、精术业、素质高、能力强，具有中国情怀与国际视野，从事涉老翻译、旅游、经贸、法律及教学、学术研究等相关领域工作的复合型、应用型人才。

人才培养

云南师范大学老挝语专业采用"2+1+1"人才培养模式——"2"指的是本专业学生前两年在云南师范大学学习专业基础课程和专业主干课程，以及校、院设置的部分选修课程；第一个"1"指的是第三年学生前往老挝合作院校学习老挝语专业课程并完成专业见习和实习，强化实践教学；第二个"1"指第四年学生回国后根据个人兴趣爱好和职业发展规划选择模块课程。实行完全学分制和3—8年的弹性学制。

师资队伍建设

在师资队伍建设上，现有专业教师6人、在聘外教1人，其中讲师3人、在读博士1人，所有教师均有老挝留学经历。教师队伍年轻，充满活力，教学经验较丰富，专业综合能力强。

专业建设成果

在专业建设上，自2013年以来，老挝语本科教学质量与教学改革工程及教学改革项目省级6项、校级1项，其中1项获校级教学成果一等奖。教师主持、参与国家级、省级、校级科研项目7项，教学质量和科研水平稳步提升。老挝语专业建立了涵盖老挝语书法、写作、演讲、背诵等专业技能大赛制度，搭建了"老挝语角"、年级联谊会、出国行前交流会、老挝留学生讲课堂等丰富多彩的学习交流平台，形成了专业学生丰富多彩的第二课堂教学形式，为学生专业能力及综合素质提高提供了机制保障。本专业学生专业综合素质过硬，在第五、六、七届云南省高校东南亚演讲比赛获一等奖3项、三等奖1项；在科研训练、创新创业训练项目方面，累计有10余项获得校级、院级立项。

就业情况

本专业学生就业率高、就业质量好、就业面广，就业方向为政府机关、国企、高校、私企、银行、律所等政府、企事业单位，其中包括云南省公安厅、国家安全厅、老挝驻昆明总领馆、国家税务总局、边防总队、西双版纳职业技术学院、中国铁路、邮政银行、北京大成（昆明）律师事务所等。

柬埔寨语专业

专业定位及培养目标

云南师范大学柬埔寨语专业旨在培养热爱祖国，具有国际视野、通晓国际规则，掌握柬埔寨语言文化等相关知识，具备柬埔寨语运用能力、跨文化交际能力及其他相关技能，能够从事与柬埔寨相关的语言服务、外语教育以及涉外工作，并具有一定研究能力的国际化、多元化外语人才。

人才培养

本专业实行"2+1+1"的培养模式，即学生前两年在云南师范大学学习专业基础课程和专业主干课程以及校、院设置的部分选修课程；第三年学生前往柬埔寨合作院校学习专业课程，体验柬埔寨语言文化并完成专业见习和实习，强化实践教学；第四年回国后继续巩固和提升专业能力，根据个人兴趣选择模块课程。本专业于2013年设立、2014年开始招生，专业特色为培养学生的柬埔寨语听、说、读、写、译等基本功和柬埔寨文化、社会与国情知识学习及跨文化交际能力，并在此基础上拓展对其他相关专业选修课程模块的学习，培养能够运用柬埔寨语从事翻译、旅游、经贸、法律和汉语国际教育教学工作的复合型、应用型人才。

师资队伍建设

在师资队伍建设上，现有专业教师5名，均为讲师，3人硕士研究生学历、2人本科学历（在读研究生）。

专业建设成果

在专业建设上，自2013年以来，本专业教研室教师成员们努力提升学历，邀请国内外知名柬埔寨语专家到校开展讲座，与柬埔寨金边皇家大学、皇家研究院、高棉大学保持良好交流合作关系。

结合教学和行政工作特点，发表相关论文16篇，2017—2019年完成云南省教育厅科学研究基金项目1项（"二语习得视角下的柬埔寨语汉语语音比较研究"）。参与2014年度国务院侨办华文教育基地基金项目"基础柬埔寨语语音教材建设研究"，参与2016年国家社科基金项目"中国孟高棉语族语言流变研究"。拥有1项计算机软件即《柬埔寨文化课程中柬双语教学软件》的著作权。

就业情况

本专业毕业生广泛就业于国家党政军机关、中央直属部门和企事业科研单位及柬埔寨中资知名企业。

大理大学
非通用语种类专业建设和发展报告
（2010—2019）

一、历史概况

大理大学是省州共建的普通高等院校，其前身是成立于1978年的大理医学院、大理师范高等专科学校。经过40多年的办学积淀，大理大学现已发展成为一所以医药学、教育学、生物学、生态学为优势，民族学和艺术学为特色，多学科交叉融合、多层次协调发展的综合性大学，是云南省地处非省会城市高校中成立最早且最先具有硕士学位授予权和省级立项建设新增博士学位授予单位。学校坐落于滇西中心城市——大理，占地面积2300多亩，有古城和下关两个校区。学校芳草凝绿、鸟语花香，被誉为"山水中的大学、大学中的山水"。长期以来，学校坚持"立足大理，服务滇西，面向云南及周边省区，辐射南亚东南亚"的服务定位，紧紧围绕区域经济社会发展需要，致力于人才培养、科学研究、文化传承与创新、国际合作与交流工作，办学成效不断显现，办学特色日益彰显，为推动区域经济社会发展做出了积极贡献。

大理大学是云南省开设非通用语种类专业较早的学校之一，现共有泰语和缅甸语两个非通用语种类专业。泰语专业自2010年开始招生，截至2019年，已培养6届共273名毕业生；缅甸语专业自2017年开始招生，截至2019年，已招收3届共110名学生，泰、缅甸语专业均实行"3+1"人才培养模式，泰语专业累计已有303名学生赴泰国协议高校学习、实习，缅甸语专业2019年已派出36名学生赴缅甸仰光外国语大学学习、实习。

大理大学泰语专业毕业生的就业面广，海外就业率、考研率高，立足学校定位，在把我省建设成为面向南亚东南亚辐射中心的建设中积极作为。

2015年泰语专业通过大理大学专业评估，现已建成"云南省高校南亚东南亚语种人才培养示范点"。

二、师资队伍

大理大学非通用语种类专业师资队伍建设以校内、校外、国外"三位一体"为理念，聘请国内外专家驻校讲学，外派全体教师赴泰提升教学能力。目前非通用语种类专业共有教师12人，其中：博士（包括在读博士）2人、具有硕士学位的教师有9人；具有副教授职称1人、具有讲师职称5人；有1人为教育部外指委非通分指委委员、云南省非通用语种教学

指导委员会副主任委员，曾获云南省"师德标兵"称号。（详见表9-1）

表9-1 专业教师职称、学历一览表

序号	专业	合计（人）	教授（人）	副教授（人）	博士（人）	硕士（人）	本科（人）	高职称占比	博士占比
1	泰语	9	0	1	2	7	0	11%	22%
2	缅甸语	3	0	0	0	2	1	0%	0%
	合计	12	0	1	2	9	1	8%	17%

注：信息统计截至2019年12月。

大理大学外国语学院与泰国、缅甸等国多个高校建有长期稳定的合作办学关系。非通用语种类专业自开办起就长期聘请外籍教师，2010—2019年，学校聘请泰国、缅甸的长、短期外籍教师累计14人，其中特聘博士有4人。（详见表9-2）

表9-2 聘请外教人数一览表（2010—2019年）

聘请外教国籍	聘请外教人数（人）
泰国	10
缅甸	4
东南亚地区合计	14

另外，学校还聘请陆生教授、钟智翔教授、姜景奎教授、林秀梅教授等非通用语界学者、专家共6人为客座教授，不定期到学校进行学术讲座和短期讲学，以促进教师教学技能及科研水平的提升，提高学生培养的质量。

三、教学和人才培养

大理大学泰语、缅甸语专业实行学分制教学管理，标准学制4年，基本修业年限为3—6年。专业根据社会需求，明确人才培养目标，确立人才培养模式，制订合理可行的人才培养方案；保证专业办学条件和办学水平，并根据社会需要，稳步调整专业方向；推进课程建设，加强教学管理和教学基本条件的建设，积极参加质量工程建设、教学改革和教学研究，从而提高教学质量，改进教学效果。同时，依托汉语国际教育、经济管理等其他校内相近专业，形成了完整的课程体系，依托学校的通识教育课程平台，设置扎实的学科基础课程平台，构建具有特色的专业教育课程平台。泰语专业现设有汉语国际教育、翻译两个方向的课程，缅甸语专业设有商务缅甸语方向的课程，课程设置突出文化对语言教学的影响与渗透，使学生掌握扎实的专业基础知识、基本理论、基本技能，并注重培养学生的人文素养和专业实践能力。在人才培养模式上，依托学校教育国际化的平台，泰语、缅甸语专业实行"3+1"人才培养模式。

（一）历届学生培养人数

2010—2019年，我校泰语专业培养共计6届本科（四年制）毕业学生273人。（详见表9-3）

表9-3 泰语、缅甸语专业历届学生人数一览表

层次/学制	级别/届别 毕业班级	专业（人）	
		泰语	缅甸语
本科/4年	2010级/2014届	40	—
	2011级/2015届	68	—
	2012级/2016届	42	—
	2013级/2017届	53	—
	2014级/018届	26	—
	2015级/2019届	44	—
	2016级/2020届	35	—
	2017级/2021届	31	36
	2018级/2022届	34	35
	2019级/2023届	40	39
总计	毕业学生总数	273	—
	在读学生总数	413	110

注：统计截至2019年12月。

（二）人才培养模式

泰语、缅甸语专业实行"3+1"人才培养模式，即学生在第三年赴对象国学习，国外合作院校按照我方提供的课程教学，同时增加文化考察和学习实践活动。我校已与泰国吞武里皇家大学、潘那空皇家大学、清迈大学等高校签订了泰语专业合作协议，从2010年至今已有303名学生赴泰国协议高校学习、实习；缅甸语专业与缅甸仰光外国语大学、仰光大学签订合作协议，2019年派出36名学生赴缅甸仰光外国语大学学习、实习。

（三）教学质量工程项目及教材建设

外国语学院一直努力推进教学改革，注重提高教学质量，加强学科建设。自2010年以来，学院多个教学质量工程项目立项，成效显著，先后获得省级教学质量工程项目10余项，如南亚东南亚语种人才培养示范点、东南亚南亚语种优秀学生支持项目、东南亚南亚语种特聘教师等一批省级教学质量工程项目。

（四）国家留学基金管理委员会政府奖学金项目

大理大学一直以来都在积极争取国家留学基金管理委员会（以下简称"国家留基委"）非通用语种类专业出国留学政府奖学金遴选项目，2016年学校泰语专业3名同学获得国家留基委奖学金赴泰国高校学习。

（五）就业工作

大理大学非通用语种类专业毕业生就业质量较高、境外就业多。近3年年终就业率在96%以上，2017年就业率达100%；2016届毕业生境外就业率高达66%，多次获校级境外就业专项奖。毕业生就业方向包含高校、中泰合资企业、公司（中国或泰国）、外事部门等。另外，学生考研率高、考研质量好，近年来有1人考取广东外语外贸大学、1人考取北京大学，多人考取云南大学、云南民族大学、泰国清迈大学、泰国华侨崇圣大学等国内外高校攻读硕士学位。

（六）办学基础设施建设

大理大学非通用语种类专业教学资源丰富，建有东南亚文化室、泰语语言实训室、非通用语教学资源平台、同声传译室等，共享公共语言实验室共7间，总面积为846平方米，语言实验室设备完善，能满足教师授课以及学生听说实践的需求，授课及学习效果显著。

学校外国语学院图书资料室现藏有东南亚各国外文原版图书和期刊近2000册、中英文图书近4000册，以及音频、视频等多媒体教学材料，供学院师生查阅学习。另外，学校图书馆藏有外语教学及翻译相关图书资料共计545种、外文藏书2.48万册、中文藏书211.72万册，购买开通了Gale、Proquest、Academic Source Premier、CNKI等共计34个数据库，其中有8个外文数据库和26个中文数据库等供师生使用。

（七）第二课堂活动开展情况

大理大学非通用语种类专业办学坚持"第一课堂质优+第二课堂丰富"双课并重的理念，非常重视并形成了两类第二课堂活动，即文化活动、语言技能大赛，使学生综合素质得到迅速提升。

首先，系列语言文化活动丰富多彩，促进了专业教学。泰语、缅甸语专业定期组织开展丰富多彩的第二课堂活动，如东南亚文化节、泰国宋干节、水灯节等系列文化活动已经发展成为校级国际日活动项目。

其次，语言技能竞赛活动丰富。每年组织非通用语词汇比赛、书法比赛、配音比赛、演讲比赛等语言技能竞赛活动，唤起学生的参与意识和竞争意识，激发并保持他们对提高专业水平和技能的愿望。

表9-4 专业竞赛获奖一览表

序号	奖励类别	获奖等级	奖项名称	获奖者	获奖年度
1	省级	三等奖	云南省高校南亚东南亚语种语演讲比赛（泰语）	邓雅丹	2019.11
2	省级	三等奖	云南省高校南亚东南亚语种语演讲比赛（泰语）	陆丽萍	2019.11
3	省级	三等奖	云南省高校南亚东南亚语种语演讲比赛（泰语）	李瑶瑶	2018.10
4	省级	三等奖	云南省高校南亚东南亚语种语演讲比赛（泰语）	李晓	2018.10
5	省级	二等奖	云南省高校南亚东南亚语种语演讲比赛（泰语）	赵丹丹	2017.05
6	省级	二等奖	云南省高校南亚东南亚语种语演讲比赛（泰语）	李晓	2017.05
7	省级	一等奖	云南省高校南亚东南亚语种语演讲比赛（泰语）	蔡琼芬	2016.03
8	省级	一等奖	云南省高校南亚东南亚语种语演讲比赛（泰语）	赵泽君	2016.03
9	省级	一等奖	云南省高校泰语演讲比赛	黄青霞	2015.09
10	省级	一等奖	云南省高校南亚东南亚语种语演讲比赛（泰语）	郑丹	2014.05
11	省级	优秀奖	云南省高校南亚东南亚语种语演讲比赛（缅甸语）	李琴	2019.11
12	省级	三等奖	云南省高校南亚东南亚语种语演讲比赛（缅甸语）	罗萍	2019.11

注：统计截至2019年12月。

最后，除上述文化、专业水平技能竞赛之外，还有固定的迎新生/送毕业生、欢送/欢迎赴泰学生、赴泰学习实习汇报会、新老生学习交流会等，从撰写活动方案、材料准备、人员安排到现场组织和新闻报道文稿，均由学生协调和执行，教师和老生从旁指导新生，从而培养学生较强的策划能力、执行能力、实践能力、决策能力和创新能力，同时也培养了学生的团队精神和责任心。

四、科学研究

大理大学非通用语种类专业教师在教学外也积极开展科学研究，坚持科研与教学并进，以州校共建的大理面向南亚东南亚辐射中心（澜湄合作）研究院为平台，开展区域与国别研究。截至2019年12月，大理大学非通用语种类专业教师共主持省、厅级科研项目2项，省厅级教改项目10余项，校级科研及教改项目10余项，获得科研教改项目经费近80万元，共发表学术论文40余篇（人均4篇）；非通用语种类专业学生在中文期刊上公开发表9篇论文（其中以第一作者发表2篇、第二作者发表7篇）。

此外，学校19次派出专业教师参加国内外学术交流活动，使教师的教学水平不断提升，科研促进教学效果明显。

表9-5　省部级科研项目一览表（2010—2019年）

序号	项目名称	项目编号	主持人	项目级别	备注
1	跨文化交际背景下的泰语语音教学模式研究	JD2015YB17	马丽亚	云南省教育厅大学外语教学改革项目	2013年立项
2	面向东南亚的高校合作人才培养模式研究——以大理学院与泰国高校合作办学为例	JD2016YB10	马丽亚	云南省教育厅科学研究基金项目	2013年立项

五、对外交流

大理大学在非通用语种类专业的办学过程中不断创新"3+1"人才培养模式，与泰国、缅甸等著名高校保持着良好的合作关系。学校还与北京外国语大学亚非学院、广东外语外贸大学东语学院等国内著名非通用语办学高校保持着良好的合作关系，并于2017年9月与北京外国语大学签订了对口帮扶合作协议。

（一）与东南亚高校开展交流与合作

大理大学非通用语种类专业与泰国诗纳卡琳威洛大学、清迈大学、帕那空皇家大学，缅甸仰光外国语大学、仰光大学等多所高校签订了合作协议并进行长期、稳定的专业合作与交流。2013—2019年，共有148名泰语专业学生赴泰国清迈大学、帕那空皇家大学学习、实习，共有36名缅甸语专业学生赴缅甸仰光外国语大学学习、实习。此外，大理大学还与泰国玛希隆大学、清迈大学、东方大学、华侨崇圣大学以及缅甸仰光大学、仰光外国语大学定期进行学术交流，邀请泰国、缅甸专家、教授来校讲学、举办学术讲座。现聘有泰国特聘教授、博士两名，缅甸特聘教授、博士两名。

（二）与东南亚各国驻昆明总领事馆开展合作与交流

大理大学一直与东南亚各国驻昆明总领事馆保持密切的关系，非通用语种类专业也得到了泰国、缅甸驻昆明总领事馆的支持，特别是在学生出国学习手续办理、外专外教的聘请和专业图书资料建设等方面得到了宝贵的支持。

在泰国、缅甸驻昆明总领事馆举办的各类活动中，大理大学泰、缅专业学生得到了实习实践的机会。

（三）与北京外国语大学等国内知名高校进行对口帮扶合作

2017年7月1日，由大理大学外国语学院14名同学和北京外国语大学8名研究生共同组成的2017年暑期社会实践团队在大理开始了为期10天的社会实践，在当地社会有良好反响。2017年9月27日，北京外国语大学与大理大学签署了《北京外国语大学支持大理大学语言学科建设项目备忘录》，在学科及学位点建设、师资队伍建设、人才培养、干部挂职等方面达成了合作的意向并开始了实质性的项目合作。2017开始陆续邀请北京外国语大学王文斌教授、孙晓萌教授、张建教授等来大理大学外国语学院进行讲座。

六、社会服务

学校在做好非通用语种类专业各项教学、科研工作的同时，立足滇西，积极主动融入"一带一路"建设，以州校共建的"大理面向南亚东南亚辐射中心（澜湄合作）研究院"为平台，开展区域与国别研究，使专业与学科互为支撑，并服务国家、地方战略及社会经济建设。

近年来，学院派出师生约100余人次服务学校和社会。如：派出泰语、缅甸语教师协助大理旅游文化局翻译《风花雪月 自在大理》等旅游宣传材料；派出学生参加第43次大湄公河次区域旅游工作组会议，帮助开展英语、泰语、缅甸语3个语种的翻译及相关的接待工作；派出师生参加崇圣论坛、茶博会、兰博会、南亚东南亚天然药物与民族药物论坛上的翻译、接待等志愿者工作，同时还派出师生参加每年校内举行的各类会议的口译工作。

附：各专业描述

泰语专业

本专业于2010年招生，2015年通过校级专业评估，现已建设成为"云南省高校南亚东南亚语种人才培养示范点"。

定位与目标

响应"一带一路"倡议，结合学校"辐射南亚东南亚"及"教育国际化"的定位，培养专业基础扎实，具有较好人文素养、跨文化能力和国际视野的"泰语+专业方向（汉语国际教育、商务泰语）"的复合型高素质泰语人才。

师资情况

有专任教师9人，其中副教授1人、博士2人。此外，还有客座教授6人。师资队伍建设以校内、校外、国外"三位一体"为理念，聘请国内外专家驻校讲学，外派全体教师赴泰提升教学能力。教师获省级泰语翻译大赛二等奖1人次、校级教学比赛一等奖3人次、教学质量优秀特等奖和一等奖各1人次；主持省级及厅级科研、教改项目10余项，发表论文40余篇；有2人次获校级"我最喜爱教师"称号。

课程、教材及测试

低年级突出专业基础课程学习，实施"导师制"；高年级增设专业方向课程。执行泰语专业教材选用计划和选用制度，规划及优秀教材使用率达54%以上；制定大理大学泰语本科专业质量标准对学生进行追踪评测，并形成完整的测评报告。

就业情况

就业质量高、境外就业多。近3年就业率在96%以上，2017年就业率达100%。2016届毕业生境外就业率高达66%，多次获校级境外就业专项奖；累计20余名同学考取广东外语外贸大学、泰国东方大学等高校攻读硕士研究生。

专业特色

一是师德高尚、业务精湛。专任教师马丽亚于2018年入选教育部高等学校非通用语种类专业教学指导分委会委员，现任云南省非通用语教学指导委员会副主任委员，曾获云南省"师德标兵"。二是人才培养举措多、效果好，过级率高。举办"宋干小姐大赛""东南亚文化周"等校级品牌文化活动及"学生出国成果汇报会"；2016年承办云南省高校第四届南亚东南亚语种演讲比赛。学校共有4人次获得过省级泰语演讲比赛一等奖。三是教学水平和教学效果显著。2017年，专业四级过级率为74%、专业八级过级率为84%，居省内前列。四是教学资源丰富。建有东南亚文化室、泰语语言实训室、非通用语教学资源平台、同声传译室等。五是有平台，竞争力较强。以州校共建的大理面向南亚东南亚辐射中心（澜湄合作）研究院为平台开展区域与国别研究，使专业与学科互为支撑。六是教育国际化程度高。实行"3+1"的人才培养模式，先后与泰国吞武里皇家大学、帕纳空皇家大学、清迈大学等高校签订了合作协议，学生出国率达96%以上。

缅甸语专业

本专业于2017年开始招生，目前已招收3届学生。

定位与目标

响应"一带一路"倡议，结合学校"辐射南亚东南亚"及"教育国际化"的办学定位，培养专业基础扎实，了解商务专业相关知识，掌握相关国别与区域知识，具备外语应用能力、跨文化能力的"缅甸语+专业方向（商务缅甸语）"的复合型高素质缅甸语人才。

师资情况

本专业共有专任教师4人（含1名外教），均具有海外学习经历，其中硕士以上学历3人。此外，还聘有3位客座教授。师资建设以校内外、国外"三位一体"为理念，聘请国内外资深客座教授、专家授课与指导。

课程、教材及测试

对应复合型人才培养的目标，完善和优化课程体系，制定科学合理的人才培养方案。在课程体系中，优化外语、汉语水平及其运用能力，强化专业方向知识和技能；保证课程质量，制定缅甸语教研教材选用计划和选用制度，规划及优秀教材使用率达72%以上；制定大理大学缅甸语本科专业质量标准对学生进行追踪评测，强调形成性评价。

就业保障

本专业尚无毕业生，教学过程注重基础知识教学和学生实践能力培养。一是教学资源丰富，建有东南亚语言实训室、同声传译室、资料室、东南亚文化室等教学设施；二是实行早读制度、双考勤制度、导师制；三是整合国内外资源，聘请英语博士、教授、外籍教师，开设听说、翻译等英语课程，强化英语运用能力；已邀请北京大学姜景奎教授、洛阳外国语大学钟智翔教授、广东外语外贸大学林秀梅教授和黄进炎教授等专家驻校对专业建设和课堂教学进行指导和讲座，曾派教师赴北京外国语大学观摩学习；四是实施"3+1"人才培养模式，学校现与缅甸仰光外国语大学、仰光大学等高校签订了本专业合作办学协议；五是重视文化活动，丰富第二课堂，组织学生参加云南省南亚东南亚语种技能比赛，举办"东南亚文化周"等专业品牌活动。

专业特色

一是师资配比结构合理，硕士学位教师占75%，教师均有1年以上的赴对象国学习和工作经历，有客座教授3人；二是秉持校内、校外、国外"三位一体"的教师队伍建设理念，提升教师的教学能力；三是重视教育国际化，实施"3+1"人才培养模式；四是以州校共建的大理面向南亚东南亚辐射中心（澜湄合作）研究院为平台开展区域与国别研究，使专业建设与学科建设相互支撑。

滇西科技师范学院
非通用语种类专业建设和发展报告
（2003—2019）

一、历史概况

滇西科技师范学院位于滇西之南、澜沧江之滨的云南省临沧市。临沧位于祖国西南边陲，为中缅通衢，是中国面向南亚东南亚的"黄金口岸"，是云南省"一带一路"建设的前沿窗口。学校成立于1978年，历经临沧师专班、临沧教育学院、临沧师范高等专科学校，2015年经教育部批准成立滇西科技师范学院。近年来，学校以习近平新时代中国特色社会主义思想为指导，确立了"三性四群五工程"的办学定位和发展思路，秉承"立德修身、笃学尚行"的校训，不断彰显"地方性、应用性、开放性"的办学特色，立足滇西，面向云南，服务全国，辐射南亚东南亚，成为红土高原上一道亮丽的风景。

学校现有本科专业33个、专科专业65个，全日制在校生12000余人，生源遍及云南、山东、湖南、四川、重庆、贵州、广西等17个省区市，另有来自欧美、东南亚南亚、非洲等地留学生350余人。现有专任教师460余名，其中教授、副教授近200人，博士、硕士329人，"双师型"教师近300人。多名教师荣获百千万人才工程国家级人选、国家有突出贡献中青年专家、全国优秀教师、"国贴"专家、云南省"万人计划"教学名师、"省突"专家、"省贴"专家、省级优秀教师等各类荣誉称号。

滇西科技师范学院主动融入和服务国家战略，充分利用沿边地缘优势，于2003年成立缅甸语教研室，开启非通用语种类专业办学历程，至今已有17年的非通用语种办学历史，是云南省较早开办非通用语种类专业的高校之一，也是云南省教育厅批准的"云南省高校小语种人才培养示范点"（2012年获批）、"云南省高校南亚东南亚语种人才培养基地"（2013年获批）。截至2019年12月，滇西科技师范学院累计已培养应用缅甸语、应用泰语专业专科毕业生504人。

截至2019年12月，滇西科技师范学院共开设有非通用语种类本科专业2个，包括缅甸语、乌尔都语；开设专科专业4个，包括英缅双语教育、应用缅甸语、应用泰国语、应用老挝语、应用越南语。（详见表10-1）其中，缅甸语本科专业是学校4大专业集群中的"服务中缅通道建设专业集群"重点建设专业。

表10-1 各专业开设时间一览表

专业	开设年份	备注
英缅双语教育（五年制专科）	2003年	2007年暂停招生
应用缅甸语（三年制专科）	2010年	已暂停招生

续表

专业	开设年份	备注
应用泰国语（三年制专科）	2013年	已暂停招生
应用老挝语（三年制专科）	2014年	已暂停招生
应用越南语（三年制专科）	2014年	已暂停招生
缅甸语（四年制本科）	2017年	
乌尔都语（四年制本科）	2018年	2019年暂停招生

二、师资队伍

截至2019年12月，滇西科技师范学院在编非通用语专业5个语种专任教师12人。其中，具有硕士及以上学历教师共10人，占全部专业教师总人数的83.3%；具有副教授职称教师共2人，高级职称人数占全部专业教师总人数的16.7%。（详见表10-2）所有的非通用语种教师均有赴专业语种对象国高校留学、访学和进修的经历，年龄均在40岁以下，是一支以中青年教师为主体、朝气蓬勃的优秀师资队伍。

表10-2 专业教师职称、学历一览表

序号	语种专业	人数（人）	教授（人）	副教授（人）	讲师（人）	硕士（人）	本科（人）	高职称占比
1	缅甸语／应用缅甸语	5	0	1	4	4	1	20%
2	应用泰国语	4	0	1	3	4	0	25%
3	应用越南语	2	0	0	1	2	0	0
4	应用老挝语	1	0	0	1	0	1	0
	合计	12	0	2	9	10	2	16.7%

注：统计截至2019年12月。

聘请原中国国际广播电台乌尔都语主持Muhammad Tahir Chughtai、缅甸曼德勒大学缅文系副教授Myint Myint Khaing博士、缅甸曼德勒外国语大学缅文系副教授San Dar Oo博士等外籍教师共计9人。（详见表10-3）

表10-3 聘请各国外教人数一览表

聘请外教国籍	聘请外教人数（人）
泰国	3
缅甸	5
巴基斯坦	1
合计	9

注：统计截至2019年12月。

三、教学和人才培养

（一）历届学生培养人数

2003—2019年，滇西科技师范学院共培养缅语、泰语专科毕业生504名，现有应用泰国语专科以及缅甸语、乌尔都语本科在校生共132名。（详见表10-4）

表10-4 历届学生人数一览表

层次/学制	班级	毕业状态	缅甸语（人）	泰语（人）	乌尔都语（人）	年级合计（人）
专科/5年	2003级五年制英缅双语教育1、2、3班	已毕业	131	0	0	131
	2004级五年制英缅双语教育1、2班		84	0	0	84
	2005级五年制英缅双语教育1、2班		66	0	0	66
	2006级五年制英缅双语教育1、2班		48	0	0	48
专科/3年	2010级应用缅甸语	已毕业	21	0	0	21
	2011级应用缅甸语		18	0	0	18
	2012级应用缅甸语		18	0	0	18
	2013级应用缅甸语、应用泰国语		16	24	0	40
	2014级应用缅甸语、应用泰国语		7	9	0	16
	2015级应用缅甸语、应用泰国语		13	13	0	26
	2016级应用缅甸语、应用泰国语		17	19	0	36
	2017级应用泰国语	在读	0	25	0	25
	专科毕业人数合计	—	439	65	0	504
	专科在读人数合计	—	0	25	0	25
本科/4年	2017级缅甸语	在读	25	0	0	25
	2018级缅甸语、乌尔都语	在读	28	0	1	29
	2019级缅甸语、缅甸语专升本	在读	53	0	0	53
	本科在读人数合计	—	106	0	1	107

（二）积极探索人才培养模式

为加快适应"一带一路"建设需求的应用型人才的培养，提升东南亚语种人才培养质量，学校努力探索和创新人才培养模式，采取了"双语"培养、"语言+专业技能"复合型人才培养、"3+1"国际合作培养的模式，取得了较好效果。

1. 注重实践，提升应用能力

在注重课堂教学的同时，注重实践能力的提升。强化实践教学，通过"教学练做"一体化的人才培养模式的深化，合理安排课堂理论教学和实践教学，强化学生实践能力，提高学生的专业与实际应用水平。注重开辟第二课堂，组织学生参加口语角、口语比赛、写作比赛、书法比赛、词汇竞赛、情景剧比赛等语言文化体验活动。重视专业实训，按照教学计划进程安排，统一组织学生到校外、境外实习实训基地开展实习实训，并聘请安排专兼职教师进行实践教学和指导。（详见表10-5）

表 10-5 校外实训基地一览表

序号	基地名称	基地类型	实训项目
1	临沧市政府外办	稳定高效依托型	涉缅/泰事务认知实习、涉缅/泰事务工作实习、缅语/泰语培训、缅语/泰语翻译服务
2	临沧市政府侨办		
3	临沧市政府商务局		
4	临沧市公安局		
5	临沧市镇康县公安局		
6	南伞海关		
7	临沧国家级边境经济合作区管委会	稳定合作型	
8	孟定翻译协会		
9	临沧运通物流运输公司		
10	耿马县外贸公司		
11	临沧瑞娅丹玛信息咨询有限公司		
12	瑞丽文博翻译公司		
13	相约小筑饮食文化公司	动态遴选型	
14	南伞口岸南汀河外贸公司		

2. 开展国际交流，积极探索人才培养模式

学校充分利用沿边地缘优势，实施"走出去"战略，积极寻求同缅甸和泰国政府、学校、民间组织、企业之间的合作，通过领导互访、参加省政府教育代表团和临沧市政府代表团出访、与省市外办侨办合作等途径，在外教聘请、教师进修、学生留学、实习实训、毕业生就业、留学生招收、对外华文教育等方面的合作取得了很好的成绩。每年学校都将缅甸语专业、应用泰国语专业高年级学生送往缅甸、泰国学习，探索实施"2+1""3+1""2+2"国际合作培养模式。2012年至今，先后选送了34名缅甸语专业学生到缅甸仰光外国语大学、曼德勒外国语大学学习。2014年1月，学校又与泰国程逸皇家大学签订合作协议，就教师互派、互换留学生等方面达成合作；2015年至今，共选送了47名应用泰国语专业学生出国学习，泰方也向学校派遣了3名泰语外教。

3. 语言学习与专业理论技能学习相结合，培养综合性应用人才

学校积极探索实施"语言+专业"的人才培养模式，依托语言学语言、跳出语言学专业，积极整合校内外各类专业资源，为东南亚南亚语种专业学生开设商贸、法律、文秘、农学、物流、旅游、会计、对外汉语教学等专业知识与技术技能课程。在突出以语言学习为主的同时，将语言学习与相关专业以及涉外事务技能的学习相结合，如商务缅甸语/泰语、对缅/泰汉语教学、旅游缅语/泰语等职业方向，努力实践与探索能更好地培养出"一专多能"的语言应用能力强、高职专业知识足的综合应用型人才模式。

（三）专业建设成效

1. 积极争取国家和云南省专项资金，助力专业建设

学校在东南亚南亚语种人才培养工作中，注重以国家、省级项目的申报和建设来支撑和促进专业建设和教学改革。几年来，申报建设了中央财政资金支持项目"高职院校提升

专业服务产业发展能力应用缅甸语专业建设项目"、省级教学质量工程"缅甸语教研室和泰国语教研室建设项目"以及"小语种骨干教师培养项目""云南省高等学校小语种人才培养示范点项目""云南省高等学校东南亚南亚语种人才培养基地"。应用泰国语专业和应用老挝语专业获批"云南省高等学校东南亚南亚语种新专业支持项目",有力地支持了专业的建设和发展;有6名学生获得了"东南亚南亚语种优秀学生留学支持项目"支持,在专项资金的支持下,学生获得了到国外学习的机会,综合能力得到了极大提升。

2. 努力改善办学条件,保障人才培养质量

学校加大投入,建设了同声传译实训会议中心1个、视听室及微课录播室1间、东南亚语语音室2间、外语教学资源库1个、缅甸文化体验中心1个、泰国文化体验中心1个,从国外购买缅文、泰文书籍3000余册,极大地改善了非通用语种的教学和实训条件,为人才培养质量的提高提供了有力保障。

3. 开展国际合作,拓展人才培养模式

学校充分利用沿边地缘优势,实施"走出去"战略,积极寻求同缅甸/泰国政府、学校、民间组织、企业之间的合作,继续实施国际合作培养模式,有效提升了人才培养质量。截至2019年12月,学校已与缅甸仰光外国语大学、缅甸曼德勒外国语大学、缅甸曼德勒大学、缅甸腊戍大学、泰国清莱皇家大学、泰国程逸皇家大学、泰国博乐大学、老挝南塔师范大学等8所高校签订校际合作协议,保障了外教聘请和"3+1"国际合作人才培养模式的顺利开展。

4. 加强校本教材的开发,提升专业内涵建设

学校注重校本教材的开发,组织教师编写出版了《缅语报刊阅读技巧》、《缅甸语阅读教程》(第1—3册)、《泰语阅读教程》、《老挝概况》等教材。教材的开发编写极大地解决了学校东南亚语种教材稀缺的问题,提升了学校东南亚语种专业内涵的建设,有力推进了学校东南亚南亚语种人才培养工作。

表10-6 教材出版一览表(截至2019年)

序号	作者	教材	出版社	出版时间
1	王德仙、杨汉鹏	《缅甸语报刊阅读技巧》	云南大学出版社	2015年6月
2	杨汉鹏	《缅甸语阅读教程》(第一册)	云南大学出版社	2015年6月
3	杨汉鹏	《缅甸语阅读教程》(第二册)	云南大学出版社	2015年6月
4	杨汉鹏	《缅甸语阅读教程》(第三册)	云南大学出版社	2015年12月
5	李小梅、[泰] Alissara Kaewchanate	《泰语阅读教程》(第一册)	云南大学出版社	2016年5月
6	段莎力	《老挝概况》	云南大学出版社	2016年6月
7	高金和、李小梅	《傣族历史地理研究》	辽宁大学出版社	2011年12月

5. 提升社会服务能力,较好地服务于地方沿边开放和对缅交流合作

积极组织师生开展社会服务,提升专业服务能力。2011—2019年学校缅甸语专业师生承担多届亚洲微电影艺术节、临沧边境经济贸易交易会翻译志愿服务工作,参与地方政府各部门对缅交流合作翻译接待工作,长期承担涉外婚姻登记、涉外案件口笔译工作等等。师生在服务地方边境处突维稳、经济贸易、对缅交流合作等方面以及各类重大活动中在翻

译和涉外服务等方面发挥了重要作用，同时也极大地锻炼了师生的语言应用能力。

四、科研成果

学校非通用语种专业教师参与国家社科基金项目立项2项、云南省智库立项1项、国家民委民族理论政策研究基地项目立项1项、云南省哲学社会科学规划智库项目立项1项、云南省哲学社会科学规划项目立项2项、云南省教育厅科研项目立项1项，公开发表论文60篇。（详见表10-7）

表10-7 参与省级及以上科研项目一览表

序号	主持人	项目名称	项目来源	级别	立项时间
1	王德强	云南省智库：中国特色民族团结进步事业智库	云南省哲学社会科学规划办公室	省级	2017年
2	张礼芳	滇西边境地区移动互联网生态安全研究	云南省哲学社会科学规划办公室	省级	2017年
3	梅英	族际政治视域下的缅北冲突研究	国家社科基金项目	国家级	2018年
4	张礼芳	"中缅经济走廊"视域下的中缅职业教育交流与合作研究	国家社科基金项目	国家级	2018年
5	杨汉鹏	云南"直过民族"地区脱贫攻坚与乡村振兴战略协同实施的制度研究（云南省哲学社会科学规划智库项目）	云南省哲学社会科学规划办公室	省级	2018年
6	陈升雅	西方国家在缅北的文化传播现状调查研究（国家民委民族理论政策研究基地项目）	国家民委	省部级	2018年
7	陈升雅	西方国家对缅北山地民族的文化传播及影响研究（云南省哲学社会科学规划项目一般项目）	云南省哲学社会科学规划办公室	省级	2019年

附件：专业描述

缅甸语本科专业

专业描述

本专业依托区位地缘优势，积极主动融入"一带一路"建设，着力培养中缅通道建设急需的涉缅经贸、旅游、翻译、文秘、缅语教学、对外汉语教学等领域的应用型、复合型、创新型人才，为国家、省、市重大战略实施，以及沿边开放经济带和中缅通道建设提供人才保障。

专业概况

本专业2017年开始招生，为滇西边境民族地区培养了439名涉缅经贸、旅游、翻译、文秘、教育等领域的人才。目前有专任教师21人，其中缅语语言教师5人（包括副教授1人，硕士以上学位5人），聘请缅籍外教1人，外聘"双师双能型"行业专家4人。有同声传译室、语音室、视听室及微课录播室、缅甸文化体验中心等校内实验实训室5间，有临沧边境经济合作区、孟定翻译协会、镇康县公安局、耿马县进出口公司、临沧瑞娅丹玛信息咨询有限公司、瑞丽文博翻译公司等校外实习实训基地14个。

专业特色与人才培养模式

本专业紧紧围绕学校"地方性、应用性、开放性"办学定位与特色，按照社会各行业对缅语人才的需求条件制定人才培养模式、设置课程内容、改革教学方法，使培养的人才能较好适应市场需求。

第一，采用多元人才培养模式，培养复合型应用型缅语人才。①"缅语语言+专业技能"培养模式。在培养学生缅语基础知识和应用能力的同时，开设国际贸易、财务、法律、对外汉语教学、文秘、旅游等涉外事务相关知识课程和技能课程，培养学生一专多能的能力。②"缅语+英语"双语培养模式。在培养学生缅语基础知识和应用能力的同时，开设基础英语、高级英语、英语口语等英语课程，安排英语骨干教师和外籍教师授课，注重学生英语能力的培养。③"3+1"国际合作培养模式。本专业已同缅甸仰光外国语大学、曼德勒外国语大学建立合作关系，每年都选派大三学生赴缅留学，到纯缅语环境学习生活，提升缅语能力和文化素养。

第二，注重课内学习与课外实践相结合，强化语言应用能力。①开辟第二课堂，定期组织开展口语角、文化体验、口语比赛、写作比赛、配音比赛、外语歌曲大赛等专业实践活动。②有效利用校外实习实训基地，开展专业见习实习实训，培养并提高学生缅语语言应用能力和涉缅事务工作能力。③积极组织师生开展社会服务，提升专业服务能力。参与亚洲微电影艺术节、临沧边境经济贸易交易会翻译志愿服务工作，参与地方政府各部门对缅交流合作翻译及接待工作。缅甸语专业师生在服务地方边境处突维稳、经济贸易、对缅交流合作、各类重大活动中在翻译和涉外服务等方面发挥了重要作用。同时，也极大锻炼了师生的缅语应用能力。

专业建设成果

教学成果：本专业先后获批"中央财政支持高等职业院校提升专业服务产业发展能力——应用缅甸语专业建设项目"1项，以及"云南省高等学校小语种人才培养示范点""云南省高等学校南亚东南亚语种人才培养基地"等省级教学质量工程项目7项。

科研成果：本专业教师参与国家社科基金项目立项2项、云南省智库立项1项、国家民委民族理论政策研究基地项目立项1项、云南省哲学社会科学规划智库项目立项1项、云南省哲学社会科学规划项目立项2项；编写出版《缅文报刊阅读技巧》《缅甸语阅读教程》（1—3册）等教材4本；公开发表论文36篇。

执笔人：杨汉鹏

云南大学滇池学院
非通用语种类专业建设和发展报告
（2007—2019）

一、历史概况

云南大学滇池学院创办于2001年，是由国家"双一流"大学云南大学申办、教育部批准设立的云南省规模最大、人才培养质量一流的独立学院。云南大学滇池学院是全省被教育部授予"毕业生就业典型经验高校""深化创新创业教育改革示范高校""创新创业典型经验高校"称号的三所学校之一。在4届"互联网+"大赛中共获得3个全国金奖，金奖数超24所"985"学校，在全国高校位居第15名；3次代表参赛高校分别向国务院副总理刘延东、孙春兰汇报成果。招生录取分数连续多年明显高于全省同类高校。

云南大学滇池学院的非通用语种教学始于2007年的泰语公选课。非通用语种专业始建于2010年，设立在外国语学院。2010年开设英泰双语本科专业，同年开始招生，已于2013年停止招生；2011年开设越南语专业，同年开始招生，2016年已停止招生；2013年增设泰语专业，于同年开始招生，至今持续招生。截至2019年12月，云南大学滇池学院共培养非通用语种专业学生以及选修非通用语种作为大学外语、第二外语和公选课程学习的学生，共计1342人。

云南大学滇池学院非通用语种专业是2013年获云南省教育厅批准的"云南省高等学校东南亚南亚语种人才培养示范点"建设专业。同年，泰语专业获批"东南亚南亚语种新专业支持计划"项目。

云南大学滇池学院非通用语种专业以"立足云南，面向东南亚，服务东盟'一带一路'建设"为宗旨，始终遵循"教学是中心、质量是关键、队伍是重点、特色是出路、创新是动力"的办学理念。云南大学滇池学院积极推进东南亚语人才培养工作，在立足东南亚语种专业建设的同时，不断创新人才培养模式，经过12年的建设发展，人才培养质量不断提高。

二、人才培养和教学

云南大学滇池学院自成立泰语和越南语两个本科专业以来，始终遵循"教学是中心、质量是关键、队伍是重点、特色是出路、创新是动力"的办学理念，坚持培养政治思想合格、外语基础厚实、专业技能扎实、职业素养和人文素质高、能在"桥头堡"建设以及中国—东盟自由贸易区中发挥重要作用的复合型东南亚语高级专门人才。

（一）历届学生培养人数

截至2019年12月，云南大学滇池学院外国语学院共培养非通用语种专业毕业生514人，包括泰语专业、越南语专业、英泰双语专业。

表格11-1 非通用语种各专业历届学生人数一览表

级别	泰语（人）	越南语（人）	英泰双语（人）
2007级	0	0	0
2008级	0	0	0
2009级	0	0	0
2010级	0	0	58
2011级	0	55	34
2012级	0	24	25
2013级	32	12	0
2014级	35	16	0
2015级	40	12	0
2016级	54	0	0
2017级	46	0	0
2018级	33	0	0
2019级	39	0	0
合计	278	119	117

注：统计截至2019年12月。

（二）"外语+专业"复合型人才培养模式

云南大学滇池学院非通语种专业立足于"职业为导向，分类培养应用型、复合型人才"的培养目标，经过数次修订，最终制订了一套科学合理、较为完善、执行良好的人才培养方案。

在课程设置方面，建立了通识教育课程、专业必修课程、实践技能公选课程、实践技能限选课程4个模块相辅相成的课程体系。在技能素质公选课程模块开设了国际贸易、汉语国际教育、教育学和旅游管理4个方向的课程，使学生可以掌握1门外语以外的专业知识，以提高学生的职业技能，增强学生的职业胜任能力和就业竞争能力；实现了对学生的分类引导、分流培养、分层教学，为"外语+专业"的复合型人才的培养保驾护航。截至2019年12月，在"外语+专业"复合型人才培养模式下，培养了泰语专业学生278人、越南语专业学生119人。

（三）英泰双语专业培养模式

2010年，学校申报英泰双语本科专业，并于同年获准开设。截至2019年12月，共培养了英泰双语本科毕业生学生117人，其中2010级58人、2011级34人、2012级25人。该培养模式旨在培养学生的双语跨文化交际沟通的能力，以满足当今社会，尤其是云南省作为东南亚、南亚大通道对双语人才的需求。

（四）"2+1+1"本科人才培养模式

学校泰语专业、越南语专业和英泰双语专业采用"2+1+1"本科人才培养模式，即学生一二年级在本校着重于语言基本功的训练，学习泰语和越南语听、说、读、写、译初级课程；三年级到对象国提升学习，提高专业综合素质，并能更直接地接触到对象国语言文字、风土人情，检验在国内的学习成效，以真正达到学以致用；四年级着重巩固专业听、说、读、写、译语言技能的提升。截至2019年12月，学校共派送350名学生至对象国高校学习深造，其中包括派送到泰国清迈大学和泰国孔敬大学的泰语专业学生207人、派送到泰国清迈大学的英泰双语专业学生25人、派送到越南河内国家大学下属人文社会科学大学的越南语专业学生118人。

（五）专业实习

学校非通用语种专业已有泰国孔敬大学、云南省翻译工作者协会和云南智泉翻译有限公司等5个国内外实习基地。其中，在泰国孔敬大学建立的实践基地可为学校泰语专业学生提供在当地政府各部门、幼儿园、中小学、高校行政部门、机场、五星级酒店、银行、医院等工作单位进行为期4—6周的正规社会实习的机会，期间对学生的实习工作进行了阶段性三方评估。通过实习实践，学生的泰语听、说、读、写、译等的语言技能得到了提升，提高了学生对职业工作要求的认识以及学生的处事能力和应变能力，同时学校到岗实习学生均得到了泰国各实习单位的好评。截至2019年12月，学校已经派送175名泰语专业学生到岗实习。

（六）第二课堂实践教学

学校泰语和越南语专业非常重视培养学生的语言实践能力，实践教学学分占比高达54.6%。从入学开始便重视培养学生用泰语交流的习惯，积极开展内容丰富的第二课堂，如形成每日早读晚习、课外辅导、东南亚语角、学院年度外国戏剧节、泰语和越南语专业联谊活动、朗诵比赛、演讲比赛、影视作品配音比赛、书法比赛、歌曲演唱比赛、讲故事比赛、辩论赛、旅游景点讲解比赛、学术讲座以及中国高校学生泰语演讲、泰语技能比赛及云南省东南亚语演讲比赛等。

2019年4月，云南省非通用语种类专业教学指导委员会和云南省外语教育学会、泰国孔敬大学和云南大学滇池学院共同举办了第十届中国高校学生泰语演讲、泰语技能大赛，来自全国31所高校的204名选手齐聚滇院。此次比赛包含了泰语演讲、泰语书法、泰语故事演说、泰语歌唱4项赛事。来自各高校的泰语专业学生都展现出了极高的泰语口语表达能力，演讲、演说内容丰富多彩，包括了泰国传统文化、文学作品、风土民情和历史经济等等。此次大赛展示了当代泰语学子的风采，提高了国内泰语学生的泰语演讲能力、泰语综合运用能力、思辨能力、交际能力和创新能力，为泰语专业学生搭建了一个良好的泰语学习和交流平台，提升了其学习兴趣以及加深了其对泰国文化的了解，更促进和推动了国内外各高校泰语专业的友好交流，增进了中泰高校间的互信与合作，同时也展现出云南大学滇池学院泰语专业高质量的教学水平。

（七）人才基地

学校非通用语种专业在2013年—2019年间，共选派了8名泰语专业和越南语专业优秀在校学生参与设立在云南民族大学南亚东南亚语言文化学院的"东南亚南亚语种优秀翻译人才培养基地班"项目，并顺利毕业走向社会岗位。

（八）教学成果突出

学校非通用语种专业成立至今，在学校、学院以及非通用语种专业老师们厚基础、重实践的培养方法下，在各类专业比赛和专业等级考试方面，都取得了较好的成绩。

表11-2 云南大学滇池学院非通用语种各专业学生获奖一览表

获奖人	年份	项目名称	名次
王昌浩宇	2013	第六届全国大学生越南语演讲大赛	优秀奖
许晓婕	2013	第六届全国大学生越南语演讲大赛	优秀奖
肖立	2013	云南省高校第二届东南亚语种演讲比赛——泰语非专业组	三等奖
黄琦	2013	云南省高校第二届东南亚语种演讲比赛——越南语专业组	优秀奖
周徽园	2014	云南省高校第三届东南亚语种演讲比赛——越南语专业组	三等奖
杨鸿运	2014	云南省高校第三届东南亚语种演讲比赛——泰语非专业组	三等奖
曾云燕	2015	第七届全国大学生越南语演讲大赛	三等奖
罗琴	2016	云南省高校第四届东南亚语演讲比赛——泰语专业组	优秀奖
龙珍贵	2016	云南省高校第四届东南亚语演讲比赛——越南语专业组	三等奖
龙珍贵	2017	第八届全国大学生越南语演讲大赛	三等奖
玉应坎	2017	云南省高校第五届东南亚语演讲比赛——泰语专业组	三等奖
罗琴	2018	第九届中国高校学生泰语演讲、泰语技能比赛——泰语演讲比赛	一等奖
王抒颖等3人	2018	第九届中国高校学生泰语演讲、泰语技能比赛——泰语歌唱比赛	一等奖
玉应坎	2018	云南省高校第六届东南亚语演讲比赛——泰语专业组	一等奖
马子鸣等6人	2019	第十届中国高校学生泰语演讲、泰语技能比赛——泰语歌唱比赛	一等奖
玉应坎	2019	第十届中国高校学生泰语演讲、泰语技能比赛——泰语演讲比赛	三等奖
庞倩	2019	第十届中国高校学生泰语演讲、泰语技能比赛——泰语讲故事比赛	三等奖
金虹辰	2019	云南省高校第七届东南亚语演讲比赛——泰语专业高年级组	三等奖

表11-3 云南大学滇池学院非通语种各专业教师获奖情况统计表

获奖人	年份	项目名称	名次
王秋菊	2014	云南省高校第三届东南亚语演讲比赛——泰语非专业组指导教师	三等奖
王秋菊	2014	云南省高校首届口译大赛	优秀奖
陆家荣	2014	云南省高校第三届东南亚语演讲比赛——越南语专业组指导教师	二等奖
陆家荣	2015	第七届全国大学生越南语演讲大赛指导教师	三等奖
陈芸	2016	云南省高校第四届东南亚语演讲比赛——越南语专业组指导教师	三等奖
保德娇	2016	云南省高校第四届东南亚语演讲比赛——泰语专业组指导教师	优秀奖
陈芸	2017	第八届全国大学生越南语演讲大赛指导教师	三等奖
王秋菊	2017	云南省高校第四届东南亚语演讲比赛——泰语专业组指导教师	优秀奖
保德娇	2017	云南大学滇池学院青年教师讲课比赛	二等奖
保德娇	2018	第九届中国高校学生泰语演讲、泰语技能比赛——演讲比赛指导教师	一等奖
保德娇	2018	第九届中国高校学生泰语演讲、泰语技能比赛——泰语歌唱比赛指导教师	一等奖
王秋菊	2018	云南省高校第六届东南亚语演讲比赛——泰语专业组指导教师	一等奖
保德娇	2019	第十届中国高校学生泰语演讲、泰语技能比赛——泰语歌唱比赛指导教师	一等奖
刘秋君	2019	第十届中国高校学生泰语演讲、泰语技能比赛——泰语演讲比赛指导教师	三等奖
保德娇	2019	第十届中国高校学生泰语演讲、泰语技能比赛——讲故事比赛指导教师	三等奖
保德娇	2019	云南省高校第七届东南亚语演讲比赛——泰语专业高年级组指导教师	三等奖

表 11-4　非通语种各专业学生参加等级考试过级率一览表

年份	专业四级		专业八级	
	泰语	越南语	泰语	越南语
2015	70.83%	91.67%	—	—
2016	90.74%	93.33%	34.78%	54.55%
2017	88.89%	81.82%	59.26%	15.38%
2018	76.27%	—	60.53%	60%
2019	68.42%	—	42.22%	—

表 11-5　非通语种专业学生升研率一览表

年份	泰语	越南语
2015	—	5.6%
2016	—	12.5%
2017	15.6%	—
2018	8.6%	12.5%
2019	17.1%	16.7%

（九）东南亚语公选课培养模式

除了泰语专业、越南语专业和英泰双语专业以外，云南大学滇池学院还有东南亚语公选课培养模式。2012年，开始配合大学外语教学部开设"大学东南亚语种课程"作为学生的大学外语课程，替代英语课程。截至2019年12月，共培养选修泰语方向的学生205人、选修越南语方向的学生106人，共计培养311人。

2013年，开始在外国语学院英语专业和商务英语专业开设"二外泰语""二外越南语"两个语种的东南亚语课程。截至2019年12月，选修泰语方向的学生102人、培养选修越南语方向的学生53人，共计培养155人。

从2007年开始，在全校范围内每学期开设两个班级的东南亚语种相关公选课，如泰语、大学泰语入门、越南国家概况等。截至2019年12月，选修泰语方向的学生共243人、选修越南语方向的学生共119人，共计有362人选修并完成了相应课程的学习。

以上3种类型的东南亚语公选课培养模式，增强了学生的外语技能，拓宽了学生的视野，让更多的学生接触到周边国家的语言文化，从而提高了自身的社会竞争力，提高为"云南加快建设我国面向西南开放重要桥头堡"建设服务的能力。

三、师资队伍

学校非通语种专业自建设以来就把教师队伍建设作为专业建设的重点，结合专业发展需求和教学工作需要，我们有计划地采取接收硕士及以上学位毕业生或者教师的方式来引进适合非通用语种各专业发展的人才充实到教师队伍里，并通过各种培养形式提高教师队伍的思想政治素质，加强教师的专业基础理论知识，进而提高其教育教学技能。

目前，学校已逐步形成一支基本能够满足非通语种专业建设发展的师资队伍。教师队伍的职称结构、年龄结构、学缘结构都比较合理。教师专业素质高，专业背景与教学匹配度100%。现有非通用语教师5人，其中讲师4人、助教1人，全部具有硕士及以上学位。针对非通用语种专业师资队伍年轻、教学和管理经验不足、职称偏低等情况，通过聘请兼职学科带头人、学术骨干和特聘教师，带领和指导非通用语种的教学和科研工作。目前已聘请学科带头人、学术骨干各1名，特聘教师3名。

四、科学研究

学校非通用语专业师资团队存在整体较为年轻、缺乏高级职称的问题，科学研究还比较薄弱。但学校及学院大力支持和鼓励非通用语种专业教师投入科研工作，泰语专业和越南语专业教师在学校青年教师导师制的培养下、在学科带头人和学术骨干的指导下、在东南亚语教研室的带领下，积极参与个人和集体科学研究、校内外学术讲座、各类培训等活动，教师们的专业素养和科研水平不断提升，并积极在各学术期刊发表学术论文，截至2019年12月，共发表学术论文18篇。

表11-6 质量工程、科研立项项目一览表

姓名	年份	项目名称	项目级别
周宝娣	2013	云南省高等学校东南亚南亚语种人才培养示范点	省级
周宝娣	2013	云南省高等学校泰语新专业支持计划	省级
陈芸	2016	越南汉文传奇小说《传奇漫录》研究	厅级
袁嘉	2015	转型发展中越南语专业"应用技术型"实践教学体系构建	校级
王秋菊	2018	翻转课堂模式下泰语语音教学的新探	校级

表11-7 非通用语种专业教师参加校外学术活动情况一览表

姓名	年份	会议及培训类型	主办单位
陆家荣	2013	越语、泰语教学研讨会	重庆大学出版社
王秋菊	2014	第四届全国非通用语青年骨干教师高级研修班	中国非通用语教学研究会
保德娇	2014	第二期云南省高等学校小语种教师培训项目	云南省教育厅
王秋菊	2015	"泰语研究在中国 开拓、发展与创新"学术研讨会	中国非通用语教学研究会联合北京大学
王秋菊	2015	中国非通用语教学研究会泰语分会第五次学术研讨会	中国非通用语教学研究会泰语分会
保德娇	2016	第一届中国泰语教师提升培训	泰国玛希隆大学
保德娇	2018	第二届全国非通用语种专业学科建设研讨会	对外经贸大学

表11-8 学校举办的非通用语种专业学术活动一览表

年份	讲座名称	主讲人
2013	越南概况与越南语学习	云南民族大学东南亚南亚语言文化学院吕士清教授
2018	平安留学	教育厅对外交流中心袁媛老师
2019	泰语演讲技巧	泰国孔敬大学人文学院泰语专业副教授
2019	泰语语音文字系统	云南民族大学南亚东南亚语言文化学院院长陆生教授

五、教学条件

目前，学校非通语种专业已建成凌极、蓝鸽、雅信达3个语言教学平台，拥有数量充足、设备先进、功能齐全的语音教室和语言实验室，满足了泰语专业和越南语专业学生的课后自主学习需求。另外，构建了外语学院东南亚语文化室，室内配备先进的电子设备、泰国文化用具、图书以及影像资料，文化室及图书馆共有泰语和越南语藏书各千余册。以上设备和物资为泰语专业和越南语专业教师和学生提供了良好的教与学支持。

六、国际交流

学校十分重视国际合作的发展，不断加强与泰国和越南合作办学高校之间的联系，建立具有国际化标准的学习平台，进一步提升了学院非通用语种专业人才培养质量。2011—2019年，由校领导带队先后多次访问泰国清迈大学、孔敬大学和越南河内国家大学下属人文社会科学大学，并在学生培养、教师进修和学术合作方面达成了合作共识，签订合作备忘录，建立了良好的合作关系。

同时，学校接待来自泰国清迈大学、清莱皇家大学、孔敬大学以及越南河内国家大学下属人文社会科学大学等高校的来访共6次，每次双方都对现有的合作项目进行了深入交流，并对其他合作办学项目的可行性做了深层次探讨。与泰国清莱皇家大学积极探讨"2+2"双学位教学模式，并在云南大学滇池学院开展泰国清莱皇家泰语等级考试（CRRU thai-test）。

七、社会服务

2016年，学校选派了1名泰语专业优秀在校生到第三届昆明美术双年展"河流之上"做泰语交传翻译；2019年，选派了8名泰语专业学生为南亚博览会暨昆明进出口商品交易会提供语言志愿者服务；2019年，选派5名泰语专业优秀在校生为2019年"泰国节"开幕式进行泰国传统文化展演。

八、就业

在学校创新创业教育、就业帮扶、就业指导等政策的帮助下，学校非通用语种专业毕业生的就业情况呈现就业率高、质量好、就业方向多样化的较好态势，就业方向包括：机关单位、国企、教育类行业、商务和法律类行业、境外就业和自主创业等。泰语专业近3年就业率为100%、97.14%、100%，越南语专业2016年、2017年的就业率分别为95.8%和100%。

附：各专业描述

泰语专业

云南大学滇池学院泰语专业成立于2013年，是外国语学院下设的4年制本科专业，为"云南省高等学校东南亚南亚语种人才培养示范点"建设专业，目前拥有一支学缘结构合理、专业素质高、责任心强的专业教师队伍。本专业教学配备有完善的语言实验室和网络平台等，强调培养复合型泰语应用人才，重视实践教学。历届毕业生升研率平均达到13%以上。平均就业率超过99%，毕业生广受用人单位好评。学生获得过多项国家级和省级泰语竞赛奖项。

培养目标

本专业致力于培养具有正确的世界观、人生观和价值观，爱国主义情怀和良好的道德品质；具备泰语听、说、读、写、译等扎实的基本功，掌握对象国和地区语言、文学、历史、政治、经济、文化、宗教、社会等方面专业知识；储备有对外汉语教学、旅游管理、国际贸易或教育方向专门知识；具有国际视野，通晓国际规则，能够参与国际事务，适应我国对外交流和经济发展的政治思想觉悟、专业能力精、文化素养高的"外语＋专门知识"高素质复合型应用人才。

就业方向

本专业学生毕业后能到国内行政部门、外事外贸公司、涉外机构、商务管理公司、高级酒店、国际对外广播电台、专业翻译机构、出版社、旅游公司、对象国学校和企业等，承担管理、翻译、外贸洽谈、文秘、驻外商务代理、涉外公关、涉外导游、泰语教学、对外汉语教学或科学研究等相关工作。

专业特色

（1）以云南省高等学校东南亚南亚语种人才培养示范点、东南亚南亚语种特聘教师支持计划、东南亚南亚语种优秀翻译人才培养等质量工程项目建设为依托，积极开展专业建设与改革。

（2）复合型人才培养质量好。坚持以区域经济发展需求和职业为导向，完善了"泰语＋国际贸易/旅游管理/国际汉语教育/教育学"课程体系，将社会主义核心价值观和"一带一路"倡议与专业课内容相融合并贯穿教学全过程，有利于促进跨学科知识融通，更好地支撑人才培养目标，提高学生的就业质量。

（3）国际合作办学水平高。本专业采用"2+1+1"人才培养模式，本专业100%的学生赴泰国学习，截至2019年12月，已派遣5届学生。同时，学校和孔敬大学合作建立了"实习基地"，为学生提供不少于4周的在泰国政府机构单位实习的机会，实习管理制度规范，拓展了学生的工作能力和国际视野。

（4）注重实践教学。实践教学学分占比达54.6%，已建成凌极、蓝鸽和雅信达3个语言教学平台；有泰国孔敬大学、云南省翻译工作者协会和云南智泉翻译有限公司等多个国内外实习基地。课内外建立多样化的学习制度，以不断加大实践教学力度，如班级语伴、早读晚习、辅导答疑、泰语文化角、泰语各类技能比赛等。

（5）教学管理严格。泰语专业结合学校要求和专业实际情况，形成了规范的同行听课、教学督导查评、青年教师导师制、月度教研活动、阶段性教学检查、周期性第三方评估等制度，对教师的教学态度、业务素质、教学成果进行多维度全方位的量化考核与评比，以提高教师的教学水平，保障教学质量。

越南语专业

越南语专业成立于2011年，为"云南省高等学校东南亚南亚语种人才培养示范点"建设专业。本专业积极构建"越南语+专业"的分流培养模式，因材施教，培养具有良好综合素质的应用型越南语人才。

培养目标

本专业培养具有扎实的越南语语言基础，掌握商务、旅游或对外汉语教学等一门专门技能的复合型人才。本专业的学生应具有较强的越南语语言应用能力，掌握国际贸易、旅游管理、对外汉语教学方面的专门知识技能，掌握一定的第二外语能力，熟练掌握计算机应用技能。

专业特色

（1）专业课程与经济、文学、管理等学科的融合度高。实行"外语+专门知识"的复合型人才培养模式，要求学生除掌握越南语专业知识外，还需在国际贸易、旅游管理、汉语国际教育和教育学4个学习方向中选修其一，形成学生分类培养的教学特色。

（2）国际合作办学质量好。与越南河内国家大学下属人文社会科学大学签订联合培养协议，实行"2+1+1"人才培养模式，让学生能更直接地接触、了解和学习对象国语言、文化、风俗。

（3）师资队伍多样化。有针对性地选聘国内外越南语专家学者，帮助本校年轻教师提升业务能力和教学水平。共选聘越南外教6人、学术骨干1人、特聘教授3人到校任教、开设讲座和指导专业建设工作。

（4）重视创新和实践环节。越南语专业积极开展课内外、校内外的实践教学活动，培养学生的学习自主性和能动性。课堂上根据课程类型和学生特点，开设课前5分钟专题活动，鼓励学生围绕所学知识自主展开话题讲演；课后，通过早读、晚自习、专业活动、外国戏剧节等第二课堂，提高学生学习主动性和语言实际运用能力。

执笔人：保德娇

楚雄师范学院
泰语专业建设和发展报告
（2011—2019）

一、历史概况

楚雄师范学院是云南省属全日制普通本科高校。2001年5月，经教育部批准，在原楚雄师范高等专科学校和楚雄民族师范学校合并的基础上组建成立。2009年荣获中央文明委授予的"全国文明单位"称号，是云南省高校中第一家获此殊荣的学校。2010年通过了教育部本科教学合格评估。2014年被教育部列为"卓越小学教师培养计划改革项目"国家级项目单位。2015年获批为云南省地方大学应用型整体转型改革试点高校。2016年"教育学"入选云南省一流学科（高原学科）建设项目。2017年被中央文明委授予"全国文明校园"，是云南省唯一获此殊荣的高校。2018年顺利通过教育部本科教学工作审核评估。目前，正在着力建设教师教育特色鲜明的高水平应用型大学。

楚雄师范学院仅开设有泰语一个非通用语种专业。楚雄师范学院泰语专业于2010年获教育部批准设立、2011年首届招生。2015年因人才培养方案调整而停招两年，2017年恢复招生，2018年建立了泰语系。泰语系根据社会需求的现实，结合学校"思想品德优、专业基础实、职业能力强、综合素质高、工作适应快"的办学目标，始终坚持培养具备较高泰语语言文化素养、专业能力强的语言应用型人才为己任。

二、师资队伍

截至2019年12月，楚雄师范学院有在编泰语教师4人。

其中，具有博士学位（包括在读博士）教师1人，具有硕士学位教师共3人。

学院泰语教师毕业于云南民族大学、泰国东方大学，所有的泰语专业教师均有赴专业语对象国高校留学、访学和进修的经历，所有教师年龄均在40岁及以下，是一支以中青年教师为主体、朝气蓬勃的优秀师资队伍。

学院每年从与学校签订合作备忘录的泰国高校聘请外籍教师到校任教。2011—2019年，学院正式聘请泰国外籍教师共计8人。

楚雄师范学院目前已与泰国的5所高校签订了校际合作协议，分别是泰国东方大学、泰国清迈大学、泰国清莱皇家大学、泰国格乐大学、泰国宋卡王子大学，与对象国高校建立起良好的教学合作关系，保障了学院聘请泰语专业外教的工作和"3+1"人才培养模式的顺

三、教学和人才培养

楚雄师范学院自2011年招收第一批泰语专业本科生以来，不断探索和完善人才培养方案，积极主动开展教学质量工程建设项目，鼓励教师做好教学工作的同时申请省级、校级科研项目。同时依托国内外的联合办学优势，努力探索建立新的人才培养模式。按照云南省非通用语种教学质量标准，积极参与云南省非通用语等级考试，满足"一带一路"建设、云南省面向南亚东南亚辐射中心建设对语言人才的需求。

楚雄师范学院泰语专业实施"应用型"人才培养模式，在2011年版泰语专业人才培养方案的基础上，于2015年初对人才培养方案中的培养目标、课程设置、学分设置等进行了修订，主要以培养深厚的泰语功底、较强的泰语运用能力，具有扎实的泰语听、说、读、写、译技能，具备国际化视野和经历的泰语本科应用型专业人才。在2019年版人才培养方案中，延续了之前几个版本的人才培养方案中扎实专业基础知识的同时，还加强泰语运用能力训练。

楚雄师范学院泰语专业注重学生"创新、创业"知识能力的培养，积极鼓励学生申请大学生"双创"项目，获得省级双创项目立项两项。有3名教师参加了国内外泰语教学技能培训项目。依托省政府"东南亚南亚语种优秀学生留学项目"和"东南亚南亚语种优秀翻译人才培养计划"，鼓励学院东南亚南亚语种学生积极申报，2013—2016年，学院共有8名学生获得项目资助。

2011—2019年，有5名泰语专业学生荣获5届云南省东南亚语演讲比赛优秀奖，1名学生荣获云南省东南亚语演讲比赛泰语非专业组优秀奖，1名学生获得第一届翻译比赛优秀奖，8名学生参加"孔敬杯"泰语技能大赛中的讲故事、唱泰文歌、泰文书法和演讲比赛获优秀奖；对应的指导教师也获得了相应奖项的优秀指导教师奖，1名教师获得第一届翻译比赛优秀奖、学校教学比赛二等奖。

（一）历届学生培养人数

2011—2019年，楚雄师范学院泰语专业学生共计毕业4届本科（四年制）134名学生。

表12-1 历届学生人数一览表

层次/学制	届别	泰语（人）	合计（人）
本科/4年	2011级/2015届	39	39
	2012级/2016届	32	32
	2013级/2017届	31	31
	2014级/2018届	32	32
	2017级	26	26
	2018级	36	36
	2019级	48	48

续表

层次/学制	届别	泰语（人）	合计（人）
本科规模	本科毕业	134	134
	本科在读	110	110
总计	毕业学生总数	134	134
	在读学生总数	110	110

注：统计截至2019年12月。

（二）"3+1"本科人才培养模式

楚雄师范学院自2011年以来，不断完善泰语专业的"3+1"人才培养模式，即本科学生第一、二学年在国内学习，之后依托学校与对象国高校签订的合作培养协议，把泰国学校作为泰语教学和实习实践基地，本科三年级学生到对象国高校留学1年，回国后在本科第四年完成毕业论文撰写和就业。通过4届学生在语种对象国的留学和实习，学生开阔了眼界，学习了泰国语言文化的同时，也培养了学生的国际化视野，有助于学生的就业选择和综合素质的提高。

2013年，楚雄师范学院首次派出泰语专业2011级学生39人赴泰国清莱皇家大学人文学院留学；2014年，泰语专业2012级学生32人赴泰国清莱皇家大学人文学院留学；2015年，泰语专业2013级学生31人赴泰国清莱皇家大学人文学院留学；2016年，泰语专业2014级学生32人赴泰国清莱皇家大学人文学院留学；2019年，泰语专业2017级学生26人赴泰国清迈大学学术中心留学。

（三）教学质量工程项目及教材建设

楚雄师范学院于2014—2015年申请了"云南省高等学校东南亚南亚语种特聘教师支持项目"，特聘泰国清莱皇家大学Teerarat Jabjanai老师到学校为泰语专业教学，并协助学校泰语青年教师开展科研工作和学生专业实践活动。根据学生的实际情况和学校第二外语泰语的教学情况，教研室计划在2020—2022年编写1—2部教材。

（四）奖学金项目

楚雄师范学院自2013年开始申请"云南省高等学校东南亚南亚语种优秀学生留学支持项目"，截至2019年12月，楚雄师范学院共有8人享受该项目奖学金支持赴泰国留学。（详见表12-2）

表12-2 2013—2019年获得东南亚南亚语种优秀学生留学支持项目奖学金人数一览表

专业年份	人数
2013年	2人
2014年	2人
2015年	2人
2016年	2人
合计	8人

注：信息统计截至2019年。

（五）人才培养基地建设

2011—2019年，楚雄师范学院在泰国清莱皇家大学建立了"泰语专业实习实训基地"，为学生在国外的泰语技能实践和专业实习提供了平台。学院一直以来坚持与泰国高校开展交流合作，整合中泰两国教学资源，与泰国合作院校制定课程体系接轨、学习内容衔接的人才培养方案；整合教学资源，优化课程体系，开展教改实践，构建国内国外学习结合、理论与国外实践交叉的泰语人才培养体系。通过多年的实践，学院人才培养层次和人才培养质量得到了提高。

（六）就业工作

学校泰语专业2011级毕业生就业率达97.44%、2012级毕业生就业率达96.40%、2013级毕业生就业率达96.56%、2014级毕业生就业率达96.88%，学生主要在国内各大城市和泰国就业，就业方向为（中国）企业翻译、教师、物流等，以及（泰国）公司翻译、中文教师、高校外教等。目前有14名同学考取了国内外知名高校研究生，其中云南师范大学1人、云南民族大学4人、泰国东方大学2人、泰国清莱皇家大学1人、泰国曼谷大学3人、泰国兰实大学3人。

（七）办学基础设施建设

泰语专业依托楚雄师范学院外国语学院办学，配备有2间多媒体语音教室、1间泰国文化体验室，为了方便学生开展泰国文化活动，还配备了一批泰式服装和饰品，使得泰语专业第二课堂的课堂建设日趋丰富。

四、科学研究

学校积极鼓励泰语专业教师申报国家级、省部级科研项目，但由于专业教师梯队尚未形成，缺乏前期科研成果，目前尚未有校级以上的科研项目。泰语专业教师一直致力于人才培养的专业教学，积极在各大学术期刊上发表学术论文，截至2019年，发表学术论文9篇。

表12-3 泰语专业教师发表学术论文

序号	论文作者	论文题目	期刊名称	期次
1	黄栋	泰国短篇小说集《同一条胡同》的社会现实意义探析	《名作欣赏》	2019年第12期
2	耿江华	泰语对英语借词送气辅音的语音匹配	《西昌学院学报》（社会科学版）	2009年第2期
3	耿江华	泰语声调迁移对英语借词重音的影响	《教育教学论坛》	2013年第38期
4	耿江华	基于对比分析模式下的云南方言对泰语语音学习的负迁移研究	《云南教育·高教研究》	2017年第2期
5	李静	浅谈汉泰定语和中心语的对比研究	《科学导报》	2014年第4期

续表

序号	论文作者	论文题目	期刊名称	期次
6	李静	汉泰定语对比研究	《云南教育·高教研究》	2015年第5期
7	李静	汉泰第一人称代词对比分析研究	《楚雄师范学院学报》	2016年第2期
8	周晓燕	The relationship between satisfaction and student achievement of Chinese students of International College Burapha University	《泰国东方大学教育管理学报》	2013—2014年第8年第1期
9	周晓燕	泰语声调教学方法浅谈	《楚雄师范学院学报》	2014年第8期

五、对外交流

楚雄师范学院通过"3+1"人才培养模式等学生派出项目，与泰国高校开展交流与合作，这些国外高校包括泰国东方大学、泰国清莱皇家大学、泰国清迈大学等，这为泰语专业的人才培养工作的顺利开展提供了有力保障。

六、社会服务

楚雄师范学院积极主动在新时期融入"一带一路"建设，积极投入云南省面向南亚东南亚辐射中心的建设，广泛服务国家战略和地方社会经济建设。2014—2019年选派泰语专业学生为南亚博览会暨昆明进出口商品交易会提供志愿者服务，同时参加泰国驻昆明领事馆一年一度的"泰国节"活动。

附：专业描述

泰语专业

专业定位、历史沿革与特色优势

楚雄师范学院泰语专业自2011年获准首次招生至今已有8年的办学历史。本专业立足云南，面向中泰交往各个行业，以应用型办学为宗旨，以"3+1"中泰合作办学为特色，致力于培养具有良好的泰语专业综合素质、扎实的泰语基本功、较强的泰语表达能力，能适应地区经济社会发展及涉外行业发展需求，具备国际化视野和经历的高素质应用型人才。专业人才培养目标清晰，毕业生服务方向明确。

专业综合改革

根据《外国语言文学类教学质量国家标准》要求，本专业集中全力修订人才培养方案，改革人才培养模式。以"思想品德优、专业基础实、职业能力强"作为学生的毕业要求，同时，要求教师及时了解学科前沿动态，更新教育教学理念和教学内容，改革教学方法与手段，真正落实实践课程教学由"以教师为中心"向"以学生为中心"转变；要求教师根据课程及教学对象的特点认真备课、准备教学材料，做好课程形成性评估；鼓励学生申报"创新、创业"项目，加强课程教学改革和学生听、说、读、写、译技能培训，以专业课程建设带动专业的整体发展。

师资队伍、基层教学组织、教学条件建设

本专业目前有专任教师4人，均具有硕士及以上学历（博士1人、硕士3人），教师结构合理，整体素质水平较高。

本专业拥有先进的教学设备和现代化的语音教室。教研室形式多样的教研活动，泰国文化研习室建设，丰富的图书资源及泰国饮食、服饰文化材料，有效支撑了专业人才培养；因材施教、因地制宜制定的"导师制"方案，与泰国清迈大学、清莱皇家大学、东方大学签署的"3+1"中泰联合培养协议，为学生泰语语言技能学习、实习提供了平台。

专业教学质量保障体系建设

本专业根据学校本科教学主要环节质量标准要求制订了人才培养方案以及专业建设、课程建设、教材建设、教学大纲撰写、课程教学、实践课程教学、毕业论文考核等的质量标准，完善了教学监督和质量保障体系。学校教学指导委员会、教学督导团、学院"开门听评课"、期中期末教学检查制度，为本专业教学质量的提高提供了有效保证。

毕业生培养质量和外部评价

本专业目前已成功向社会输送4届134名本科合格人才，就业领域由原来的泰国或与泰国邻近地区，扩展至国内的一、二线城市，就业领域也由单一的企事业和翻译等领域向多行业发展，就业率逐年攀升，毕业生行业认可度较高，社会整体评价较好。

执笔人：周晓燕

西南林业大学
非通用语种类专业建设和发展报告
（2007—2019）

一、历史概况

西南林业大学是我国西部地区唯一独立设置，以林学学科为主、生态环境类学科为特色，理、工、农、文、法、艺等多学科协调发展的林业本科高校，虽然是一所林业类的高校，但学校一直坚持"立足云南、依托西南、面向全国、辐射东南亚"的办学定位，因此在云南省教育厅及相关部门的大力支持下，于2007年建立了省内首批"小语种（东南亚语）教研室"，并于同年在全校范围内开设了以泰语替代大学英语的全校性东南亚语选修课程，2010年又在此基础上增加了越南语课程。经过多年的课程建设，截至2019年，全校共有1000余名学生修读东南亚语课程。2007年，外国语学院将泰语专业增设为英语专业本科学生的第二外语；2013年，汉语国际教育专业将泰语、越南语设置为第二外语。2008年，学校林学院开设林学（双外语）专业，该专业为国家级特色专业，是学校优势学科，该专业学生在掌握较扎实的专业知识的同时，学习英语和泰语两门外语，极大地提升了他们的社会适应能力。同时，学校还长期开设有泰语、越南语、东南亚国家概况等公共选修课程供全校学生修读。

2011年，学校根据自身发展需求开设了泰语专业，并在此基础上于2012年增设越南语专业。目前学校泰语、越南语专业共有在校生362人，其中泰语专业本科学生105人、专升本学生130人，越南语专业本科学生127人；两个专业共培养了312名毕业生，其中泰语专业210人、越南语专业102人。

为了全面提高我校东南亚语种人才培养的质量，提升人才培养水平，同时提升我校服务社会经济发展的能力，学校自开展东南亚语种建设以来，建立了学校、学院及系（教研室）三级组织领导模式。领导小组由主管教学的校领导牵头，成员包括教务处处长、校教研中心主任、东南亚语种教学院系领导及其他相关人员。通过建立三级组织领导模式，西南林业大学东南亚语种建设形成了系统的制度，建设方案及建设内容可以及时地进行开展和实施，极大地推动了我校东南亚语种的建设工作。

表13-1　各专业开设时间一览表

专业	开设时间	备注
泰语	2011年	本科专业
越南语	2012年	本科专业

表 13-2 2011—2019 年招生人数一览表

年份	泰语 招生（人）	泰语 毕业（人）	越南语 招生（人）	越南语 毕业（人）
2011	47	—	—	—
2012	38	—	32	—
2013	44	—	40	—
2014	40	—	33	—
2015	41	47	因学校学科调整暂停招生 1 年	
2016	32	38	28	32
2017	32	44	30	40
2018	102	40	28	30
2019	99	41	41	—
总计	475	210	232	102

二、师资队伍

（一）师资队伍建设情况

自东南亚语教研室成立以来，我校不断地加大东南亚语教师队伍建设，组建了一支年龄、学历、职称结构相对合理的教师队伍。这些教师都具有研究生以上学历，教师队伍年富力强、经验丰富、教学力量雄厚、师资结构基本合理。

为了提升我校非通用语种专业教师的整体水平，学校主要对青年教师采取了以下措施：以赛促教，鼓励青年教师参与校级、省级各项比赛；积极派出青年教师参加各类型的培训，短期内快速提升青年教师的专业理论知识；学校实行青年教师培养工程，新进青年教师均需参加为期两年的青年教师培养，培养期间安排高职称教师作为被培养教师的导师，使青年教师能够尽快地熟悉和胜任工作；学院实行三级听课制度，每个学期越南语专业教师都需要向优秀老教师学习，同时也要听取至少3门优秀教师的课程，起到了督促青年教师学习教学技能和新、老教师交流的作用；积极鼓励专业教师在进行教学的同时进行教研与科研，积极鼓励各专业任课教师申报或参加各类科研课题，不断提高研究水平和创新能力，以研究促教学，对教学形成良好支撑。

（二）师资队伍职称、学历分析

泰语专业现有专任教师5人，其中副教授1人、讲师4人。此外，还有外教2人。泰语专业专任教师全部为30—40岁。所有教师均有硕士研究生以上学历，均有海外留学经历。教师队伍年富力强，经验丰富。

越南语专业目前有专任教师4人，其中讲师3人、助教1人。此外，还有外教1人。越南语专业教师全部为30—40岁。越南语专业所有专任教师均为硕士研究生学历，均有海外留学经历。生师比合理。

表13-3 泰语专业教师职称、学历一览表

姓名	职称	出生年份	学校及本科专业	学校及硕士专业
刀国新	副教授	1979	云南民族大学双语文秘书专业	云南民族大学亚非语言文学专业
刘佳佳	讲师	1982	解放军外国语学院泰语专业	云南民族大学亚非语言文学专业
印凡	讲师	1982	云南师范大学汉语言文学专业	云南民族大学亚非语言文学专业
吴晓丽	讲师	1987	云南民族大学泰语专业	云南民族大学亚非语言文学专业
严太平	讲师	1985	云南民族大学泰语专业	云南民族大学亚非语言文学专业

表13-4 越南语专业教师职称、学历一览表

姓名	职称	出生年份	学校及本科专业	学校及硕士专业
李凌	讲师	1985	云南民族大学越南语专业	越南人文社会科学大学语言学专业
李瑞琦	讲师	1986	云南民族大学越南语专业	越南太原大学语言学专业
王璐	讲师	1986	对外经济贸易大学越南语专业	越南人文社会科学大学亚洲学
张冉	助教	1987	云南民族大学越南语专业	河内国家大学越南研究科学发展院越南研究专业

（三）教师获得的荣誉

刀国新，获云南省教育厅教育科学规划领导小组办公室授予的"林业高校东南亚南亚语人才培养模式创新研究"三等奖。

印凡，获云南省教育厅教育科学规划领导小组办公室授予的"云南省泰语翻译人才需求现状及培养创新研究"二等奖。

刘佳佳，2018年获第六届云南省高等学校东南亚语演讲比赛专业组二等奖优秀指导教师；2019年获第七届云南省高等学校东南亚语演讲比赛泰语专业低年级组二等奖优秀指导教师；

吴晓丽，2019年获第七届云南省高等学校东南亚语演讲比赛泰语专业高年级组一等奖优秀指导教师；

李瑞琦，2014年11月获首届云南省高校外语口译大赛越南语专业教师组优秀奖；2016年获云南省高校第四届东南亚语演讲比赛越南语专业组三等奖优秀指导教师；

李凌，2015年获第二十届"21世纪·可口可乐杯"全国大学生演讲比赛优秀指导老师；2019年获得第九届全国大学生越南语演讲大赛二等奖优秀指导教师。

张冉，2019年获得第九届全国大学生越南语演讲大赛二等奖、三等奖优秀指导教师。

（四）教师教学学术培训、交流学习等情况

在实施教学的过程中，为了了解东南亚语种建设的发展动态和提升教师自身的专业素养，我校还积极组织非通用语教师参加在省内外举行的各类东南亚语种研讨会和东南亚语种相关的比赛，如参加中国非通用语青年论坛、全国非通用语种专业学科建设研讨会、外语非通用语种教学研究会、"现代高等教育微课程设计、制作与应用骨干教师"培训以及

申报云南省高等学校助教培训示范性项目、云南省高等学校小语种教师培训项目等。

此外，我校还委派了多位泰语、越南语教师到对象国进行学习和交流，进一步丰富了教师的知识体系，优化了教师的思维和意识，借鉴国外著名高校的教学方法和思路，有利于促进教师教学水平的提高。

（五）国内外教师聘请情况

自2011年起，我校根据非通用语种专业的教学情况，分别聘有泰语、越南语外籍教师各1名任教，外籍教师主要承担学生的口语、听力和文化类课程，对学生听力水平和口语水平的提高起到了关键性的作用，同时也对原有的师资队伍进行了扩充。自2017年起，因为办学规模的扩大，泰语专业外籍教师增加到两名。

2014—2016年，我校申请了"云南省高等学校东南亚语种特聘教师支持计划"项目，并得到省教育厅获批立项。在此项目中，学校分别聘请了4位泰语和越南语教师作为特聘教师。其中，在学历方面，有2名教师是博士研究生学历，另外2名是硕士研究生学历；在职称方面，有1名教授、1名副教授、2名讲师。同时学校还聘请有泰语、越南语专业知名专家作为泰语、越南语专业客座教授。这些教师都有着丰富的教学经验和渊博的学识，聘请他们为客座教授，使我校东南亚语种教师的师资结构更加优化，师资队伍配置更加合理。

表13-5 外聘教师信息一览表

姓名	国籍	职称/学历	原学校	教授专业	执教年数
林诗文	中国	博士	西南林业大学	泰语	15
ANCHALEE	泰国	本科	宋卡王子大学	泰语	7
Katyada Kosa	泰国	本科	清迈大学	泰语	2
阮邓三黄	越南	讲师/硕士	西南林业大学	越南语	7
阮友达	越南	副教授/博士	越南人文社会科学大学	语言学	5
吕士清	中国	教授/本科	云南民族大学	越南语	5
聂槟	中国	副教授/博士	对外经济贸易大学	越南语	5

（六）开展学术交流与学术讲座情况

西南林业大学非通用语种专业在开展学术交流与学术讲座方面坚持"虽然语种不同，但语言和文化研究方法是相通的"的理念，依托英语专业，每个学期聘请国内外知名专家开展不少于10次关于语言研究、教学改革等方面的专题讲座。同时，学院内部还设有生态语言学研究小组、语音教学交流小组、文化课程教学交流小组等科研、教学团队。与非通用语种专家和同行们的沟通、交流，有助于我校非通用语教师开阔眼界，扩展了我校非通用语种专业的科研领域。

三、教学与人才培养

（一）教学和人才培养基本情况

在学校党政领导的大力支持下，在其他相关部门的帮助和配合下，根据学校自身发展规划，结合专业特色，明确了学校非通用语种专业紧跟学校"立足云南、依托西南、面向全国、辐射东南亚"的办学定位，培养适应社会经济发展，特别是云南社会经济发展的，德才兼备的复合型泰语、越南语专业人才。

泰语、越南语专业在人才培养过程中都注重教学改革，对专业的培养模式、体制、机制进行了改革，让专业学生的培养更符合当代社会经济的发展需求。在注重第一课堂的教学过程中，融入实践教学和第二课堂。实践教学采用了课堂"以学生为主、教师为辅"的方式，即在实践教学课堂中，教师带领并给予学生任务，由学生自己完成任务并达到老师的要求，最后由教师给出评价和意见，在此过程中不断强化学生专业理论知识。目前，泰语、越南语专业都在学生中开展了丰富的第二课堂活动，例如单词拼写大赛、舞台剧大赛、东南亚文化节等。通过第二课堂的建设，我校泰语和越南语专业已经形成了学校大力支持、学院积极带动、教研室具体实施的第二课堂体系，为学生创造了广阔的第二课堂平台，极大地丰富了学生的课余生活。

我校非通用语种专业一年级课程主要为专业基础课程，旨在培养学生的专业学习兴趣，为学生高年级的学习打下语言语音基础；二年级课程主要为专业综合能力课程，旨在从听、说、读、写4个方面综合提升学生的语言能力，进一步为学生高年级学习打下语言基础；三年级课程教学主要在国外进行，是对二年级课程的细化和提升，同时开设了翻译课程以及对象国政治、经济、历史、地理等相关课程，让学生无论是从语言技能方面，还是从语言对象国的政治、经济、文化方面都有一个深入和具体的学习，从而提升学生的专业综合水平；四年级课程主要为专业方向的课程，主要分为语言、文学、经贸、新闻等几个人方向，学生可以按照自己的学习意愿和就业方向。同时，四年级还开设了毕业论文写作、教学技能等课程，帮助学生提升自身的学术水平、工作技能。

（二）人才培养模式

我校非通用语种专业注重学生的理论知识学习，在人才培养方案及课程设置上，都形成了系统的语言、文化、政治、经济课程体系。同时，非通用语种专业还依托学校优势学科，开设了林业泰语、林业越语、农林产品贸易、云南民族文化与旅游等专业选修课程，在兼顾学生学习兴趣的同时，增强专业的社会服务能力，注重专业的实用性，提高人才竞争力，为社会经济发展培养新型复合型人才；进一步加强实践课程与第二课堂在专业课程中的比重，强调实践与第二课堂的作用，从而达到培养学生积极参与实践、自主学习的能力的目的，形成了"宽口径、重基础、重实践"的人才培养模式。

传统的语言类专业人才培养模式比较单一，即学生大学4年都在本校学习，但往往4年后很多学生的语言能力并未得到提升。因此，我校将非通用语人才培养由原来传统、单一的模式，改革为与国外优质高校联合办学培养，此举极大地提高了我校非通用语种专业学生的专业综合能力水平。目前，我校泰语、越南语专业已与泰国、越南多所优秀高校签订了校级协议，促成了校级间教学、科研等方面的国际合作，形成了本科生"3+1"联合办学模式。

表 13-6 非通用语种各专业国外合作交流高校一览表

专业	高校名称
泰语专业	清迈大学
	清莱皇家大学
	碧武里皇家大学
	佛统皇家大学
越南语专业	越南人文社会科学大学
	河内大学
	越南林业大学
	顺化农林大学

（三）人才培养效果

经过多年的教学培养和在省教育厅、学校、学院的支持下，我校非通用语种专业学生能够在各类省级甚至国家级比赛中崭露头角，取得佳绩，充分展现了西南林业大学非通用语种专业学生的风采。自2011年起，我校非通用语种专业学生已在各类国家级、省级比赛中斩获了超过20个奖项。

表 13-7 学生专业竞赛获奖一览表

序号	奖励类别	获奖等级	奖项名称	获奖者	获奖年度
1	省级	二等奖	云南省首届大学泰语演讲大赛	徐娟	2011
2	省级	获优胜奖	云南省首届大学泰语演讲大赛	赵高卷	2011
3	省级	三等奖	云南省高校第三届东南亚语演讲比赛	张春红	2014
4	省级	泰语非专业组三等奖	云南省高校第三届东南亚语演讲比赛	陈国婵	2014
5	省级	优秀奖	云南省高校第四届东南亚语演讲比赛	王明丽	2016
6	省级	优秀奖	云南省高校第四届东南亚语演讲比赛	李智芹	2016
7	省级	泰语专业组二等奖	云南省高校第五届东南亚语演讲比赛	黄海	2017
8	省级	泰语非专业组三等奖	云南省高校第五届东南亚语演讲比赛	付志高	2017
9	省级	越南语专业组三等奖	云南省高校第二届东南亚语演讲比赛	宋贝贝	2013
10	省级	越南语非专业组三等奖	云南省高校第二届东南亚语演讲比赛	沈一梦	2013
11	省级	越南语专业组优秀奖	云南省高校第三届东南亚语演讲比赛	杨丽媛	2014
12	省级	越南语非专业组优秀奖	云南省高校第三届东南亚语演讲比赛	沈一梦	2014
13	省级	越南语专业组三等奖	云南省高校第四届东南亚语演讲比赛	黄婕	2015

续表

序号	奖励类别	获奖等级	奖项名称	获奖者	获奖年度
14	省级	越南语非专业组三等奖	云南省高校第四届东南亚语演讲比赛	程摇凌	2015
15	省级	越南语专业组优秀奖	云南省高校第五届东南亚语演讲比赛	陈梦妮	2016
16	国家级	二年级组优秀奖	第八届全国大学生越南语演讲大赛	戴天远、秦士茹	2017
17	省级	越南语专业组优秀奖	云南省高校第六届东南亚语演讲比赛	滕小婷	2018
18	国家级	四年级组二等奖	第九届全国大学生越南语演讲大赛	戴天远	2019
19	国家级	四年级组优秀奖	第九届全国大学生越南语演讲大赛	王涵	2019
20	国家级	三年级组二等奖	第九届全国大学生越南语演讲大赛	阮倩	2019
21	国家级	三年级组三等奖	第九届全国大学生越南语演讲大赛	梁彦莹	2019
22	国家级	二年级组优秀奖	第九届全国大学生越南语演讲大赛	熊应芳、张发艳	2019
23	省级	越南语专业高年级组三等奖	云南省高校第六届东南亚语演讲比赛	张永爱	2019
24	省级	越南语专业低年级组优秀奖	云南省高校第六届东南亚语演讲比赛	陆燕婷	2019
25	省级	泰语专业高年级组一等奖	云南省高校第六届东南亚语演讲比赛	余顺全	2019
26	省级	泰语专业低年级组二等奖	云南省高校第六届东南亚语演讲比赛	马于乔	2019
27	省级	泰语专业非专业组三等奖	云南省高校第六届东南亚语演讲比赛	张婷宇	2019

（四）教学质量工程项目及教材建设

在"一带一路"建设背景下，依托云南省教育厅和学校平台，我校自2013年起就开始积极申报与非通用语种专业相关的省级教学质量工程。截至2019年，我校非通用语种专业共计有8项省级质量工程项目，依托这些项目，我校非通用语种专业在基础建设、教师水平和学生面培养等方面都得到了本质上的提升。

表13-8 教学质量改革工程项目一览表

序号	主持人	名称	批准单位及文件号	年份	备注
1	刀国新	云南省高等学校小语种人才培养示范点	云南省教育厅	2012	
2	刀国新	东南亚南亚精品课程建设项目	云南省教育厅	2013	云教高〔2013〕117号
3	何新元	东南亚南亚语种教研室建设项目	云南省教育厅	2014	云教高〔2014〕106号

续表

序号	主持人	名称	批准单位及文件号	年份	备注
4	李秀梅	东南亚南亚留学生支持计划项目	云南省教育厅	2014	云教高〔2014〕106号
5	李秀梅	云南省高等学校东南亚南亚语种优秀翻译人才培养项目	云南省教育厅	2014—2018	云教高〔2014〕6号
6	李凌	东南亚南亚语种新专业支持项目	云南省教育厅	2014	云教高〔2014〕9号
7	李秀梅	东南亚南亚特聘教师支持计划项目	云南省教育厅	2015至今	云教高〔2015〕94号

在教材建设方面，我校非通用语专业教师也积极参与到了教材的编撰中，目前已出版3本教材，其中1本为学校教师独立编撰，2本省级"十二五"规划教材的编撰工作由我校多名非通用语教师共同参与完成。

表13-9 教材出版一览表

序号	作者	名称	出版社	出版时间	备注
1	刀承华、刀国新	《新理念大学泰语》	外文出版社	2014.06	省级"十二五"规划教材
2	李凌	《越南国家概况》	北京希望电子出版社	2016.12	

（五）国家留基委项目

我校一直以来都积极参与、申报国家留基委项目。自2018年起，我校非通用语种专业开始参与国家留基委项目的申报工作，每年的学生名额由教育厅分配，学校、学院和各非通用语种专业都积极配合工作，按时按质完成申报工作。依托国家留基委项目，我校已有多名泰语、越南语专业的同学出国深造，极大地提高了他们的语言综合能力，且已毕业的同学也能够在自己的工作岗位上发光发热，为祖国的建设尽一份绵薄之力。

（六）人才基地建设

2014—2017年，我校非通用语种专业每年都选派在校优秀学生进入云南省东南亚南亚语言翻译人才基地班学习。目前已有多名学生从翻译基地班毕业，成为我省优秀的翻译人才走向了社会。

（七）就业工作

截至2019年，我校泰语专业已有5届毕业生共计210人，毕业生就业情况良好。就业单位包含政府涉外部门、企事业单位、科研部门、学校、外资企业等单位。

越南语专业共有3届毕业生共102人，每年专业就业率达到100%，海外就业率达到21.69%，多名学生进入部队、事业单位、外企、国企、涉外企业等工作单位，绝大部分学生能够用越南语专业就业。

我校非通用语种专业学生考研率也在逐年上升，从一开始的0考研，到2019年达到了

18.68%的报考率。目前泰语、越南语专业有多名同学考上了研究生，录取学校有广东外语外贸大学、云南民族大学、云南师范大学、云南大学、泰国法政大学、泰国清迈大学等。

（八）基础设施建设

西南林业大学外国语学院现建有11个现代化语言实验室，同时资料室存有外文图书资料1万余册、有声资料1000多种。学院目前有3D虚拟仿真国际商务谈判实训系统、雅信机辅笔译教学系统、Unipus高校外语教学平台、好策阅读、外教社教学平台等9个外语教学平台，同时还建有外语教学实验实训中心中央与地方共建实验室以及全省唯一的外语虚拟仿真实验实训中心，能够满足专业多形式的语言教学和实训。

四、科学研究

我校的非通用语种起步较晚，一直面临着专任教师总体年龄小、职称低的问题，因此科学研究一直是我们的薄弱环节。通过最近几年的不断努力，我们在学院内部形成了多学科融合的科研团队，让非通用语种专业的教师积极参与到学院和学校的各类科研团队中，不断进行学习，努力提升教师自身和专业的科研水平。在科研团队中，"老带新"的方式让更多的非通用语专业青年教师得到了宝贵的科研经验，同时不以语种专业来划分的形式让更多的老师打开了眼界。

我校非通用语种各专业设有教研室，注重学术前期成果的培育和养成，定期举办教研活动，邀请业界专家进行指导并展开讨论，鼓励各位教师撰写科研论文以及积极申报各项校级、省级课题。在学院领导的支持和鼓励下，有教师成功申报并按期完成了云南省高等学校小语种人才培养示范点、东南亚南亚精品课程建设等一系列省级科研项目。

2017年我校正式加入全国非通用语教学研究会，定期参与研究会组织的相关研讨和交流会，极大地开阔了教师的科研视野。

目前我校非通用语研究方向主要为非通用语教学改革、对象国文化及生态语言学等领域，可依托的校级科研机构主要有大湄公河次区域林业发展研究中心、生态语言研究论坛等。

表13-10 部分科研项目一览表

序号	项目类别	项目名称	主持人	项目编号	立项/结项时间
1	中共云南省委宣传部云南省哲学社会科学规划办公室	泰国媒体中的中国形象研究	刀国新	216208	2016/2018
2	云南省教育厅科学研究基金项目	云南省泰语翻译人才需求调查及泰语人才培养创新研究	刀国新	51600612	2016
3	云南省教育厅科学研究基金项目	"一带一路"背景下云南农林院校东南亚小语种发展战略研究	吴晓丽	2019JD205	2019/2021

附：各专业描述

泰语专业

专业定位

在中国—东盟自由贸易区和云南建设面向南亚东南亚辐射中心的背景下，中国与南亚东南亚国家的合作日益深入，对东南亚语人才的需求量增加，本专业旨在培养具有社会主义政治思想觉悟和以泰语语言为主要业务的德、智、体全面发展的复合型泰语专业人才。毕业生应具备扎实的泰语语言基础、较强的泰语应用能力和宽广的人文社会科学知识，能在政府涉外部门、企事业单位、科研部门、学校等单位从事外事、翻译、国际经贸、文化交流、行政管理等工作。

师资队伍建设

本专业现泰语教师团队有10人（含1名客座教授、2名特聘教授、2名外籍教师），所有泰语教师均为硕士研究生及以上学历，均有海外留学经历。教师队伍年富力强，经验丰富，师资结构基本合理。

对青年教师实行导师负责制，参加"青年教师培养工程"项目。此外，还选派泰语教师参加"云南省高等学校小语种（东南亚语种）教师培训"、小语种（东南亚语种）系列教程建设研讨会、泰语专业建设研讨会、泰语教学研讨会、首届中泰语言文化研究国际学术研讨会等。

专业特色与优势

学校根据自身的特色，开设了"林学（双外语）"专业，即"林学+英语+泰语"。该专业为国家级特色专业，是我校优势学科。泰语教学模式分为：泰语专业教学模式、林学双外语专业教学模式、泰语课程替代大学英语课程教学模式、把泰语当作第三外语供英语和法语专业学生选修的教学模式、汉语国际教育专业教学模式（汉语国际教育专业+泰语课程教学）。

本专业与泰国多所知名高校建立了合作关系，并签订了友好合作协议，开展了"3+1"联合办学模式。

专业建设情况

获云南省教育厅"东南亚南亚特聘教师支持计划项目"、云南省教育厅质量工程项目"云南省普通高等学校小语种人才培养示范点"、云南省级精品课程。

本专业主要课程有：基础泰语、泰语口语、泰语听力、泰国地理与历史、综合泰语、泰语阅读、泰语演讲、泰语写作、商务泰语、泰汉互译理论与实践、泰语口译、泰国文学选读、林业泰语、旅游泰语、东盟国家概况、学术论文写作等，其中泰国地理与历史课程为云南省精品课程。

人才培养成效

泰语专业和非专业学生参加泰国"孔敬杯"中国高校学生泰语演讲、泰语技能比赛和云南省高校东南亚语演讲比赛，并取得优异的成绩。目前已有5届毕业生共计210人，毕业生就业情况良好，就业单位包含政府涉外部门、企事业单位、科研部门、学校等。

专业主要建设成果总计

本专业教师教学科研成果：

（1）东南亚语种培养模式研究；

（2）云南省高等学校小语种人才培养示范点建设；

（3）省级东南亚语精品课程建设项目——泰国地理与历史；

（4）东南亚语种新专业支持项目；

（5）云南省高等学校东南亚语种特聘教师支持计划项目；

（6）小语种（东南亚语）人才培养基地建设项目；

（7）云南省双语教学示范课程建设项目——东盟国家概况；

（8）泰国媒体中的中国形象研究；

（9）云南省泰语翻译人才需求调查及泰语人才培养创新研究；

（10）高等学校东南亚语种优秀学生留学支持项目；

（11）云南省东南亚语种优秀翻译人才培养基地班项目。

表13-11 部分泰语专业教师发表论文一览表

序号	作者	论文名称	期刊名称	期次
1	刘佳佳	《泰语缩略语的书写规则》	《云南民族大学学报》	2010年第27卷增刊
2	刘佳佳	《泰语缩略语的种类及使用范畴》	《西部教育论文文集》	2010年4月
3	刘佳佳	《泰语缩略语的语法特点及译法》	《社会经济与教育探索》	2010年10月双月刊
4	刀国新、印凡	《非泰语专业学生选修泰语替代大学英语学习动机和激励策略研究——以西南林业大学为例》	《新教育时代》	2015年第1期
5	印凡、刀国新	《〈走投无路〉中悲剧结局成因分析》	《剑南文学》	2015年10月
6	吴晓丽	《浅析元江县傣族饮食文化特色形成的原因》	《绿色科技》	2012年第12期
7	吴晓丽、王大伟	《云南桥头堡战略和新农村建设下发展农村经济的思考——以元江县桥头社区为例》	《绿色科技》	2012年第7期
8	吴晓丽	《浅析泰语中的重叠构词现象》	《教育教学论坛》	2014年第39期
9	吴晓丽	《泰语中量词的特点及发展演变》	《课程教育研究》	2014年第25期
10	吴晓丽	《泰语从单音节词演变成多音节词的原因分析》	《教育教学论坛》	2014年第43期
11	吴晓丽、王大伟	《元江傣族"拴红线"习俗的由来及文化内涵》	《绿色科技》	2014年第9期
12	吴晓丽	《泰语中量词"tɯa33"的误用分析》	《文教资料》	2014年第12期
13	印凡、刀国新	《〈曼谷死生缘〉中的家庭伦理价值指向》	《青年文学家》	2016年第27期
14	严太平、秦海龙	《泰语听说课程教学现状的问卷调查研究》	《人才资源开发》	2016第24期

续表

序号	作者	论文名称	期刊名称	期次
15	印凡、刀国新	《泰国媒体中国报道特征及影响因素分析》	《新闻研究导刊》	2017年第7期
16	严太平、秦海龙	《任务型教学法提高泰语听说的有效教学研究》	《考试周刊》	2017年第22期
17	刀国新、孙永虹	《泰国主流媒体中国两会报道中的中国形象研究——以泰国电视九频道和〈泰叻报〉为例》	《新闻研究导刊》	2017年第13期
18	严太平、秦海龙	《新形势下赴海外交流学生思想政治教育途径创新研究》	《文化创新比较研究》	2019年第8期
19	刀国新、印凡	《林业高校东南亚南亚语人才培养模式创新研究——以西南林业大学为例》	《文教资料》	2018年第14期
20	印凡、刀国新	《云南省泰语翻译人才需求现状及培养创新研究》	《区域高教前瞻》	2018年4月
21	吴晓丽，刘佳佳	《泰语阅读教学中文化导入的现状分析及策略研究》	《云南大学学报》（增刊）	2018年第40卷
22	吴晓丽	《跨文化交际视野下中泰烟酒公示语对比研究》	《绿色科技》	2019年第1期
23	严太平、秦海龙	《新形势下赴海外交流学生思想政治教育途径创新研究》	《文化创新比较研究》	2019年第8期
24	印凡	《兰纳泰族与西双版纳傣族建房习俗对比》	《孔子学院》	2019年9月
25	吴晓丽、白琴芳	《"一带一路"背景下泰语翻译教学中存在的问题及策略探析》	《新丝路》	2019年第6期
26	印凡	《泰语专业毕业生就业状况及对策分析》	《青年与社会》	2019年第35期
27	严太平	《素攀武里府潮汕人春节文化习俗的变迁》	《西南林业大学学报》（增刊）	2014年
28	严太平	《浅析泰语中的汉语借词现象》	《社会经济与教育探索》	2013年第1期
29	吴晓丽	《泰语中体育用词的越界使用及其越界义》	《西南林业大学学报》（增刊）	2011年12月
30	何新元、刀国新	《中国—东盟自由贸易区背景下的泰语人才培养模式探索》	《中泰语言文化国际学术研讨会论文集》	2014年9月
31	刀国新、印凡	《汉—泰形容词语法功能对比》	《剑南文学》	2015年10月

越南语专业

专业定位及培养目标

在中国—东盟自由贸易区和"一带一路"建设之大背景下，本专业培养具有社会主义政治思想觉悟、德才兼备的复合型越南语专业人才，既能熟练掌握越南语语言技能，又能够熟练运用越南语进行交际，熟悉越南政治、经济、文化各领域的基本知识，具备一定的相关专业知识和广博的人文素养，具有较强的语言应用能力和社会适应能力，富有创新精神。

本专业学生主要学习越南语言、文学、历史、政治、经济、外交、科技、社会文化等方面的基本理论知识，接受越南语听、说、读、写、译等语言应用能力和跨文化交际能力方面的系统的扎实训练，旨在培养具有国际视野，掌握越南语言、文学和文化等相关知识，具备语言应用能力、跨文化交际能力、社会适应能力、较强实际工作能力，毕业后能从事教学、科研、翻译、旅游、经贸文化交流、新闻出版等领域的工作，并具有一定科学研究能力的国际化、多元化越南语专业人才。

人才培养

本专业自2013年开始，与越南河内国家大学下属人文社会科学大学签订了校级合作协议，促成了两校间教学、科研等方面的国际合作，形成了本科生"3+1"联合办学模式。本专业所培养学生能够积极参加国家级、省级竞赛，并在竞赛中取得良好成绩，同时专业学生积极参加云南省所举办的专业等级考试，且通过率达标。

师资队伍建设

越南语专业目前有教师5人，其中讲师3人、助教1人、外教1人，均为30—40岁。专业所有专任教师均为硕士研究生学历，均有海外留学经历。生师比25：1。同时专业聘有客座教授1人、特聘教授2人。

专业主要建设成果

2012年9月，获云南省教育厅"云南省普通高等学校小语种人才培养示范点"；

2013年9月，获云南省教育厅"东南亚南亚语种新专业支持项目"；

2014年9月，获省级优秀小语种教研室；

2014年9月至今，获云南省教育厅"东南亚南亚特聘教师支持计划项目"。

本专业的东盟国家概况课程为省级双语精品课程，已在学校网络教学平台开设在线视频公开课。

教学科研成果

（1）李凌于2016年7月主持了西南林业大学教育科学研究课题"基于网络教学平台的越南语专业教学改革"。

（2）王璐于2016年12月参与了西南林业大学教育科学研究课题"基于翻转课堂的英语专业任务型写作教学研"。

（3）王璐于2017年1月主持了西南林业大学党建与课程思政项目"95后大学生创新创业现状调查与分析——以西南林业大学为例"。

（4）李瑞琦于2018年7月主持了西南林业大学教育科学研究课题"'一带一路'背景下东南亚语种第二课堂人才培养模式探究"。

表13-12　部分越南语专业教师发表论文一览表

序号	作者	论文名称	期刊名称	期次
1	李瑞琦、万成宾	《现代越南语中英语外来词的主要越化手段》	《西南林业大学学报》	2011年12月增刊
2	王璐	《浅析"危机"下越南经济发展的前景》	《知识经济》	2013年第2期
3	李瑞琦	《基于教学方法浅析背诵对基础越南语学习的促进作用》	《西南林业大学学报》（增刊）	2016年第36卷

续表

序号	作者	论文名称	期刊名称	期次
4	李凌、张冉	《网络教学平台在越南语基础教学课程中的应用》	《学园》	2017年第21期
5	李凌、李瑞琦	《基于网络平台的越南语专业教学改革》	《学园》	2017年第22期
6	王璐	《95后大学生创新创业现状调查与分析——以西南林业大学为例》	《知识文库》	2017年第15期

就业情况

目前，专业共有3届毕业生共102人，每年专业就业率达到100%，海外就业率达到21.69%。多名学生进入部队、政府机关、事业单位、外企、国企等工作单位，绝大部分学生能够用越南语专业就业。

执笔人：李凌、刘佳佳、李瑞琦

云南财经大学
非通用语种类专业建设和发展报告
（2010—2019）

一、历史概况

云南财经大学始建于1951年，1979年招收大专生，1981年成立云南财贸学院并于次年招收全日制本科生，1995年被云南省政府确定为省属重点大学，2006年更名为云南财经大学。目前，学校已形成了学士、硕士、博士教育有机衔接，兼有留学生教育和继续教育的多层次人才培养体系，成为以经济学、管理学为主，法学、哲学、文学、理学、工学、艺术等学科协同发展的多科性大学。

云南财经大学非通用语种类本科专业开办于2010年，截至2019年12月，云南财经大学国际语言文化学院（以下简称"国语学院"）东语系共开设有越南语、泰语、缅甸语3个非通用语种类本科专业，累计已培养越南语、泰语、缅甸语3个语种专业本科学生267人。

为适应国家面向东南亚地区对外开放政策的需要，依托自身的传统学科和专业优势，本校2007年创办东盟学院，率先尝试"专业+非通用语"的人才培养模式，将学校优势专业"财务管理"专业与泰语、越南语、缅甸语相结合，作为试点专业，2008年开始招收财务管理专业（泰语/越南语/缅甸语方向）学生，学生在学习财务管理专业知识的同时，持续学习4年泰语、越南语或缅甸语。这为之后并办非通用语种类专业奠定了良好的基础。随着办学条件、师资力量的不断积累，学校于2011年招收第一届越南语专业学生，2012年招收第一届泰语专业学生。学校于2015年7月将原外语外贸学院、原东盟学院、原国际文化教育学院合并，组建新的国际语言文化学院，同年招收第一届缅甸语专业学生。2019年，越南语、泰语、缅甸语3个本科专业经批准作为云南省高考第一批录取专业进行招录。

学校秉承"好学笃行，厚德致远"的校训，坚守"求实创新"的校风，发扬"自强不息，敢为人先"的云财精神，扎根云岭，坚持内涵发展，坚持以人为本，以服务区域为导向，以全面提高教育质量为核心，不断推动非通用语种类本科专业建设，并结合自身学科优势，旨在培养出"精外语、通商贸、善交流"的复合型非通用语种人才。

表14-1 各专业开设时间一览表

专业	开设年份	备注
越南语	2010年	2011年首次招收本科生，2019年被批准为云南省高考第一批次录取招生本科专业
泰语	2011年	2012年首次招收本科生，2019年被批准为云南省高考第一批次录取招生本科专业

续表

专业	开设年份	备注
缅甸语	2015年	2016年首次招收本科生，2019年被批准为云南省高考第一批次录取招生本科专业

二、师资队伍

截至2019年12月，我校共有非通用语种教师13人。学校一贯重视师资队伍的建设，鼓励非通用语种教师提升学历以及参加学术会议、培训等。教师队伍的学历和职称结构逐年改善。目前，学校非通用语种教师中有博士1人、在读博士2人，其余10人均具有硕士研究生学历，所有的非通用语种专业教师均有赴语言对象国高校留学、访学和进修的经历。教师年龄均在40岁及以下，是一支年轻且富有朝气的教师队伍。（详见表14-2）

表14-2 专业教师职称学历一览表

序号	专业	人数	教授	副教授	博士	硕士	高职称占比	博士占比
1	越南语	5	0	0	1	4	—	20%
2	泰语	5	0	0	2	3	—	40%
3	缅甸语	3	0	0	0	3	—	—
合计		13	0	0	3	10	—	23%

注：信息统计截至2019年12月。

为提高教师专业及教学水平、扩展学生知识层面，提高人才培养质量，学校于2007年聘请教授1人担任特聘专家，指导非通用语种类专业建设工作。同时，每年邀请大批国内外知名学者到校进行学术讲学、专业建设指导、科研培训等，内容涵盖了东南亚国家的语言、文学、文化、国情及外语教学研究、学科建设等各个方面。

学校重视外籍专家、外籍教师的聘请工作。在学校和各语种对象国合作院校的帮助与支持下，各语种专业每年从语言对象国聘请外籍教师到校任教。2011—2019年，累计聘请越南、泰国、缅甸3国外籍教师共计15人。（详见表14-3）

表14-3 聘请外教人数一览表（2011—2019年）

聘请外教国籍	聘请外教人数（人）
越南	6
泰国	5
缅甸	4
合计	15

三、教学和人才培养

学校非通用语种类专业采用"3+1"人才培养模式，充分锻炼学生的外语能力，使学生对语言对象国有更加直观和充分的了解。同时，突出"外语+经管知识"特色培养路线，培养具备扎实的语言技能，掌握经济、管理类专业知识，具有一定跨文化交际能力的"精外语、通商贸、善交流"的国际化复合型人才。

（一）历届学生培养人数

2011—2019年，国语学院培养越南语、泰语两个语种毕业生276人（含9名"基地班项目"学生）。截至2019年12月，国语学院有在读越南语、泰语、缅甸语3个语种本科生共416人（含6名"基地班项目"学生）。

学校积极响应由云南省教育厅于2014年启动的"云南省高校东南亚南亚语种翻译人才基地班项目"，选派越南语8人、泰语4人、缅甸语3人，共计15人到云南民族大学学习。（详见表14-4）

表14-4 国语学院历届各专业学生人数统计表

层次/学制	届别	越南语	泰语	缅甸语	合计（人）
本科/4年	2011级/2015届	25	0	0	25
	2012级/2016届	24	22	0	46
	2013级/2017届	23（2）	42	0	65（2）
本科/4年	2014级/2018届	20（2）	44（1）	0	64（3）
	2015级/2019届	25（2）	42（2）	0	67（4）
	2016级/2020届	24（2）	49（1）	23（3）	96（6）
	2017级/2021届	29	54	22	105
	2018级/2022届	25	50	24	99
	2019级/2023届	25	57	28	110
	本科毕业	117（6）	150（3）	0	267（9）
	本科在读	103（2）	210（1）	97（3）	410（6）

注：统计截至2019年12月。统计数据包含选派至云南民族大学"基地班项目"的学生，括号内为选派至"基地班项目"的学生人数。

（二）"3+1"本科人才培养模式

学校非通用语专业采取"3+1"人才培养模式，即学生于大一、大二、大四阶段在国内学习，大三学年赴语言对象国学习，以着重提高学生的语言应用能力，使学生熟知对象国文化、地理、旅游、习俗、经贸等领域知识，为今后的工作奠定坚实的基础。

国语学院最早于2013年派出2011级越南语专业共25人作为第一批"3+1"人才模式学生前往越南国家大学所属人文社会科学大学学习；2014年8月，派出泰语专业2012级学生共21名到泰国兰实大学留学；2018年派出缅甸语专业2016级学生共20人赴缅甸仰光外国语大学学习。

截至2019年12月，本校各非通用语专业已累计派出"3+1"项目学生468人（含"基地班项目"15人）赴对象国高校学习。

（三）"外语+经管知识"的特色复合型人才培养模式

学校坚持非通用语种专业办学特色，不断探索和改进"外语+经管知识"的课程体系，旨在培养"精外语、通商贸、善交流"的复合型外语人才。在不断完善语言专业课程体系的同时,增强经济、管理方向的课程的建设。非通用语专业除了开设有语言类课程外,还开设了经济学原理、会计学基础、管理学等课程,以增强学生对经管知识的了解,实现非通用语与经管知识的有机结合与灵活运用,充分突出专业特色。结合云南财经大学双学位管理办法,鼓励学生跨学科就读如会计、金融、财务管理等专业,为学生今后就业助力。

同时,为加强人文素质教育,激发学生学习的主动性,提升学生实践能力,学校为2015—2018级非通用语专业学生开设"博雅"课程,2019年开展越南语沙龙、泰语沙龙、缅甸语沙龙等第二课堂活动。

(四)教学质量工程项目及教材建设

我校越南语专业于2012年被云南省教育厅列为"云南省高等学校越南语人才培养示范点",泰语专业于2013年被列为"云南省高等学校泰语人才培养示范点",两个专业于2014年获得云南省东南亚南亚新专业支持计划项目的支持,且均已完成项目验收工作。2013年商务泰语课程获批为云南省高等学校东南亚、南亚精品课程。2018年基础越南语课程完成校级重点课程建设,中级缅甸语课程完成学校"读、写、译"课程教学改革项目验收。2019年越南语、泰语、缅甸语专业取得校级本科教育教学改革研究项目立项各1项,越南语专业取得校级精品课程建设立项1项,越南语、缅甸语专业取得校级重点课程建设立项各1项。在学校的支持下,共出版教材1部,即沈清清、[泰]那卡瓦·萨莱、苏姣主编的《泰语视听说》(世界图书出版广东有限公司2019年版)。

(五)国家留基委政府奖学金项目

云南财经大学自2016年开始执行国家留学基金管理委员会非通用语种类专业出国留学政府奖学金遴选项目,选派优秀本科生申报"国际区域问题研究及外语高层次人才培养""越南互换奖学金"等项目赴语言对象国留学。

截至2019年12月,国语学院通过国家留基委政府奖学金项目选派各语种专业学生公派出国留学共计17人(含"基地班"9人)。(详见表14-5)

表14-5 各语种专业分年度获得国家留基委公派留学人数一览表

年份	专业 越南语	专业 泰语	专业 缅甸语	合计(人)
2016年	2(2)	0	0	2(2)
2017年	4(2)	1(1)	0	5(3)
2018年	2(1)	2(2)	1(1)	5(4)
2019年	2	3	0	5
合计	10(5)	6(3)	1(1)	17(9)

注:统计截至2019年。统计数据包含选派至云南民族大学"基地班项目"学生,括号内为"基地班项目"学生人数。

(六)就业工作

我校长期以来坚持非通用语专业建设要走特色发展的道路,要把非通用语教学与本校经管类优势专业相结合,培养既通晓对象国语言又懂得专业知识技能的实践能力强的高素质复合型人才，增强所培养人才的国际竞争力。

截至2019年12月，本校有越南语、泰语两个专业的毕业生就业，就业单位主要有各级公务员单位、事业单位、军队、跨国企业、教育机构、各大银行等。

在积极指导学生就业的同时，学校还鼓励学生报考硕士研究生，先后共有10名同学被四川外国语大学、重庆大学、云南民族大学、广西民族大学、云南财经大学录取，继续攻读硕士学位。

（七）办学基础设施建设

在学校的大力支持下，国语学院教学基础设施设备和图书资料建设取得显著成效。除学校图书馆馆藏的东南亚相关图书外，国语学院还投入大量经费建设东南亚语种图书室和外语语音教室。目前共有泰语、越南语、缅甸语图书2000余册，语音教室4间。

（八）开展丰富多彩的学生活动

学校积极与省内外高校配合，鼓励学生参加各类语言竞赛，参赛学生在各类国家级、省级竞赛中均取得良好成绩。如：学生参加第八、九届全国大学生越南语演讲比赛，获得1个二等奖、2个三等奖；在所参加的历届云南省非通用语演讲比赛中，均表现优异。

同时，为丰富学生的课余生活，学校充分调动学生的学习积极性、增加学生学习的趣味性，在国语学院团委的配合下，利用实训周等时机为学生开展丰富多彩的语言竞赛与第二课堂活动，包括知识竞赛、舞台剧大赛、朗读比赛、趣配音比赛、东盟文化周等。

学校在多年的"外语学习角"实践基础上，于2019年4月启动云财语言服务社语言文化沙龙，每周按时组织开展越南语沙龙、泰语沙龙、缅甸语沙龙"第二课堂"活动。聘请各语言领域教授、海归教师、外籍教师等为学生开展内容丰富的语言沙龙活动，包括语言学习、异域文化分享、教授讲座、游戏互动、学生留学经历分享等，融娱乐、文化、生活和知识于一体，开放性的课堂为对外语感兴趣的同学们搭建了一个互动交流的平台。

四、科学研究

学校十分重视对青年教师科研能力的培养，结合本校非通用语教师队伍年轻化这一特点，鼓励并支持教师参加科研培训、学术会议，并定期邀请各相关学科专家到校为青年教师授课，对项目申报进行指导。本校非通用语教师主持并完成教育厅课题1项（缅甸语）、校级课题2项（缅甸语、越南语各1项），发表各类期刊论文20余篇。

五、对外交流

在我校非通用语种类专业的办学过程中，依托学校对外合作资源，保障"3+1"人才培养模式顺利开展。学校与语言对象国各高校保持有良好的"3+1"人才培养合作关系，包括泰国玛希隆大学、兰实大学、华侨崇圣大学，缅甸仰光外国语大学，越南国家大学所属人文社会科学大学、河内大学等。除"3+1"项目外，我校还与泰国、越南、缅甸多所高校展开寒暑假短期游学项目。

六、社会服务

除重视教学工作外，国语学院还非常重视学生社会责任感的培养，并鼓励学生和教师参与到各类社会实践活动、志愿者活动中。

2013年5—6月，选派1名教师参加首届中国—南亚博览会筹备工作领导小组办公室外事宣传部工作。2019年，选派1名教师到中华人民共和国驻缅甸大使馆工作。

在国语学院团委组织下，选派学生参加历届中国—南亚博览会、南亚东南亚国家商品展暨投资贸易洽谈会、中国国际旅游交易会等大型展会的志愿者工作。2019年6月，亚洲藤球锦标赛在云南财经大学举行，非通用语种类专业学生承担语言志愿者服务。2019年9月，以"绿色发展　共享未来"为主题的2019年《财富》全球可持续论坛在中国玉溪成功举办，我校共有40余名非通用语种类专业学生参与志愿服务工作。

附：各专业描述

越南语专业

专业定位及培养目标

云南财经大学越南语专业于2010年获准作为本科专业建设，并于2011年正式招生。越南语专业采用"3+1"人才培养模式，同时，依托本校的经管类学科优势，坚持"越南语+经管知识"的专业特色，旨在培养具有扎实的越南语基本功，并掌握经管类专业知识，具有一定跨文化交际能力的"精外语、通商贸、善交流"的复合型人才。

人才培养情况

截至2019年，越南语专业已累计培养本科毕业生117人，在校生103人，累计选派8名同学参加了"云南省高校东南亚南亚语种翻译人才基地班项目"。

泰语专业

专业定位及培养目标

云南财经大学泰语专业于2011年获准作为本科专业建设，并于2012年正式招生。本专业采用"3+1"人才培养模式，同时依托本校的经管类学科优势，坚持"泰语+经管知识"的专业特色，旨在本专业培养具有良好泰语表达能力，学科专业基础扎实、实践能力强，具有一定跨文化交际能力的国际化人才。

人才培养情况

截至2019年，泰语专业累计培养本科毕业生150人，在校生210人，累计选派4名同学参加了"云南省高校东南亚南亚语种翻译人才基地班项目"。

缅甸语专业

专业定位及培养目标

云南财经大学国际语言文化学院缅甸语专业于2015获准作为本科专业开设，2016年9月正式招生。本专业实行"3+1"本科人才培养模式，即学生在本科第三学年前往缅甸合作院校学习1年，进一步打好语言基本功，并深入了解缅甸的风土人情及社会经济发展情况。

缅甸语专业人才培养依托财经大学的办学特色和资源优势，旨在培养具备扎实的缅甸语听、说、读、写、译基本技能，并掌握经管类专业知识，具有一定跨文化交际能力的"缅甸语+经管知识"国际化复合型人才。

人才培养情况

截至2019年9月，缅甸语专业累计培养本科生97人，累计选派3名同学参加了"云南省高校东南亚南亚语种翻译人才基地班项目"。

执笔人：岳淑芳

云南农业大学
非通用语种类专业建设与发展报告
（2011—2019）

一、历史概况

云南农业大学外语学院于2008年9月开始设立小语种教研室，2011年10月成立非通用语系，2019年非通用语系更名为东南亚语系，目前开设有越南语和泰语两个专业，于2019年申报缅甸语专业，现已获教育部审批备案，拟于2020年9月开始招生，各专业招收层次均为本科。

云南农业大学是云南省内唯一开设非通用语种专业的农业院校，突破了传统的师范类、语言类或者民族院校开设东南亚、南亚语种的惯例，根据云南省与东南亚各国在农业领域具有明显互补性这一区位优势特点，将东南亚语种教育与学校农科优势相结合，形成了独具特色的"东南亚语种+专业"和"专业+东南亚语种"的办学特色。"东南亚语种+专业"就是为东南亚语种专业开设模块选修课，如农业泰语，让学生在学习语言文化知识的同时，学习掌握农业专业知识；"专业+东南亚语种"就是东南亚语种专业与其他学院或专业进行跨院系、跨专业的合作，为其他有需求的学院和专业提供个性化的东南亚语种教育教学。

越南语专业自2011年开始招生，旨在培养德、智、体全面发展，能够从事文化交流、经贸合作和教育科研等工作，具有国际视野的复合型人才，截至目前已为社会培养了5届共172名本科毕业生。

泰语专业自2014年开始招生，以培养具有国际视野的复合型人才为总目标，着力培养具备扎实泰语基本技能，掌握对象国和地区文化、政治、经济等知识，能从事文化交流、教育等工作的德才兼备的非通用语人才，截至目前已为社会培养了两届共108名本科毕业生。

二、师资队伍

（一）越南语专业

本专业拥有一支治学态度严谨、教学经验丰富、职称和学历结构基本合理的师资队伍。现有专任教师5人，其中副教授1人、讲师1人，具有硕士及以上学历4人（其中2人为在读博士），并长期聘用1—2名外教，师生比为1：18。所有教师均有丰富的海外学习或工作经验，研究成果丰硕。其中，郑青青副教授主持了教育厅科研项目、云南省省级质量工程项目、国家社科青年项目，并发表了多篇研究论文；刘莹老师获国家留学基金委国家公派"博士后、高级访问学者"项目赴越南访学，获"云南省首届教师教学比赛初赛暨云南农业大学教师教学比赛"二等奖，主持立项云南省省级教学质量工程东南亚精品课程项目，并发表多篇学术论文；龙治江老师和刘沐尧合作编著《零起点轻松说越南语》，撰写并出版了《零起点说生意越南语》一书，参与编译了《越南语言学家大全》《越南概况》等著作，目前正在编写《汉越农科词典》，并发表了多篇学术研究论文。另外，在本专业学生出国留学期间，语言对象国的合作学校择优配备9—10名教师为我校学生授课。

表15-1　越南语专业教师信息一览表

姓名	职称	出生年份	学校及本科专业	学校及硕士专业	学校及博士专业	备注
郑青青	副教授	1985	广西民族大学旅游管理专业（越南语方向）	广西民族大学亚非语言文学专业	厦门大学世界史专业	博士在读
刘莹	讲师	1981	云南民族大学越南语专业	河内国家大学下属社会及人文科学大学语言学专业	河内国家大学下属社会及人文科学大学语言学专业	博士在读
阮楠	助教	1989	云南民族大学越南语专业	云南民族大学亚非语言文学专业		
龙治江	助教	1985	北京外国语大学越南语专业	云南民族大学亚非语言文学专业		
杨莹	助教	1985	云南民族大学越南语专业			

（二）泰语专业

本专业拥有一支以中青年骨干教师为主的教师队伍，目前共有6名专任教师，其中高级职称1人、中级职称2人、初级职称3人，有5人具有硕士及以上学历（其中1名为在读博士）。所有老师都具有丰富的海外学习或工作经验，还长期聘有1名外教参与教学工作，师生比约为1∶17。在学生出国留学期间，语言对象国的合作学校择优配备9—10名优秀教师为我校学生授课。此外，本专业还聘请易朝晖教授为特聘教授，邀请云南民族大学的刘晓荣教授、云南师范大学的何冬梅教授到校做讲座并指导学生毕业论文答辩，也曾邀请到中国非通用语教学研究会会长钟智翔教授到校做讲座。

表15-2　泰语专业教师信息一览表

姓名	职称	出生年份	学校及本科专业	学校及硕士专业	学校及博士专业	备注
丁恒峰	副译审	1968	中国人民解放军国际关系学院泰语专业			
杨建琳	讲师	1981	泰国程逸皇家大学英泰专业	泰国清迈皇家大学泰语专业	泰国清迈皇家大学多元文化教育专业	博士在读
朱贵平	翻译	1979	中国人民解放军国际关系学院泰语专业	云南民族大学亚非语言文学专业		
段丽娜	助教	1990	西安外国语大学泰语专业	云南民族大学亚非语言文学专业		

续表

姓名	职称	出生年份	学校及本科专业	学校及硕士专业	学校及博士专业	备注
陈珂钰	助教	1992	云南民族大学泰语专业	云南民族大学亚非语言文学专业		
李伟叶	助教	1991	云南民族大学泰语专业	云南民族大学亚非语言文学专业		

表15-3 非通用语教师职称、学历一览表

单位：人

专业	教师总数	副教授	讲师	助教	硕士	博士	本科
泰语	6	1	2	3	4	1	1
越南语	5	1	1	3	2	2	1
总计	11	2	3	6	6	3	2

表15-4 外聘教师信息统计表

姓名	国籍	职称/学历	所在学校	教授专业	执教年份
Ms.Penpriun Sunwannakood	泰国	无/硕士	云南师范大学	泰语	2018年—至今
谢氏花	越南	无/硕士	—	越南语	2013年—至今

三、教学与人才培养

（一）越南语专业

本专业2011年开始招生，培养层次为本科，开设有基础越南语、高级越南语、越南语视听说、越南语口语、越汉翻译理论与实践、越南语阅读与写作、越南语高级口译、越南文学作品选读、越南语报刊选读、越南语语法、越南国情与中越关系、当代国际关系理论等课程，旨在培养既能熟练掌握越南语听、说、读、写、译等方面的语言技能，又能了解越南政治、经济、文化各领域的基本知识，同时具有广博的东盟国家历史文化知识、旅游知识和科学文化知识，毕业后能够在东南亚南亚国际大通道建设中发挥本专业特长，能在外事、旅游、经贸、文化、新闻出版、教育等领域熟练运用越南语从事经济文化交流、翻译、研究和管理等工作的应用型、复合型专门人才。学生在校期间专业课学分占62.9%，计入的实践课程学分占总学分的25.9%。

除了本校教师和长期聘请的外教参与教学之外，本专业还经常邀请国内同行知名专家到校开展讲学和授课，如聘请广西民族大学黎巧萍作为特聘教授到校开展讲学，并指导学生毕业论文评审及答辩；聘请云南民族大学方晨明教授到校开展专题讲座。

本专业积极探索国际化外语人才的培养模式创新，改变纯语言技能的工具型培训模式，大力加强学生的语言文化基础知识、国际化视野和跨文化交际能力。本专业采用"2+1+1"人才培养模式，学生在4年本科学习期间，前两年在校学习，第三年到越方合作学校学习，第四年在校学习。在国外学习期间，本专业要求越方学校开展4次专业见习和为期1个月的专业实习，见习和实习对象均为农业生产单位。

本专业教师取得1项国家级社科青年项目（2016年）、1项省级质量工程（云南省2013年度高等学校东南亚南亚语种人才培养示范点——越南语）、1项省级精品课程（云南省2013年度高等学校东南亚南亚精品课程建设项目——越南语语音），获得云南省高校教师教学大赛二等奖。

截至2019年，本专业已为社会培养了5届共172余名越南语人才，目前在校生为160人（含目前在越学习的44名学生）。所培养学生在各类竞赛比赛活动中屡获佳绩，在全国大学生越南语演讲大赛中获国家级二等奖两项、三等奖4项、优秀奖3项；在云南省高校东南亚语演讲比赛等省级比赛中共获省级一等奖两项、二等奖两项、优秀奖3项。

在教材选用及考核测评方面，本专业主要选用国内著名院校编写且正式出版的最新教材，包括中国人民解放军战略支援部队信息工程大学、广西民族大学等出版的教材。教材出版单位为世界图书出版集团、外语教学与研究出版社、北京大学出版社等。

本专业考核测评方式严谨科学，测评效果理想，试卷制作规范严格，遵循严格的试卷审批手续。制作了《越南语专业本科毕业论文指导手册》等考核测评规范性文件，毕业生的论文撰写和答辩均要求用越南语进行，每届毕业生的毕业论文都严格执行送外审和聘请同行专家参与答辩的制度。

在毕业生就业方面，本专业学生毕业后主要在政府部门、事业单位及大型企业驻越南办事处从事翻译等工作。2018届初次就业率为90%，其中考研升学率为13.3%。

在基础设施建设方面，本专业目前配备了5间语言实训室和1间同传实验室，既能满足学生平时学习之需，又能为学生提供丰富的模拟实训场景，让学生获得更贴近现实的实操技能培训。

（二）泰语专业

本专业2014年开始招生，培养层次为本科，修业年限为4年，学生在校期间必须修满《云南农业大学泰语专业本科人才培养方案》所规定的学分。学科专业课程学分占总学分的54.1%，实践学分占25.9%。此外，每位学生都应在第二课堂教育平台中获得10个课外修读学分和两个创新实践学分（该项不计入总学分）方可毕业。主干学科为外国语言文学，主干课程为基础泰语、高级泰语、泰语视听说、泰语写作、泰语语法、泰语汉语互译、泰国文学、泰国社会与文化等，主要的实践环节为军训、社会调查、社会实践以及赴语言对象国、地区学习或在国内相关单位实习。本专业旨在培养具备扎实的泰语听、说、读、写、译基本技能，掌握对象国和地区语言、文学、历史、政治、经济、文化、宗教、社会等相关知识，能从事外交、外经贸、文化交流、新闻出版、教育、科研、农业等工作的德才兼备、具有国际视野的复合型人才。鼓励学生学习英语和相近专业语言，辅修第二学位。学生毕业时达到云南农业大学学士学位授予规定条件的，授予文学学士学位。

本专业特色之一体现在国际化外语人才的培养模式上。一是积极探索和实践国际化道路的"2+1+1"人才培养模式，学生在校期间，前两年在校学习，第三年到泰方合作学校学习，第四年在校学习。二是改变纯语言技能的工具型培养模式，除了加强对学生语言运用能力的培养外，还注重加强对学生语言文化基础知识、农业科技知识、跨文化交际等方面的能力的培养。

截至目前，本专业已经为社会培养了两届共108名毕业生，目前在校学生为150人。所培养学生在各类竞赛活动中屡获佳绩，在2017年6月"互联网+"创新创业大赛中获得云南省二等奖1项；在2018年6月"互联网+"大学生创新创业大赛中获得金奖1项；在历届云南省高等学校东南亚语演讲比赛中获得3项二等奖、2项三等奖和1项优秀奖。

专业考试测评科学合理，主要采用形成性评价与终结性考试相结合的考核方式，以检验学生知识、能力、素质为目的，测评效果理想。本专业还制作了《云南农业大学泰语专业论文写作标准》等考核测评规范性文件，毕业生的论文撰写和答辩均要求用泰语进行，每届毕业生的毕业论文都严格执行送外审和聘请同行专家参与答辩的制度，较好地保证了毕业生论文的质量。在近4年的云南省高等学校外语应用能力考试中，本校泰语专四合格率均在80%以上，2017年2014级学生首次参加专八考试，合格率为56.41%。

本专业学生毕业后主要从事与泰语相关的旅游、教育培训、翻译等工作。首届毕业生初次就业率为84.3%；2015级（2019届）毕业生就业率为85%，就业去向主要为升学、在企业单位从事翻译工作等。

在基础设施建设方面，本专业目前配备有5间语言实训室和1间同传实验室，既能满足学生平时学习之需，又能为学生提供丰富的模拟实训场景，让学生获得更贴近现实的实操技能培训。

表15-5　2011—2019年非通用语种学生人数一览表

年份	专业			
	泰语		越南语	
	招生	毕业	招生	毕业
2011			43	42
2012			26	26
2013			49	45
2014	51	51	29	29
2015	57	57	35	30
2016	50		53	
2017	44		47	
2018	29		25	
2019	27		25	
总计	258	108	332	172

表15-6　各专业与国外合作交流高校一览表

专业	高校名称
泰语专业	泰国清迈大学
	泰国班颂德昭帕亚皇家大学
越南语专业	越南河内大学
	越南太原农林大学

表 15-7　学生专业竞赛获奖统计表

序号	奖励类别	获奖等级	奖项名称	获奖者	获奖年度
1	演讲比赛	省级	云南省高校第三届东南亚语演讲比赛一等奖	李毕超	2014
2	演讲比赛	省级	云南省高校首届口译大赛二等奖	李毕超	2014
3	演讲比赛	国家级	第七届全国大学生越南语演讲大赛二等奖	刘浏	2015
4	演讲比赛	国家级	第七届全国大学生越南语演讲大赛三等奖	杨积鼎	2015
5	演讲比赛	国家级	第七届全国大学生越南语演讲大赛三等奖	余丽瑶	2015
6	演讲比赛	国家级	第七届全国大学生越南语演讲大赛四年级组二等奖	刘浏	2015
7	演讲比赛	国家级	第七届全国大学生越南语演讲大赛二年级组优秀奖	覃艳盛	2015
8	演讲比赛	省级	云南省第四届东南亚语演讲比赛越南语专业组优秀奖	苏珊珊	2016
9	演讲比赛	省级	云南省第五届东南亚语演讲比赛越南语专业组优秀奖	段富瑞	2017
10	演讲比赛	省级	云南省第六届东南亚语演讲比赛越南语专业组二等奖	赵立明	2018
11	演讲比赛	国家级	第九届全国大学生越南语演讲大赛四年级组三等奖	韦晓芳	2019
12	演讲比赛	国家级	第九届全国大学生越南语演讲大赛四年级组优秀奖	邓㼆薇	2019
13	演讲比赛	国家级	第九届全国大学生越南语演讲大赛二年级组优秀奖	杜长东	2019
14	演讲比赛	国家级	第九届全国大学生越南语演讲大赛二年级组三等奖	梁信聪	2019
15	演讲比赛	省级	第四届云南省高等学校东南亚语演讲比赛二等奖	魏文卿	2016
16	演讲比赛	省级	第六届云南省高等学校东南亚语演讲比赛三等奖	唐铝霞	2018
17	技能比赛	国家级	第十届中国高校学生泰语演讲、泰语技能比赛参与奖	赵雅静，蒋家利，张雪梅，符建，鲁译鸿	2018
18	创业大赛	省级	"建行杯"第三届云南省"互联网+"大学生创新创业大赛二等奖	—	2017
19	创业大赛	省级	"建行杯"第四届云南省"互联网+"大学生创新创业大赛金奖	赵亦杨	2018
20	演讲比赛	省级	第七届云南省高校东南亚语种演讲比赛二等奖	范喻晖	2019
21	演讲比赛	省级	第七届云南省高校东南亚语种演讲比赛二等奖	岩罕	2019
22	演讲比赛	省级	第七届云南省高校东南亚语种演讲比赛二等奖	范佳烨	2019
23	演讲比赛	省级	第七届云南省高校东南亚语种演讲比赛优秀奖	杨四美	2019
24	演讲比赛	省级	第七届云南省高校东南亚语种演讲比赛优秀奖	李楠	2019

四、科学研究

我校越南语和泰语两个专业紧紧围绕学校学科建设战略目标，结合新农科建设需求和发展趋势，在科研机制、团队建设、科研平台等方面进行了积极的探索和尝试，除了采取传统的通过学历提升、参加学术会议等方式提升教师的科研能力水平外，两个专业还建立了"青年教师科研能力提升工作坊"、与对象国合作学校开展学术交流等机制，挖掘青年教师的科研潜力，推动专业科研团队的可持续发展。

目前，我校越南语和泰语两个专业的青年教师在语言、文化、区域国别等领域具备了一定的研究能力。（详见表15-8、表15-9）

表 15-8　科研项目信息一览表

序号	项目类别	项目名称	主持人	项目编号	立项/结项时间
1	国家社科基金青年项目	10—20世纪上半叶越南国家意识的形成研究	郑青青	16CSS008	2016年立项/在研
2	云南省教育厅	越南语中的日源汉越词研究	郑青青	2013Y448	2013年立项/2015年结题
3	云南省省级质量工程项目	云南省高等学校东南亚南亚语种人才培养示范点——越南语	郑青青	云南省教育厅（云教高〔2013〕125号）	2013年立项/2015年结题
4	云南省省级教学质量工程东南亚精品课程项目	云南省高等学校东南亚南亚精品课程建设项目——越南语语音	刘莹	云南省教育厅（云高教〔2013〕117号）	2013年立项
5	云南农业大学校级项目	3+1国际化人才培养模式下泰语专业学生跨文化交际能力培养与实践	杨建琳	2017YAUJY121	结题
6	2019年云南省高等学校大学外语教改青年项目	高校"专业+大学泰语"培养模式的探索与实践——以云南农业大学为例	段丽娜	17	在研

表 15-9　学术论文一览表

序号	论文名称	第一作者	期次	发表刊物名称	单位署名情况
1	越南民间信仰中的福神信仰探究	郑青青	2014年第5期	《世界宗教文化》	厦门大学、云南农业大学
2	越南语吸收十九世纪汉语新词特点分析——以其对马西尼《十九世纪文献中的新词词表》词语的吸收为例	郑青青	2013年第1期	《外语教学与研究》	云南农业大学

执笔人：朱贵平

云南师范大学文理学院
泰语专业建设和发展报告
（2011—2019）

一、概况

云南师范大学文理学院成立于2000年，是经教育部批准的具有全日制普通本科学历教育资格的独立学院，位于"一带一路"建设中国家面向东南亚南亚开放的门户城市——"春城"昆明。学院坚持知识、能力、素质、人格并重的教育理念，促进通识教育、专业教育、创新创业教育有机融合，以办成现代高水平创新型大学为目标。学院设有11个二级学院（部）、48个本科专业，涵盖理、工、农、经、文、管、教育、艺术8个学科门类。

云南师范大学文理学院非通用语种类专业目前只开设了泰语专业，于2011年获得教育部批准开设，并于同年9月正式招生。泰语专业历时8年的成长，已具有一定的规模。截至2019年，泰语专业已有5届毕业生，向社会输送了近400名泰语专业人才；在校生170余人。此外，还面向全校，对各二级学院开展泰语第二外语、大学外语及选修课程的教学，涉及的非专业学生约300人次。

二、师资队伍

（一）教师数量

拥有资深教学团队。师资队伍由顾问、特聘教师、专职教师及外聘教师组成，中国教师、外籍教师相结合。教师人数共10人（不包括离职人员），其中专职教师6人，包括4名中国教师及2名外籍教师；外聘教师4人，其中中国教师3人、特聘外教2人。专业专任教师人数达到了普通高等学校专业教学质量国家标准中非通用语种教师人数的要求。

表16-1 泰语专业教师信息一览表

序号	姓名	性别	学位	职称	研究方向
1	［泰］Pensin	女	硕士	副教授	商务泰语、商务英语
2	邓正荣	男	学士	副教授	泰国语言、文学与文化
3	［泰］林子晗	男	博士	副教授	泰国语言、文学与文化
4	杨丽	女	硕士	讲师	泰国语言、文学与文化
5	王凤梅	女	硕士	讲师	泰国语言、文学
6	朱玥霖	女	硕士	讲师	泰国语言、文学与文化

续表

序号	姓名	性别	学位	职称	研究方向
7	［泰］潘素琼	女	硕士	外教（无职称）	商务泰语、工商管理
8	［泰］Nongrak	男	硕士	外教（无职称）	教育学
9	高喜墨	男	硕士	助教	泰国语言、文化
10	马银福	男	硕士	助教	泰国语言、文化

（二）教师结构

泰语专业高级职称教师有3人，占教师总人数的30%，外籍教师4人，占教师总数的40%，具有硕士、博士学位教师占总教师人数的90%。具有博士、硕士学位的教师占比达到普通高等学校专业教学质量国家标准相关要求。

（三）教师授课

泰语专业教师团队承担本科阶段4个年级的日常教学工作。大三年级因涉及出国留学，出国学生留学期间的日常教学工作由泰国合作院校承担。根据教师特点具体教学任务分工如下：

专职中国教师：均为年轻教师，承担专业基础课教学工作，力求为学生的专业学习打下扎实的基础。

外聘中国教师：均为高级职称教师，担任专业核心课程教学工作，专职中国教师协助教学；此外，高级职称教师定期给学生开展专业讲座及主题培训。

外籍教师：主要担任语言技能、综合实践及文化课教学工作，专职中国教师协助教学。

三、教学和人才培养

云南师范大学文理学院泰语专业采取"通识+学科+专业+实践"的人才培养模式，学生在入学后首先掌握一门外语语言专业知识与技能，然后开始学习一门第二外语，之后循序渐进，逐步拓宽各类专业学科知识面或提升第二外语能力，通过"一专多路径"的课程设置方式培养具有国际视野的应用型复合人才。

我校采取"3+1"人才培养模式，为学生成为高素质的复合型泰语人才（泰语+技能）奠定了坚实的基础。学校与泰国多所高校保持良好的合作关系，开展了形式多样的语言文化互换学习项目。目前，赴泰留学、交换学习的专业及非专业学生已达到600多人次。同时，本专业坚持海外实习实训，其中实训以主题讲座、短期课程的形式开展。此外，学生还需参加200个小时的专业实习，实习的单位包括合作院校本身、中小学校、美容美体中心、健康医疗中心、房地产、酒店、旅游协警、旅游公司等。

（一）历届学生培养人数

2011—2019年，泰语专业共培养了5届本科毕业生，共计359人。

表 16-2　泰语专业历届学生人数一览表

毕业届别（届）	毕业生总人数（人）	总计（人）
2015	97	359
2016	71	
2017	64	
2018	67	
2019	60	

注：统计人数均为毕业生，不包括在校生。

（二）"3+1"本科人才培养模式

云南师范大学文理学院自2011年以来，不断创新泰语专业的"3+1"人才培养模式，即学校与泰国多所高校签订教学合作协议，并将这些学校作为实践教学基地，本科学生一、二、四年级在国内学习，三年级到对象国高校留学1年。通过"3+1"人才培养模式中的留学计划，学生亲身体验和感受到了对象国的风物人情，加深了对对象国的了解，坚定了专业信心；在当地的语言环境下，很大程度地提高了学生专业语的听说运用能力。通过留学学校为中国留学生专门开设的各种课程，让学生更加全面深入地学习到了对象国语言、文化等各方面的知识。"3+1"人才培养模式的实施，探索和拓宽了泰语本科人才的培养途径，提高了泰语专业的本科教学质量，并加强了我院的国际合作与对外交流。经过1年的系统学习，学生的专业语水平得到大幅度的提高，毕业生普遍受到就业单位和社会的欢迎和好评，就业形势好、信息反馈很好，提高了学院和学校的社会知名度和影响力。

（三）教学质量工程项目及教材建设

我校泰语专业一直努力推进教学改革，注重提高教学质量，加强学科专业建设。学院的教材建设也取得了一定成绩，截至2019年，共出版著作及教材7本。

表 16-3　出版著作及教材信息一览表

序号	名称	作者	类型	出版单位	出版时间	著作类别
1	《泰语金牌入门，看完这本就能说！》	朱玥霖、李俊才	参考书	中国宇航出版社	2016年2月	编著
2	《泰语阅读2》	杨朋	教材	北京希望电子出版社	2016年6月	主编
3	《加油！我的泰语》	[泰]陈昌旭、朱玥霖	参考书	中国宇航出版社	2016年7月	编著
4	《旅游泰语》	杨丽	教材	北京希望电子出版社	2016年10月	参编
5	《每天写一点泰文：标准泰语手写体临摹字帖》	朱玥霖	参考书	中国宇航出版社	2017年8月	编写
6	《自学泰语看完这本就能说》	朱玥霖、李俊才	参考书	台湾语研学院	2017年11月	编著
7	《出国旅游泰语应急说》	朱玥霖	参考书	北京第二外国语学院旅游教育出版社	2018年6月	编著

（四）就业工作

在学院人才培养工作的有力推进下，泰语专业毕业生就业率高、就业质量较好。

表16-4　泰语专业历届毕业生就业情况一览表

毕业届别（届）	毕业生总人数（人）	已就业人数（人）	就业率
2015	97	92	94.8%
2016	71	65	91.5%
2017	64	61	95.3%
2018	67	63	94.0%
2019	60	56	93.3%

表16-5　泰语专业历届毕业生就业方向一览表

毕业届别（届）	就业总人数（人）	党政机关（人）	事业单位（人）	国企（人）	地方基层项目（人）	非国有企业（人）	部队（人）	出国（人）	自主创业（人）	自由职业（人）	读研（人）
2015	92	4	5	2	—	49	—	2	3	20	5
2016	65	1	5	—	—	53	1	—	1	—	4
2017	61	1	6	—	—	51	—	1	—	—	2
2018	63	1	6	6	2	40	—	10	—	—	2
2019	56	1	4	—	—	28	1	6	1	11	4

四、科研成果

（一）论文

表16-6　泰语专业教师发表论文信息一览表

序号	名称	类别	刊物名称	期次	作者	收录情况
1	泰国的魂信仰	省级	《成都大学学报》（社会科学版）	2016年第6期	马银福	万方
2	高校泰语本科教材现状、问题及对策	省级	《教育与教学研究》	2016年第8期	马银福	万方
3	汉泰反义复合词词义比较	省级	《中文科技期刊数据库（文摘版）教育》	2016年第10期	王凤梅	维普
4	基础泰语教学中文化导入模式浅析	省级	《课程教育研究》	2017年第9期	王凤梅	万方
5	关于提高泰语写作能力的几点建议	省级	《教育界》	2014年第33期	王凤梅	万方
6	西游记与拉玛坚主题思想比较	省级	《南国博览》	2019年第2期	王凤梅	知网
7	学习化生存	国际级	《现代阅读》	2013.07	杨丽（1）	知网
8	新形势下泰语教学探索与创新培养	省级	《课程教育研究》	2015.01	杨丽（1）	万方
9	泰语语气词浅析	省级	《课程教育研究》（新教师教学）	2015年第32期	杨丽、马银福	万方

续表

序号	名称	类别	刊物名称	期次	作者	收录情况
10	新形势下高校工会工作存在的问题与对策	省级	《商情》	2016.11	杨丽（4）	知网
11	泰国小学生学习汉语声母难点分析与教学对策	省级	《速读》（下旬）	2016年第11期	杨丽	万方
12	浅析国内高校泰语专业前景展望	省级	《课程教育研究》	2017年第7期	杨丽	万方
13	试析泰语课程教学中的文化导入方法	省级	《读书文摘》	2016年第34期	杨丽	万方
14	论学生泰语学习需求及其对泰语教学的影响	省级	《时代教育》	2017年第21期	杨丽	万方
15	国际视野下泰语人才培养课程体系构建的思考	省级	《教育界》	2018年第9期	杨丽	万方
16	泰语专业建设与特色发展的探索	省级	《文理导航·教育研究与实践》	2018年第9期	杨丽	万方
17	Error Analysis in Spelling Words of Students Majoring in Thai Languages	国际版	《HUSO journal of Humanities and Social Science》	2018年第6期	杨丽	国外期刊
18	双师型教师在高校育人过程中的重要作用探析	省级	《新教育时代电子杂志》（教师版）	2018年第35期	沈顺珍、杨丽	万方
19	独立学院提升基层党组织组织力的路径探索与实践	省级	《智富时代》	2018年第10期	沈顺珍、崔敏晶、杨丽	知网
20	"语言专业＋合作教育（Co-OPE）"的人才培养模式初探——以云师大文理学院泰语专业为例	国家级	《科技研究》	2019年第4期	杨丽	中国期刊网
21	泰国民间故事"马脸姑娘"故事类型研究	省级	《北方文学》	2015年第1期	朱玥霖	万方

（二）科研项目

表10-7 泰语专业教师科研项目信息一览表

序号	名称	项目级别	起止时间	项目负责人
1	基础泰语阶段写作能力培养方法探究	校级	2013年6月至2014年6月	王凤梅
2	基础泰语教学中文化导入应用研究	校级	2016年7月至2017年7月	王凤梅
3	云师大文理学院泰语系课程设置改革探析	校级	2013年6月至2014年5月	杨丽
4	云南省高等学校东南亚南亚语种特聘教师支持计划项目	省级	2013年5月至2014年5月	杨丽
5	云南省高等学校东南亚南亚语种优秀留学生支持计划项目	省级	2014年7月至2015年7月	杨丽
6	云南省高等学校东南亚南亚语种优秀翻译人才培养项目	省级	2015年9月至2016年9月	杨丽

续表

序号	名称	项目级别	起止时间	项目负责人
7	泰国华文报刊对传播中国文学的作用	厅级	2015年10月至2017年10月	杨丽
8	2016年云南高等学校东南亚南亚语种优秀学生留学支持计划项目	省级	2016年7月至2017年9月	杨丽
9	云南省高等学校泰语人才培养的困境与出路	厅级	2016年7月至2018年7月	杨丽

五、未来发展思路

（一）继续加强专业教师队伍建设

第一，争取在3年内与1—2所优秀泰国高等院校达成中外合作办学正式协议，实现教师互访、进修，从而提高教师的专业和教学水平。

第二，鼓励专业教师参加省内、国内乃至国外举办的泰语教师培训项目，增加国内各高校专业教师的交流，互相学习教学经验，提高专业办学水平。

第三，每年邀请泰国合作院校外籍教师来我校任教，并不定期邀请国际或国内知名学者来我校授课或举办讲座，促进教学交流，更新教学思路及方法。

第四，3年内争取聘请1—2名国内外优秀学者、教师来我校进行讲学指导或担任客座教授。

第五，支持专业教师在国内及国外进行深造，鼓励教师读取硕士、博士学位，提高专业水平；支持专业教师参加、开创专业项目建设。

第六，加强专业教师队伍的研究水平，以取得更多的教科研成果。

（二）继续加强课程及人才培养建设

第一，培养并选拔优秀学生参加东南亚南亚语种优秀学生留学项目。

第二，继续组织学生参加云南省东南亚南亚语种等级证书考试，提升泰语专业四级、专业八级考试过级率。

第三，做好专业比赛团队建设，培养并选派优秀学生参加各类泰语比赛，加大专业比赛竞争力，提升比赛名次。

第四，与泰国合作院校对接课程，根据社会对泰语专业人才的需求及时调整课程重心，调整授课方式，增加学生实践机会。

执笔人：王凤梅

云南大学
非通用语种类专业建设和发展报告
（2014—2019）

一、历史概况

云南大学始建于1922年，时为私立东陆大学，1934年更名为省立云南大学，1938年改名为国立云南大学，是我国西部边疆最早建立的综合性大学之一。1937年，著名数学家、教育家熊庆来出任校长，一大批著名学者受聘到校任教，奠定了学校较高的发展基点和深厚的学术底蕴，开创了云南大学办学历史上的第一个辉煌时期。20世纪40年代，云南大学已发展成为一所包括文、法、理、工、农、医等学科在内的规模较大、在国际上较有影响力的中国著名大学之一。1946年，《不列颠百科全书》将云南大学列为中国在世界最具影响力的15所大学之一。20世纪50年代全国院系调整，部属云南大学一些重要而有特色的系科，如航空、土木、法律、铁道等被划出并入当时的北京航空学院、四川大学、西南政法学院、长沙铁道学院等高校；工、医、农等学科先后独立建校，并逐步发展为今天的昆明理工大学、昆明医科大学、云南农业大学、西南林业大学等高校。1958年，云南大学由中央高教部划归云南省政府管理。1978年，云南大学被国务院确定为全国88所重点大学之一。2017年，云南大学成为中国首批42所"一流大学"建设高校之一。

云南大学是云南省最早开设非通用语种类专业的高校。1992年云南大学招收了第一届缅甸语、越南语两个专业的专科生，后因故未能继续招生。2013年，学校根据云南省对外开放的需要，由外国语学院主持重新申办缅甸语、泰语、越南语3个语种的全日制本科专业并获得教育部的批准。2014年，云南大学外国语学院成立东南亚语系专门筹备招生工作，并于秋季学期同时招收上述3个专业本科生，同年还增设了亚非语言文学硕士点并开始招生。学校以培养高素质复合型人才为目标，严格限制招生规模，本科专业每年招收1个班，每班人数20人左右。2017年底，泰语、越南语、缅甸语3个专业分别独立成系。2018年秋季学期，云南大学历史上第一届印地语专业本科生20人入住云南大学呈贡校区，使云南大学非通用语种类专业从东南亚语扩展到南亚语。截至2019年，缅甸语、泰语、越南语3个东南亚语种成功招收了6届本科生共计367人，两届印地语专业本科生40人及泰语、缅甸语、越南语、印地语4个专业硕士研究生共计27人。

云南大学的非通用语种类专业建设历来得到学校的大力支持。2012年云南大学成为国家"中西部高校基础能力建设工程"和"中西部高校提升综合实力工程"实施院校，小语种专业及外国语言学科被列为重点建设项目之一。2017年云南大学成为中国首批42所"一流大学"建设高校之一,"小语种与外国语言文学学科建设项目"获准立项为云南大学首批"一流大学"建设项目,由学校拨付专项资金支持非通用语教师的科研和非通用语种类专业学生的学习。在此项目支持下,云南大学所有非通用语种类专业学生在国外交流学习1年的学费、住宿费和往返国际旅费全部由学校承担,实现了学生出国交流学习"零负担"。

2019年12月30日,《教育部办公厅关于公布2019年度国家级和省级一流本科专业建设点名单的通知》(教高厅函〔2019〕46号)发布,云南大学缅甸语专业被认定为国家级一流本科专业建设点。

二、教学与人才培养

云南大学非通用语种类专业以培养具备较高的人文与科学素养,语言基础理论扎实,能熟练掌握语言听、说、读、写、译等方面的语言技能,了解语言对象国语言、文学、历史、政治、经济、文化、宗教、社会等知识,具有较强的专业实践能力和开阔的国际视野,毕业后能够在外事、旅游、经贸、文化、新闻出版等经济文化交流领域和教育部门熟练运用所学语言从事相关工作,能为地方经济和社会发展以及区域性国际经济发展服务的应用型人才为目标,培养适应社会建设与经济发展需要,具备扎实的语言基础和较强的语言应用能力,具备较全面的知识结构和综合素质的复合型人才。

教学设计上,除了语言类课程外,还安排了大量历史、文学、语言学、经贸、国际关系、区域研究等领域的基础理论课程,旨在培养学生除了具有扎实的语言文化基础外,还通晓语言对象国经济、历史、政治、社会人文、自然科学等方面的知识,以适应国家发展战略需求。

专业教学上,云南大学采取"2+1+1"人才培养模式,即大一、大二在云南大学学习专业基础课程、专业选修课程以及学校设置的其他课程,大三到语言对象国合作院校学习,大四回云南大学继续学习课程并完成毕业论文。专业培养力求突出"专业课程国内国外两个教学平台,学生实习在海外,面向国内和南亚、东南亚就业"的专业办学特色。

(一)各专业学生人数

截至2019年,云南大学共招收东南亚南亚4个语种的本科生共407人,其中泰语专业124人、缅甸语专业123人、越南语专业120人、印地语40人;研究生27人,其中泰语14人、缅甸语10人、越南语1人、印地语2人。

(二)本科生课程

表17-1 2016—2019学年各专业本科生课程一览表

专业	课程名称
越南语	专业导论、越南概况、越南语语音、基础越南语(一)、基础越南语(二)、中级越南语(一)、中级越南语(二)、高级越南语(一)、高级越南语(二)、越南语口语、越南语听力、越南影视名篇鉴赏、语言学概论、东南亚史、越南文学、越南历史、越南语报刊选读、经贸越南语、越南民俗文化、越南语语法、越南语应用文写作、越南文学作品选读、阅读计划

续表

专业	课程名称
泰语	专业导论、基础泰语（一）、基础泰语（二）、基础泰语（三）、基础泰语（四）、泰国概况、泰语语音、泰语听力（一）、泰语听力（二）、泰语口语（一）、泰语口语（二）、泰语阅读（一）、泰语阅读（二）、泰语阅读（三）、泰语写作（一）、中级泰语视听说、高级泰语（一）、高级泰语（二）、泰语写作（二）、泰国文学、泰汉翻译理论与实践、泰国民俗与宗教、泰国皇室用语、泰国社会与文化、泰语语法、泰语报刊选读、旅游泰语、外事泰语、经贸泰语（一）、经贸泰语（二）、泰语习语、泰语叙事与演讲、泰国文学作品选读、高级泰语视听说、东南亚史、东南亚文化、语言学概论、阅读计划
缅甸语	专业导论、缅甸概况、缅甸语语音、基础缅甸语（1—4）、缅甸语口语（1—2）、缅甸语听力（1—2）、东南亚史、缅甸语阅读（1—2）、缅甸语视听说（1—4）、缅甸语写作（1—3）、东南亚文化、高级缅甸语（1—2）、缅甸文学、缅汉翻译理论与实践、缅文微机处理、涉外缅甸语、缅文报刊选读（1—2）、缅甸历史、缅甸文学作品选读、经贸缅甸语
印地语	专业导论、基础印地语（1—4）、印地语视听说（1—2）、印地语口语、印地语阅读、高级印地语（1—2）、印地语语法、印地语写作、印地语—汉语翻译理论与实践、印度概况、印度历史、印度古代文化、印地语文学简史、印度古代文学、印地语文学作品选读、南亚宗教、印度社会与文化、中印文化交流史、南亚概况、印度政治与外交、印度英语报刊选读（1—2）、印地语报刊选读（1—2）、阅读计划（1—2）、研究计划、科研规范训练、社会调查与实习、毕业论文（设计）、东西文化比较、中外翻译简史、文学概论、高级印地语听力、商务印地语、语言教学与实践

（三）本科生第二课堂活动

云南大学本科生第二课堂活动主要由科技创新、学术讲座、社团活动、社会实践、技能考证、海外短期交流学习等板块组成，在内容上分为思想成长类、实践实习类、志愿公益类、创新创业类、文体活动类、工作履历类、技能特长类7类。另外，培养方案中还设计了阅读计划、研究计划、科研规范训练、专业实习、社会调查、学年论文、创新研究、创意创业等实践课程以及本硕衔接课程、就业创业课程、跨专业交叉课程等个性化课程。其中，"一带一路"实习实训和一年一次的"外文戏剧节"是云南大学外国语学院的特色第二课堂，非通用语种类专业学生通过这些平台，将所学知识运用到实际中，又在这些实践中加强了专业知识。另外，各语种根据自身情况开展各类专题学术活动，如越南语言文学系列学术讲座、缅甸研究系列学术讲座等。

（四）获奖情况

表 17-2 专业学生竞赛获奖情况一览表

奖项	等级/名次
第十届云南省大学生课外学术科技节学术论文奖（研究生）（2019）	特等奖
第三届边疆语言文化论坛暨第五届中国周边语言文化论坛"优秀青年论文"奖	三等奖
CSARA第十三届中国大学生健康活力大赛锦标赛（2017）	一等奖
云南省高等院校啦啦操决赛（2017）	一等奖
云南省驻昆高校军事技能竞赛（2016）	拼搏奖
第九届全国大学生越南语演讲大赛大四组（2019）	一等奖
第九届全国大学生越南语演讲大赛大四组（2019）	二等奖
第九届全国大学生越南语演讲大赛大二组（2019）	二等奖
第九届全国大学生越南语演讲大赛大二组（2019）	二等奖
第九届全国大学生越南语演讲大赛大三组（2019）	一等奖
第九届全国大学生越南语演讲大赛大三组（2019）	三等奖
第八届全国大学生越南语演讲大赛大二组（2017）	三等奖

续表

奖项	等级/名次
第八届全国大学生越南语演讲大赛大二组（2017）	三等奖
第七届云南省高等学校东南亚语演讲比赛越语高年级组（2019）	一等奖
第七届全国大学生越南语演讲大赛专业低年级组（2019）	二等奖
第七届云南省高等学校东南亚语演讲比赛缅语低年级组（2019）	一等奖
第七届云南省高等学校东南亚语演讲比赛缅语高年级组（2019）	二等奖
第七届云南省高等学校东南亚语演讲比赛泰语低年级组（2019）	二等奖
第七届云南省高等学校东南亚语演讲比赛泰语高年级组（2019）	三等奖

（五）学生实习与就业

云南大学重视非通用语种类专业学生的实习工作，专业开办以来已与多家国内外单位签订实习基地协议，加强与国内外企业合作，为学生的实习及就业提供了良好平台。2018届1名缅甸语毕业生通过国考进入文化和旅游部工作，其他语种毕业生大多在各地政府部门及企事业单位就业。学校各语种毕业学生广受用人单位青睐，学生的语言能力和综合素质得到了用人单位的高度评价。

三、师资队伍

截至2019年12月，云南大学非通用语种专业有专任教师33人，其中具有博士学位（包括在读博士）教师5人、具有硕士及以上学位教师19人。所有教师均有赴专业语对象国高校留学、访学和进修的经历，年龄在40岁及以下的专业语种教师有30人，占全部专业语种教师的91%，是一支潜力巨大、朝气蓬勃的师资队伍。

云南大学非通用语根据所属学科专业的自身特点，历来重视外籍专家、外籍教师的聘请工作，每年都从专业对象国聘请外籍教师到校任教。2014—2019年，学院正式聘请东南亚、南亚各国外籍教师共计23人，其中泰国籍教师8人、缅甸籍教师8人、越南籍教师6人、印度籍教师1人。

除了外籍教师，学院还以聘请客座教授、柔性引进专家等方式，从国内各高校及相关单位聘请知名专家学者到校任教。2016年、2017年先后通过学校的特殊政策，以高薪聘请了印地语和越南语教授为各专业学科带头人，大大提高了云南大学非通用语教师的教学和科研能力。除此之外，还长期聘请国内外知名教授作为客座教授，不定期为学生和老师开展讲座，并直接参与教学。

四、科学研究

（一）教师科研情况

云南大学非通用语学科起步晚，教师全部为青年教师。通过所有人的不懈努力，近年来教师的科研取得了一定的成绩。截至2019年底，云南大学非通用语教师主持各类科研项目共11项，其中国家社科基金1项、省级项目5项、校级项目5项。另外，还发表论文40余篇、出版专著（含译著）5部、编写教材3部。

青年教师积极参与国内外学术会议与学术交流。3年来共参加各类学术交流会20余次，包括参加首届大湄公河次区域民族学与人类学国际会议、《民族语文》创刊四十周年纪念会暨学术研讨会、第二届全国缅语教学与缅甸研究人才培养研讨会、"一带一路"背景下东盟语种课程建设与教学研讨会、第五届全国非通用语青年骨干教师高级研修班、第一届东南亚国别与区域研究学术研讨会、第一届东南亚国别与区域研究学术研讨会、第六届全国高等学校外语非通用语青年骨干教师高级研修班、云南省外事系统第七期翻译培训、亚太地区泰语教学改革与发展国际学术研讨会、中国非通用语种教学研究会泰语分会第七次学术研讨会等。

（二）学生科研情况

1. 项目

云南大学鼓励学生积极参与科学研究，专门为全校本科生和研究生设立了研究经费。经学生积极申报及各专业老师的认真指导，近3年非通用语种各专业学生有各类项目获学校科研经费支持。其中，本科生共获得10项创新创业项目立项，亚非语言文学专业缅甸语、越南语、泰语各语种学生主持研究生科研项目10项。

表17-3 各专业学生申报获得项目一览表

类别	项目名称
本科生项目	"双一流"建设背景下缅甸语高级翻译人才培养模式调查研究
本科生项目	孟定镇缅甸籍学生在中国小学教育阶段双语教育状况调查
本科生项目	傣缅服饰云定制
本科生项目	趣背缅语——一款专为中国缅语学习者设计的趣味背单词APP
本科生项目	汉缅语翻译平台建设前景研究
本科生项目	"一带一路"背景下越南互联网经济研究
本科生项目	汉越词的使用现状
本科生项目	越南高校思想政治教育实效性调查研究
本科生项目	越南移动支付的现状与前景
本科生项目	东南亚小语种旅游信息服务新媒体平台
研究生项目	外国NGO对缅甸的渗透及其影响
研究生项目	密松搁置后的缅甸民意走向
研究生项目	印度罗摩故事对缅甸文化的影响
研究生项目	缅甸主流媒体对中缅经济走廊的舆情报道走向
研究生项目	越南文化视域下的民间文学研究
研究生项目	泰人的佛教文化阐释：以克立·巴莫《四朝代》为例
研究生项目	当前泰国政治信任的阶层差异
研究生项目	泰语音系演变探微
研究生项目	泰国尖竹汶府宝石饰品雕刻智慧对云南玉雕文化的影响
研究生项目	关于"一带一路"沿线东南亚国家语种文献资源收藏与利用现状调研

2. 论文

云南大学非通用语种专业学生在努力学习对象国语言及其国情知识的同时，也积极参与各种科学研究，努力撰写学术论文，近两年内在各类学术刊物上发表论文共11篇。

表17-4　各专业学生发表论文信息一览表

序号	论文作者	论文题目	备注
1	马思妍	浅析《围城》缅文译本	《中外交流》2018年第14期
2	马思妍	汉缅宾语成分的比较研究	《亚非语言文学研究（一）》2018年12月
3	马思妍	缅甸与朝鲜关系的历史与现状	《缅甸研究》2019年第3期
4	马思妍	西方NGO对缅甸的渗透及其影响与启示	《印度洋经济体研究》2019年第3期
5	刘明明、贺舒、廖亚辉	缅甸油气产业现状透析及前景展望	《缅甸国情报告（2019）》2019年11月
6	陆以斌、李蕊、李镱飞、李灵晟	"一带一路"背景下越南电子商务和网游发展探析	《云南大学学报》（自然科学版）、2020年优秀学生论文集
7	雷婷	从语音的三要素角度初探泰语语音演变	《民间故事》2018年12月中
8	雷婷	泰语中的梵语巴利语和高棉语借词研究综述	《民间故事》2018年12月下
9	雷婷	汉—泰翻译中的成语翻译研究	《民间故事》2019年5月上
10	雷婷	思想的继承与碰撞——评《印欧系语言历史比较语言学的历史和发展情况》	《民间故事》2019年11月中
11	聂鑫	泰语中死亡委婉语的隐喻认知分析	第三届边疆语言文化论坛暨第五届中国周边语言文化论坛"优秀青年论文"三等奖

五、对外交流

云南大学与越南、缅甸、泰国等东南亚国家高校联合培养本科生，从2016年开始，每年均派出大三年级学生到语言对象国交流学习1年；从2018年起，所有非通用语学生在国外交流学习的学费、住宿费和往返国际旅费全部由学校承担（获国家留学基金委资助的除外）。

六、社会服务

云南大学非通用语种类专业抓住云南的区位优势，积极主动融入"一带一路"建设，投身云南省面向南亚东南亚辐射中心建设，广泛服务国家战略和地方社会经济建设。各语种学生在"中国—南亚博览会""第11届孔子学院大会"等重大外事活动中承担语言志愿者服务工作，圆满地完成了工作任务，得到了国内外来宾的高度评价。

执笔人：张绍菊

昆明理工大学泰语专业建设与发展报告
（2015—2019）

一、历史概况

昆明理工大学创建于1954年，经过60多年的发展，现已成为一所以工为主，理工结合，行业特色、区域特色鲜明，经济、管理、哲学、法学、文学、艺术、医学、农学、教育等多学科协调发展的综合性大学，是云南省规模最大且办学层次和类别齐全的重点大学，在中国有色金属行业和区域经济社会发展中发挥着重要作用，是国家国防科技工业局与云南省人民政府共建高校。

进入21世纪，中国高等教育迎来了历史性的变革和机遇，高等职业教育的改革和发展更是迎来了绚丽的春天。为适应经济社会的发展，适应产业结构调整和升级，昆明理工大学与时俱进，在多年成功实践应用型人才培养的基础上，创新性、战略性地提出试办高等职业本科教育。2010年，经云南省政府批准，昆明理工大学在云南省率先成立了高等职业本科教育学院——城市学院。城市学院是昆明理工大学下属的教学学院，位于昆明市环城东路50号昆明理工大学新迎校区。学院按照省委、省政府提出的"高起点、高标准、层次清晰、特色鲜明"的办学要求，实现了当年筹建、当年挂牌、当年面向全国招生。

2014年，昆明理工大学城市学院泰语专业申报获准，并自2015年开始招生，每年招生规模为30人，目前泰语专业人数共计146人，其中2015级23人、2016级27人、2017级29人、2018级34人、2019级33人，已有1届毕业生。昆明理工大学泰语专业以立足云南，服务东盟，培养适应区域产业经济发展需求的高技能人才为己任，以满足学生就业与创业为发展导向，充分发挥和利用区位优势，抓住"一带一路"倡议下泛亚铁路的规划建设、中国—东盟自由贸易区建设、"澜沧江-湄公河"地区经济发展等对高职本科人才的需求的机遇，整合国内外教育资源，加强与泰国高等教育部门的交流，密切同国内外知名企业产学合作，积极探索"泰语+技能"的高职本科人才培养模式，为旅游行业、商务贸易、翻译行业培养实践技能强、职业素养与人文素质高、富于创新精神的高技能应用型泰语人才。本专业实行"2+1+1"人才培养模式，学生三年级到泰国合作院校学习，为培养具有国际视野的复合型人才奠定了基础。实践教学环节是我校高职本科教学的特色，旨在促进学生的全面发展，提升学生的专业实践能力，更好地与行业接轨。与此同时，学生还需要考取相关技能证书以及与本专业相关的职业资格证书。

二、师资队伍

昆明理工大学泰语专业共有3位教师,均为讲师,均具有硕士学位。

我校重视对青年教师的教学及科研能力的培养,鼓励专业教师每年赴国内外参加专业研讨会,不断提高自我科研及教学能力。

三、教学与人才培养

昆明理工大学泰语专业采用"2+1+1"人才培养模式,学生在大三年级到泰国进行为期1年的交流学习,以提高语言能力,深入了解语言对象国文化,使其能够满足"一带一路"建设对语言复合型人才的需求。泰语专业主要定位是面向东南亚、服务东南亚,着手培养"泰语+技能"的应用型人才。结合社会发展需要与地区经济的发展,培养既具有扎实泰语基本功和语言运用能力,又具备翻译理论与经贸、工程等学科知识,理论与技能复合应用型、创新型高级专门人才。

(一)历届学生培养人数

2015—2019年,昆明理工大学泰语专业开设5年,已毕业1届学生共23人,培养学生共计146人。

表18-1 泰语专业历届学生人数一览表

年级		人数(人)
2015级		23
2016级		27
2017级		29
2018级		34
2019级		33
总计	已毕业	23
	在读	123
	共计	146

(二)"2+1+1"本科人才培养模式

昆明理工大学泰语专业采用"2+1+1"人才培养模式,即本科学生除了在国内学习外,学校再通过与泰国高校签订教学合作协议,将这些学校作为实践教学基地,将本科三年级学生送到泰国高校留学1年。

截至2019年12月,本专业已累计派出3届学生共78人赴泰国学习。

昆明理工大学泰语专业实践教学课程学时学分占总学时学分的40%,占专业课程学分一半以上,平均每学期至少有1门实习实训课程,以夯实学生理论基础、增强学生语言实践能力。

泰语专业开设有礼仪实训、全国商务英语认证实训(一级)、泰语综合技能实训、翻译实训、商务泰语实训、顶岗实习、毕业实习等实习实训课程,主要依托校内3间语音教室对学生基础阶段的发音、听力技能进行夯实。此外，依托校外6个实训基地对学生翻译技术、泰语商务技能、口语、跨文化交际能力进行实际训练。其中，我校泰语专业与中国翻译协会语言服务行业创业创新中心建立了合作关系，该中心主要配合泰语专业完成职业岗位实训、顶岗实习等课程；云南智泉翻译有限公司则主要承担泰语专业翻译技术教学，向学生提供Trados、MemoQ、iCATd等各类计算机辅助翻译软件的基本使用方法教学，提高翻译效率；清迈大学语言学院作为泰语专业在国外的主要实习实训基地，主要承担我校泰语专业大三学生一学年的所有理论教学以及实习实践课程，双方进行协商，所开设课程结合了泰语专业培养方案和清迈大学语言学院的特色，给予学分互换。实习实训方面，泰方根据我校培养方案要求，每学期为我校泰语专业学生安排为期1个月的实习课程，实习采取"实习单位报岗—学校推荐—学生面试—指导教师监督—实习单位考评"的流程。泰方为我校泰语专业学生安排的实习单位包括当地的移民局、旅游局、旅行社、大中小学校、翻译公司、进出口贸易公司、报社、国际医院等，为我校泰语专业学生既开拓了多样化的实习实训，也提供了更多就业机会。

通过"2+1+1"人才培养模式，学生亲身体验和感受到了对象国的风物人情，加深了对对象国的了解，坚定了专业信心。在当地的语言环境下，极大地提高了学生专业语的听说运用能力。通过留学学校为中国留学生专门开设的各种课程，学生更加全面深入地学习到了对象国语言、文化等各方面的知识。"2+1+1"人才培养模式的实施，探索和拓宽了泰语本科人才的培养途径，提高了专业的本科教学质量，并加强了我校的国际合作与对外交流。经过1年的系统学习，学生的泰语水平得到大幅度的提升。

表18-2 学生在专业竞赛中的获奖情况一览表

序号	奖励类别	获奖等级	奖项名称	获奖年度
1	省级	一等奖	第六届云南省高等学校东南亚语演讲比赛（泰语专业组）	2018
2	省级	三等奖	第六届云南省高等学校东南亚语演讲比赛（泰语专业组）	2016
3	省级	三等奖	"外研社杯"全国大学英语演讲大赛	2016
4	省级	二等奖	"外研社杯"全国大学英语演讲大赛	2019

（三）教学质量工程项目及教材建设

昆明理工大学城市学院成立时间较短，泰语专业教师均为青年教师，但是学校及学院较为重视泰语专业的发展，支持教师进行科研项目和教材建设，李俊才老师等出版了《零起点应急说泰语》《泰语金牌入门，看完这本就能说》等图书，王维老师的"东南亚文化"课程获得学院优质课程建设项目，等等。

表18-3 专（译）著信息统计表

序号	书名	作者	出版社	出版时间
1	《尝新节米饭先喂狗的传说（壮族）》	李俊才 译	泰国儿童阳光出版社	2017年
2	《公鸡与太阳的传说（哈尼族）》	李俊才 译	泰国儿童阳光出版社	2017年
3	《火把节的传说（彝族）》	李俊才 译	泰国儿童阳光出版社	2017年
4	《泼水节的传说（傣族）》	李俊才 译	泰国儿童阳光出版社	2017年
5	《泰语金牌入门，看完这本就能说》	朱玥霖、李俊才	中国宇航出版社	2016年
6	《零起点应急说泰语》	朱玥霖、李俊才	中国宇航出版社	2015年

（四）国家留学基金管理委员会政府奖学金项目

昆明理工大学城市学院自2018年开始执行国家留学基金管理委员会非通用语种类专业出国留学政府奖学金遴选项目，并派出多名学生。（详见表18-4）

表18-4 泰语专业派出学生人数统计表

年份	人数
2018年	2
2019年	0
2020年	2
合计	4

（五）就业工作

在学院人才培养工作的有力推进下，2019届毕业生就业率达到了100%。学生就业方向包括泰国领事馆、外资企业、合资企业、航空公司、教育培训机构、自主创业等。

四、科学研究

学校及学院鼓励教师多做科研工作，同时努力提高自己的科研及教研能力。

表18-5 教师已发表学术论文信息一览表

序号	论文名称	作者	发表年月	发表刊物名称	单位署名情况
1	柬埔寨洞里萨湖琼克里浮村的越南裔船民	吴振南、杨丹	2016.08	《世界民族》	第二单位
2	中泰新能源合作	李仁良、王维、常翔	2017.10	《泰国研究报告（2017）》	第二单位
3	泰国国家发展规划的发展历程与解读	常翔、王维、［泰］WIRUN PHICHAIWONGPHAKDEE	2017.05	《东南亚纵横》	第二单位

执笔人：王维

普洱学院
非通用语种类专业建设和发展报告
（2017—2020）

一、历史概况

普洱学院是一所全日制普通本科大学，坐落在云南省普洱市，实行"省市共建共管、以省管为主"的办学体制。学校前身是思茅师范高等专科学校，于1977年开始筹建，1978年10月正式招生。1998年云南广播电视大学思茅分校成建制并入。2012年3月29日，经教育部批准，在思茅师范高等专科学校的基础上建立普洱学院。学校先后被评为云南省应用型本科人才培养示范院校、云南省"三风"建设示范高校、云南省民族团结进步示范学校、云南省国门大学项目高校、云南省华文教育基地项目高校。

为积极服务"一带一路"国际合作和云南面向南亚东南亚辐射中心建设，推进"国门大学"建设，学校不断加强东盟学院建设。2013年，学校在院系调整过程中，设立了东盟学院与对外交流合作处合署办公，负责来华留学生的管理工作。2016年10月，学校将东盟学院从对外交流合作处独立出来，与普洱市东南亚研究院合署办公。2017年成立老挝研究中心，获批成为教育部备案国别与区域研究中心。2018年获云南省侨办批准，成立云南省华文教育基地。东盟学院成为集人才培养、科学研究、文化交流、国际合作为一体的具有鲜明的应用型、区域性、国际化特征的学校对外开放办学的重要平台。

普洱学院非通用语种类专业的开办始于2017年，目前开设有老挝语、缅甸语、泰语3个全日制本科专业，非通用语种类专业的建设和发展是学院国际化小学的一个突出亮点。截至2019年12月，学院老挝语、缅甸语、泰语3个专业的全日制在读本科生共124人。

表 19-1 各非通用语种类专业开设时间一览表

专业	开设年份	备注
老挝语	2017 年	普通全日制本科
缅甸语	2018 年	普通全日制本科
泰语	2019 年	普通全日制本科

二、师资队伍

普洱学院东盟学院现有专任教师11人，其中教授2人、副教授1人，高级职称教师占教师总人数的27.3%；在读博士生1人、硕士8人，硕士学位以上教师占教师总人数的81.8%；

"双师型"教师3人，占教师总人数的27.3%；具有海外留学经历教师9人，占教师总人数的81.8%；有1人为中国哲学社会科学最有影响力学者上榜学者（民族学排行榜，2017）、1人为云南省高等学校英语专业教学指导委员会委员。另有外籍教师2人，均为硕士研究生。

表19-2 专业教师职称、学历一览表

序号	专业	人数	教授（人）	副教授（人）	讲师（人）	博士（人）	硕士（人）	本科（人）	博士占比	硕士占比
1	老挝语	4	1	—	1	—	2	2	—	50%
2	缅甸语	3	1	—	—	—	3	—	—	100%
3	泰语	4	—	1	—	1	3	—	25%	100%
合计		11	2	1	1	1	8	2	9%	73%

注：统计截至2019年12月。

同时，学院还聘请德国汉堡大学亚非学院院长沃克·盖博斯基（Volker Grabowsky）教授、老挝苏发努冯大学副校长阿诺拉（Vira Anolag）博士担任客座教授，邀请国外知名院校科研能力强、有扎实理论知识和丰富实践经验的兼职教师到我院参与实践教学、专业建设、课程建设等方面的指导。（详见表19-3）

表19-3 聘请国外教师人数一览表（2017—2019年）

国籍	人数
老挝	4人
缅甸	—
泰国	6人
合计	10人

三、教学和人才培养

（一）历届学生培养人数

普洱学院东盟学院非通用语种类专业于2017年开始招生，学院目前暂无毕业生。（详见表4）

表19-4 东盟学院各专业招生情况一览表

序号	专业名称	始招生时间	现有班级（个）	学生人数（人）	教师人数（人）	生师比
1	老挝语	2017年	3	70	6（其中外教2人）	14:1
2	缅甸语	2018年	2	33	3	11:1
3	泰语	2019年	1	21	4	5.25:1

（二）创新人才培养模式，提升人才培养质量

学院实行"2+1+1"的国际化人才培养模式，即学院非通用语种类专业学生前两年在国内学习，第三年到语言对象国学习，第四年在国内再强化学习。该模式以国外合作院校和国内外合作企业为平台，包括共同制订人才培养方案、设计核心课程、建设实训基地、承

担人才培养方案上的相关教学任务等环节。合作院校和企业还为学校提供优秀的兼职教师和实习实训机会，为专业教师提供到学校和企业锻炼的机会，实现校企深度融合。

（三）教学质量工程项目及教材建设

为了提升老挝语、缅甸语、泰语专业的办学实力，我院积极拓展与老挝国立大学、苏发努冯大学，缅甸仰光外国语大学、曼德勒外国语大学、仰光大学，泰国清莱皇家大学、兰帕潘妮皇家大学等东南亚国家知名高校的校际交流与合作，通过教师互派、学生互换、学分互认、科研合作等形式，引进国外先进教学理念、教师资源，提高教学团队的整体素质与人才培养质量。目前，老挝语、缅甸语、泰语专业正在积极申报校级精品课程项目。同时，根据各语种专业人才培养目标、专业能力需求和社会需求科学地设置课程，优化课程建设，对课程的结构、内容、理论与实践教学的比例和总课时做系统的安排、调整和更新，突出专业特色。

（四）实习实训条件

通过国内外校际合作、校企合作，有效地利用国内外资源，初步建成较为完善的实训条件。学院在普洱市创业实训基地大楼建有2间数字语音实训室，其中1间（有30座）基本建成并投入使用，基本满足语言教学实训的需要。

学院在校外与企业合作建设有3个实习实践基地，即普洱蓝眉山文化旅游发展有限公司、中国昂兹国际老挝华潘水泥有限公司、云南省建设投资控股集团（老挝）独资有限公司，年内将再建两个实习实践基地，其中一个建在缅甸、一个建在孟连县。学校图书馆为不断加强东南亚非通用语种图书资料建设，专门成立了东南亚图书资料室，在不断加大图书资料采购量的同时，学院也发动东南亚国家留学生和校友捐赠图书。

为营造良好的国际化校园文化环境，学校创建了极富东南亚文化特色的"湄园"，为中外学生学习交流提供了理想场所，其中"东南亚语言角"活动定期在园内开展。

（五）积极参加专业教学与学术活动

我院非通用语种类专业均属于新办专业，但是也积极组织开展相关专业赛事与活动，以促进教学活动的开展。2019年设立非通用语教学研究室，通过开展教学研究活动与教学比赛提升专业教师的教学水平。同时，为了丰富学生课外科技活动，激发学生的创新意识，根据学院人才培养目标，以"互联网+"创新创业大赛为依托，组织学生参加丰富多彩的科技活动。鼓励学生参加自然科学类的科技社团活动，形成跨学科知识结构；开展以"中老文化交流"、地方民族文化、"国门大学"建设、东南亚问题研究为主题的系列学术讲座或学术沙龙；组织学生开展暑期社会调查研究；等等，培养学生求实严谨的学风，激发学生的科研热情和创新意识。

打造国际化校园文化活动品牌，培养学生的跨文化交流能力。学院充分发挥国际化优势，着力打造"东南亚语言角""多语言朗诵比赛""东南亚美食节""澜湄文化周""汉语桥"等具有浓郁东南亚国际特色的、学生喜闻乐见的校园文化活动品牌，搭建中外学生交流平台，增进中外学生文化交流，促进民心相通，培养学生跨文化交际能力。

—187—

四、对外交流

为进一步夯实"国门大学"建设的根基,以"校际、校政、校企"合作的方式签订合作协议并开展教育交流和合作,取得了初步成效,形成了较完善的国际化人才培养模式。在继续深化与泰国清莱皇家大学10余年友好合作的基础上,继续拓展与老挝国立大学、苏发努冯大学及其北部各省教育厅,缅甸仰光大学、仰光外国语大学、曼德勒外国语大学等国外高校的交流与合作,为我院非通用语种类专业学生"走出去"搭建了国际化平台。国内外师生的交流提升了师资队伍建设和专业建设水平。

五、社会服务

老挝语、缅甸语、泰语专业师生充分发挥学校地缘优势,积极服务社会需要,每年由教师带队参加中老越三国(普洱)边境商品交易会、澜湄教育合作(普洱)论坛、普洱国际精品咖啡博览会的志愿者翻译服务工作,同时也为普洱市出入境管理大队或公安局等提供外事翻译服务。此外,学院积极开展与周边国家特别是老挝的人才培养工作,近年来为老挝提供了高级翻译人才以及老挝公务员办公自动化技能培训,并分别提供市政府、区政府、学校、企业等奖学金,招收东南亚国家留学生共计300余人,为维护边疆的睦邻友好做出了积极的贡献。

附:各专业描述

老挝语专业

专业定位及培养目标

老挝语专业是在"一带一路"倡议和云南建设成为我国面向南亚东南亚辐射中心、普洱市建设面向南亚东南亚辐射中心前沿窗口的背景下设置的,具有服务于国家对外开放战略、区域经济社会发展和国际交流与合作的应用型特征。

老挝语专业培养德、智、体、美、劳全面发展,践行社会主义核心价值观,具有高度社会责任感、良好的科学和文化素养、中国情怀与国际视野,掌握老挝语言知识、老挝文学知识、老挝和东南亚地区知识,具备老挝语运用能力、跨文化能力和思辨能力,能够在外事、经贸、文化、新闻出版、教育、科研、旅游等涉外领域从事翻译、研究、管理、服务、语言培训等工作的高素质应用型人才。

人才培养

老挝语专业人才培养以立德树人为根本任务,以应用型人才培养为目标,以能力培养为导向,不断优化人才培养方案,构建合理的培养应用型人才的课程体系。老挝语专业课程设置按照"注重通识教育，强化学科基础；形成专业特色，发挥个人特长；培养职业素养，增强实践能力"的思路，实施"多维渗透、分段提升、注重实践"的课程体系，采用"2+1+1"的国际化人才培养模式，4年一贯抓好综合素质和实践能力的培养。

师资队伍建设

教师是学院提高教学质量，推进内涵发展、特色发展的关键。东盟学院实施"人才强院"战略，不断加强教师队伍建设，优化老挝语专业教师队伍结构，提高教师队伍的整体水平。老挝语专业现有专任教师4人，其中教授、讲师、助教以及未定级教师各1人，各占总人数的25%；硕士2人，占总人数的50%；"双师型"教师1人，占总人数的25%；有海外学习工作经历的有3人，占总人数的75%。另外，老挝籍外教有2人，来自苏发努冯大学，均为硕士。老挝语专业生师比为14∶1。

老挝语专业老师近两年来主持或参与各类研究项目25项，其中国家级项目2项、省部级科研项目6项、市厅级科研项目17项；出版学术专著2部；公开发表论文15篇，其中核心期刊论文3篇。此外，还有1人入选中国哲学社会科学最有影响力学者民族学排行榜（2017）。老挝语专业教师数量、职称结构、国际化等基本上能满足学院定位和人才培养目标的要求。

专业建设成果

老挝语专业于2017开始招生，现有3个班级，在校学生70人，其中2017级有21名学生顺利到老挝国立大学留学，学生的基本理论、基本知识和基本技能得到了教科文同行的好评。

老挝语专业通过近3年的建设，教学场地和实践场所在数量和功能上基本能满足教学需要，图书资料能够满足学生的学习和教师的教学与科研所需，老挝研究中心和普洱市东南亚研究院等国别和区域研究中心对老挝语专业建设发挥了积极的促进作用。老挝语专业"应用型、区域性、国际化"特色逐渐形成。

就业情况

随着"一带一路"国际合作的发展、云南面向南亚东南亚辐射中心建设的推进以构建中老命运共同体行动计划的实施，中老之间的战略对接不断深入，社会对老挝语专业人才的需求不断增大，老挝语专业就业前景较好。

缅甸语专业

专业定位及培养目标

普洱学院一直以来都秉持着"应用型、区域化、国际化"的办学特色。"应用型"，培养应用型人才，主动服务区域经济社会发展、注重"双师型"师资培养、构建以能力为主导的实践教学体系、开展产学研协同育人；"区域性"，国别和区域研究、东南亚非通用语学科特色专业群建设、区域教育合作、服务区域经济社会发展和云南面向南亚东南亚辐射中心建设；"国际化"，国别和区域研究、东南亚非通用语学科特色专业群建设、国际教育合作，服务"一带一路"国际合作和云南面向南亚东南亚辐射中心建设。

缅甸语专业的培养目标旨在以立德树人为根本，培养德、智、体、美、劳全面发展的社会主义建设者和接班人；培养具有良好的综合素质、扎实的缅甸语基本功和专业知识与能力，掌握相关知识，符合我国对外交流、国家与地方经济社会发展需求，能在外事、经贸、文化、新闻出版、教育、科研、旅游等涉外领域从事翻译、研究、管理、服务、语言培训等工作的高素质应用型人才。

人才培养

自2018年开办本专业以来，学院高度重视学生的国际化培养，确定了"2+1+1"（国内学习2年、国外实践学习1年、再回国内学习1年）的国际化人才培养模式。通过成功举行2019澜湄教育合作（普洱）论坛，与参会的缅甸仰光外国语大学、曼德勒外国语大学、马乌宾大学的校长、副校长就人才培养、科研交流、留学生互访等方面交换意见，提升了我校非通用语人才培养的质量，为服务"一带一路"建设与普洱市建设成为面向南亚东南亚辐射中心的前沿窗口贡献了力量。

师资队伍建设

通过"引""培""聘"多措并举，不断优化教师队伍结构，提高教师队伍的整体水平。缅甸语专业现有专任教师3人，其中1人为教授，3人均为硕士研究生。2020年将继续引进新教师，同时也将同缅方合作院校就派遣外籍教师赴我校支持专业建设继续保持沟通与协调。缅甸语专业生师比为11∶1。

专业建设成果

缅甸语专业从2018年秋季开始招生，现有两个班级，有学生33人。在专业建设上，通过青年导师制度，指导年轻教师申报校级精品课程建设、市级课题项目及其他不同项目，东盟学院非通用语种类专业建设依托普洱市东南亚研究院，拓展周边区域研究、海外华文教育研究等来助推学校应用型人才培养示范院校建设和"国门大学"建设，支撑学校办学定位，彰显学院"应用型、区域性、国际化"办学特色。

就业情况

缅甸语专业毕业生就业方向集中于外事、经贸、文化、新闻出版、教育、科研、旅游、公安等领域从事翻译、研究、教学、管理行政等工作。

泰语专业

专业定位及培养目标

普洱学院东盟学院泰语专业秉持培养应用型人才办学定位，以及主动服务区域经济社会发展，服务"一带一路"国际合作和云南面向南亚东南亚辐射中心建设的发展定位，旨在以立德树人为根本，培养德、智、体、美、劳、全面发展的社会主义建设者和接班人。培养具有良好的综合素质，扎实的泰语基本功和专业知识与能力，掌握相关知识，适应我国对外交流、国家与地方经济社会发展，能在外事、经贸、文化、新闻出版、教育、科研、旅游等涉外领域从事翻译、研究、管理、服务、语言培训等工作的高素质应用型人才。

人才培养

自2019年开办本专业以来，学院高度重视学生的国际化培养，确定了"2+1+1"（国内学习2年、国外实践学习1年、再回国内学习1年）的国际化人才培养模式，通过成功举行2019澜湄教育合作（普洱）论坛，与参会的泰国清莱皇家大学、泰国兰帕潘妮皇家大学、泰国程逸皇家大学、泰国清迈皇家大学、泰国南邦皇家大学、泰国披博宋甘皇家大学、泰国乌汶叻差他尼皇家大学、泰国素叻他尼皇家大学、泰国呵叻皇家大学、泰国瓦拉雅阿隆空皇家大学和泰国宋卡拉皇家大学就人才培养、科研交流、留学生互访等方面交换意见，提升了我校非通用语人才培养的质量，为服务"一带一路"建设与普洱市建设成为面向南亚东南亚辐射中心的前沿窗口贡献力量。

师资队伍建设

在师资队伍建设上，本专业现有专任教师4名，其中有1名副教授（博士在读）、3名硕士研究生，"引""培""聘"多措并举，不断优化教师队伍结构，提高教师队伍的整体水平。学校每学期从泰国合作院校清莱皇家大学聘请1名教师来校工作。

专业建设成果

在专业建设上，通过青年导师制度，指导年轻教师申报校级精品课程建设、市级课题项目及其他不同项目，东盟学院泰语专业的建设依托普洱市东南亚研究院，拓展周边区域研究、海外华文教育研究等来助推学校应用型人才培养示范院校建设和"国门大学"建设，彰显学院"应用型、区域性、国际化"办学特色。

就业情况

泰语专业毕业生就业方向集中于外事、经贸、文化、新闻出版、教育、科研、旅游、公安等领域从事翻译、研究、教学、管理行政等工作。

执笔人：高梓烁、岩生、茶娜

审稿人：罗承松

高职专科院校

西双版纳职业技术学院
非通用语种类专业建设和发展报告
（2003—2019）

一、历史概况

西双版纳职业技术学院是2001年7月经云南省人民政府批准成立、教育部备案、具有独立办学资格的公办全日制普通高等学校，是首批云南省高等职业教育示范性院校、云南省实施"走出去"战略试点高校、云南省高校实用技能国际人才培养基地，多次获云南省高校毕业生就业工作先进单位称号。2016年，学院荣登全国高职院校国际影响力50强；2019年，学院"中泰'一带一路'应用型泰语人才培养项目"被遴选为第二批"中国—东盟高职院校特色合作项目"。

学院非通用语种类专业开办于2003年，是全国高职院校中最早开设非通用语种专业的院校。目前开设有应用泰语、应用外语（老挝语）、应用外语（缅甸语）及应用外语（柬埔寨语）4个专业，其中应用外语（柬埔寨语）还未实现招生，应用泰语、应用外语（老挝语）、应用外语（缅甸语）3个专业设有三年制大专和五年制大专两个办学层次。非通用语种类专业的建设和发展是学院办学的一个突出亮点，在此过程中，大胆实践，勇于创新，率先实施"走出去"战略，创立了"中外合作、跨国培养、职业引领、岗位衔接"的面向商贸、旅游的"2+0.5+0.5"跨国式工学结合人才培养模式，明确定位了非通用语种类专业的办学目标和培养方向，形成了"发挥区位优势，开展多边合作"和"打造特色专业，培养特色人才"的两大办学特色，旗帜鲜明地显现了高职教育的办学特色，取得了显著的社会效益。

表20-1 各专业开设时间一览表

专业	开设年份	备注
应用泰语	2003年	招收三年制和五年制专科
应用外语（缅甸语）	2005年	2007年开始招收三年制专科；2017年开始招收五年制专科
应用外语（老挝语）	2006年	2006年开始招收三年制专科；2017年开始招收五年制专科
应用外语（柬埔寨语）	2016年	2017年开始招生，报考人数未达到开班人数，未开班

经过近20年的建设和发展，学院非通用语种类专业已成为在全国高职院校中较有影响力的专业，尤其是应用泰语专业。目前，我院应用泰语专业已建设成为省级重点建设专

业、省级特色专业、省级示范院校建设重点专业以及省级高等职业教育高水平骨干专业；建成3门省级精品课程和3门校级精品课程，建成校级网络课程40门；建成1个省级校内教学实训基地、13个校内外实训基地和19个国外实训基地。截至2019年12月，学院累计培养已毕业泰语、老挝语、缅甸语相关专业专科学生1366人。

二、师资队伍

自2003年起，学院非通用语种类专业教师团队成员在培养高职应用型外语人才的过程中，通过教学、国外学习、企业工作、服务地方经济等方式，形成了一支有丰富的教学经验和较强的企业能力、爱岗敬业、团结向上的优秀教学团队。截至2019年12月，4个语种专业的在编教职工有16人。其中，在读博士1人、硕士及以上学历教师共8人，副教授1人、讲师11人。（详见表20-2）同时，学院还聘请国外院校以及企业中管理能力强、有扎实理论知识和丰富实践经验的兼职教师来此担任实践教学，并全程参与专业建设、课程建设和教学管理。（详见表20-3）

表20-2 专业教师职称、学历一览表

序号	专业	人数（人）	教授（人）	副教授（人）	讲师（人）	博士（人）	硕士（人）	本科（人）	学士占比（%）	硕士占比（%）
1	应用泰语	10	—	1	8	1	6	3	30%	70%
2	应用外语（缅甸语）	2	—	—	1	—	1	1	50%	50%
3	应用外语（老挝语）	3	—	—	2	—	—	3	100%	—
4	应用外语（柬埔寨语）	1	—	—	—	—	—	1	100%	—
	合计	16	0	1	11	1	7	8		

注：信息统计截至2019年12月。

表20-3 聘请国外及校外教师人数统计表（2003—2019年）

聘请外教人数（国籍）	聘请校外教师
41人（泰国）	22人
1人（缅甸）	3人
28人（老挝）	5人
合计：70人	合计：30人

三、教学和人才培养

（一）历届学生培养人数

2003—2019年，学院累计培养学生三年制大专30届、五年制大专10届，共计1366人，其中应用泰语专业毕业生1088人、应用外语（老挝语）毕业生210人、应用外语（缅甸语）毕业生68人。历届各专业学生人数统计见表20-4。

表20-4 历届各专业学生人数一览表

层次/学制	级别/届别	应用泰语	应用外语（缅甸语）	应用外语（老挝语）	合计（人）
专科/3年（毕业）	2003级/2006届	57	0	0	57
	2004级/2007届	41	0	0	41
	2005级/2008届	138	0	0	138
	2006级/2009届	142	0	21	163
	2007级/2010届	124	17	25	166
	2008级/2011届	148	20	29	197
	2009级/2012届	88	8	25	121
	2010级/2013届	81	8	12	101
	2011级/2014届	61	8	26	95
	2012级/2015届	20	0	11	31
	2013级/2016届	30	0	0	30
	2014级/2017届	54	0	17	71
	2015级/2018届	40	0	20	60
	2016级/2019届	64	7	24	95
专科/5年（在读）	2015级	18	0	0	18
	2016级	61	0	0	61
	2017级	76	12	57	145
	2018级	79	0	56	135
	2019级	117	9	76	202
总计	毕业学生总数	1088	68	210	1366
	在读学生总数	351	21	189	561

（二）创新人才培养模式，提升人才培养质量

创建"中外合作、跨国培养、职业引领、岗位衔接"的"2+0.5+0.5"人才培养模式，即学院非通用语种类专业学生前两年在国内学习后，到语言对象国学习0.5学年、实习0.5学年。该模式以国外合作院校和国内外合作企业为平台，包括共同制订人才培养方案、共同开发核心课程、共同建设实训基地、共同承担与专业相关的教学任务等环节。合作院校和企业还为学校提供优秀的兼职教师，为专业教师提供到学校和企业锻炼的机会，实现校企深度融合。以行业岗位能力需求为中心，根据岗位工作任务的系统性和学生职业能力的形成规律，按照由易到难、循序渐进的原则，使学生从在"模拟""仿真"的场景中学习实训扩展到了在真实的环境中学习实训，让学生完成了与应用东南亚语专业面向岗位和岗位群相一致的学习任务，培养职场素质和实际能力。通过实施创新人才培养模式，学生的职业技能和素质在国外合作院校和国内外企业的真实场景和环境中得到双线培养，职业技能逐步递增，实现无缝对接。目前学院非通用语种专业学生到语言对象国留学及实习人数共计1557人，其中应用泰语专业1211人、应用外语（老挝语）专业267人、应用外语（缅甸语）专业79人。

（三）教学质量工程项目及教材建设

在中外联合办学模式中，实现了第一校园与第二校园教学资源的整合，丰富了教学资源，共享了教学资源和教学设备，提升了应用泰语、应用外语（老挝语）、应用外语（缅甸语）专业的办学实力。另外，通过教师互派、对等交流等形式，引进国外先进教学理念，优化教师资源，提高教学团队的整体素质，突出了实践实训的针对性和实效性。目前，应用泰语专业共有3门省级精品课程和两门校级精品课程。同时，根据各语种专业人才培养目标、专业能力需求和岗位需求，系统地设置课程，开发课程建设，对课程的结构、内容、理论与实践教学的比例和总课时做了系统的安排、调整和更新，突出了专业特色；完成了《实用泰语语音》《泰语读写》《泰语听说》校本特色教材的编写并用于课堂教学；完成了8门核心课程的课程标准建设。应用外语（老挝语）专业被评为省级重点专业，"基础老语"被评为校级精品课程，中老双语教学"模拟导游"获省级双语示范课程。

（四）实习实训条件

通过国内外校校合作、校企合作，有效利用国内外资源，形成了"国内校内外+国外校内外"完善的实训条件。目前建成校内东南亚语教学实训基地（于2009年12月被评为云南省高职高专校内省级示范实习实训基地）、数字语音实训室、精品课程全自动录播室、商贸仿真实训室、西双版纳任达国际旅行社有限责任公司、西双版纳州商会、西双版纳港埠国际货运有限公司、西双版纳州商务局等13个校内外实训基地；在与泰国合作高校、政府及企业搭建了校际交流、校府交流、校企合作交流平台的基础上，与泰国清莱皇家大学、泰国清莱市政府市立一中、泰国南邦国际技术学院、泰国清迈远东大学、泰国玛希隆大学等共建了19个实训基地。学生依托这些实训基地，通过语言的运用实践、职业的顶岗实训，大大提高了学生的语言应用能力和综合能力。

（五）积极参加专业教学竞赛，以赛促学、以赛促教

近年来，通过组织学生参加职业技能大赛，使应用泰语、应用外语（老挝语）、应用外语（缅甸语）专业学生的语言能力和岗位能力大大增强，所培养的学生语言理论基础扎实，语言能力、职业能力及社会适应性强，专业人才培养质量全面提升。

学院学生参加全国、全省各项非通用语种技能大赛接连获奖项。2012年5月，应用泰语专业4名学生参加全国高职高专越南语和泰语口语技能大赛，荣获二等奖和三等奖；2012年6月，应用泰语专业学生参加云南省首届高校东南亚语比赛周活动，荣获泰语专业组二等奖、非专业组三等奖；2013年5月，应用泰语专业学生参加全国高职高专越南语和泰语口语技能大赛，荣获一年级组一等奖和二年级组二等奖；2013年11月，应用泰语专业学生荣获云南省高校第二届东南亚语种演讲比赛二等奖；2014年11月，在云南省高校第三届东南亚语演讲比赛中，应用泰语专业学生荣获专业组一等奖；2016年2月，在云南省高校第四届东南亚语演讲比赛中，应用泰语专业学生荣获专业组三等奖；在2017年云南省高校第五届东南亚语演讲比赛中，分别获泰语专业组一等奖和老挝语专业组三等奖；在2019年11月的云南省高校第七届东南亚语演讲比赛中，应用外语（缅甸语）学生荣获缅甸语非专业组三等奖。

职业技能大赛已成为学院促进学生成长成才、展示学生职业技能的重要舞台，同时进

一步提高了学生专业语言的运用能力，有力促进了专业人才的培养，并加强了学院与省内外相关院校的交流。

四、对外交流

在"教育联姻、合作办学"的办学理念指导下，学院以"校际、校府"合作的方式，签订合作协议并开展教育交流和合作，取得了较大成效，形成了较完善的国际型应用人才培养网络。在泰国，与清莱皇家大学、南邦国际技术学院、清迈大学、博仁大学、甘烹碧皇家大学、清迈远东大学、东方大学及孔敬大学等13所高校签订了合作备忘录；在老挝，与国立大学、巴巴萨职业技术学院、南塔师范学院及北部各教育体育厅等共计16个学校和单位签订合作备忘录；与缅甸曼德勒外国语大学达成合作意向，为非通用语种专业学生的"走出去"搭建了很好的平台。通过师生交流（引进东南亚国家交流教师共计68人次，送出教师到国外交流共计35人次），加大了非通用语种师资队伍建设和专业建设的力度。

五、社会服务

应用泰国语、应用外语（老挝语）、应用外语（缅甸语）专业充分发挥资源优势，并整合整个语言文化专业群的软硬件资源，为政府提供翻译服务，与企事业单位开展相关培训。多次派出教师和学生为西双版纳州每年举办的"边境贸易旅游交易会""澜沧江·湄公河流域国家文化艺术节"以及政府外事接待活动、西双版纳任达国际旅行社等提供翻译和接待服务，为服务本区域经济与社会的发展提供智力支持和技术保障。同时，学院积极开展周边国家的人才培养工作，近年来为老挝北部5省培训高级翻译人才、旅游管理人员和华文教师、公安人员200余人次，并提供奖学金招收留学生394人，为维护边疆的睦邻友好做出了积极的贡献。老挝国家前副总理宋沙瓦·凌沙瓦、教育部及云南省的领导对学院非通用语种类专业人才的培养及教育对外开放工作给予了高度的评价和肯定。

附：各专业描述

应用泰语专业

专业定位及培养目标

西双版纳职业技术学院应用泰语专业开设于2003年，至今已有17年的历史，设有三年制大专和五年制大专两个办学层次，致力于培养具有良好的职业素养、道德素质、心理素质和创新精神，专业知识结构合理，符合泰资企业、涉泰旅游企业、对泰贸易公司等行业岗位群的职业能力要求，以泰语为工作语言，从事商务助理、商务泰语翻译、旅行社文员、泰语导游和相关行业管理的应用型人才。

人才培养

本专业自2005年开始，率先在全省高职院校中实施了"2+1"人才培养模式，取得了良好效果，为云南省乃至长江以南地区其他高职院校相关专业建设起到了引领和示范作用。2008年，调整为"2.0+0.5+0.5"的人才培养模式，学生在国内学习两年后，到国外学习提升语言0.5学年、实习0.5学年，使学生所学知识从国内延伸到国外，在国外提升语言能力的同时，提高专业岗位技能，提升跨文化交际能力，开拓国际视野。

师资队伍建设

通过省级示范性高职院校建设计划重点建设专业的建设与实践，应用泰语专业师资队伍的教学与实践能力得到显著提高，专业教师的学历、职称得到了很大提升。本专业现有10名专任教师，其中：在读博士1人、硕士6人、本科学历3人；副教授1人、讲师8人、助教1人。同时，学院还聘请国外院校以及企业中管理能力强、有扎实理论知识和丰富实践经验的兼职教师来担任实践教学，并全程参与专业建设、课程建设和教学管理。

专业建设成果

2008年，"泰语口语"被评为省级精品课程；2009年，"应用泰国语'国内外一体化'专业课程体系建设研究"被列为云南省高等职业院校基础课程教学改革项目，同年"模拟导游（中泰文对照）"双语课程被评为省级双语示范课程；2010年，"高职应用泰国语专业人才培养模式创新研究"被列为云南省教育厅科学研究基金项目；2011年，"泰语语音"被评为省级精品课程；2018年，应用泰语专业被列为云南省高等职业院校高水平骨干专业。应用泰语专业已成为西双版纳职业技术学院具有重要引领示范作用的特色专业。

就业情况

本专业毕业生有的继续在国内外升本，有的自主创业，有的考入政府部门或事业单位，有的就业于和泰国有往来的外贸公司和旅游公司及国内外的相关行业企业，成为中泰合作交流的纽带和桥梁，为"一带一路"建设、云南省面向南亚东南亚辐射中心建设及澜湄合作贡献力量。

应用外语（缅甸语）专业

专业定位及培养目标

西双版纳职业技术学院应用外语（缅甸语）专业开设于2005年，至今已有15年的历史，设有三年制大专和五年制大专两种类型，致力于培养具有良好思想品德、职业素养、心理素质和创新精神，符合缅资企业、涉缅旅游、贸易公司及涉缅相关行业等岗位职业能力的要求，具有缅语应用能力和相关岗位的职业能力，从事商务助理、商务缅语翻译、旅行社文员、缅语导游和涉缅行业的应用型专门人才。

人才培养

本专业重视知识结构的合理性、系统性和整体性。培养学生掌握缅语听、说、读、写、译等基础知识和基本技能，充分了解缅甸文化。自2010年开始，实施了"中外合作、跨国培养"的国内外学习及教学实践培养模式，取得良好效果。送学生到缅甸深入学习1年，使学生能获得更多实践经验、汲取更多文化知识，开阔学生的学术和国际视野，为"一带一路"建设提供人才支持。

师资队伍建设

在师资队伍建设上，现有专任教师2人，均为助教，其中1人为研究生学历、1人为本科学历，平均年龄30岁，属于较为年轻的教师团队。此外，还有兼职教师2名，他们都是企业和行业的骨干，一名是来自缅甸的华侨人员，另一名则在部队从事缅语翻译工作，两名兼职教师的丰富实践经验为本专业学生的认知实习、翻译技能训练等提供了支持。

就业情况

毕业生广泛就业于中缅合资企业等，从事涉缅企业商务助理、缅语翻译、旅行社文员及导游等相关行业的工作，积极响应"一带一路"建设。此外，还有部分学生在国家政府企事业单位从事行政工作或专升本继续深造学习。

应用外语（老挝语）专业

专业定位及培养目标

西双版纳职业技术学院应用外语（老挝语）专业开设于2006年，至今已有14年的历史，致力于培养符合新时期国家对外开放和社会经济发展需要，具有国际视野、通晓国际规则、能够参与国际事务和国际竞争，具备扎实的老挝语专业基础知识和较强的老挝语应用能力，具有良好的思想品德、职业素养、心理素质和创新精神，符合涉老旅游、商贸公司以及涉老相关行业等的岗位职业能力要求，以老挝语为工作语言，从事商务助理、商务老语翻译、旅游服务和涉老行业的应用型专门人才。

人才培养

本专业自2006年开始，在全省高职高专院校中率先实施了"2+1"人才培养模式，取得良好效果，为云南省乃至长江以南地区其他高职高专院校相关专业建设起到了引领和示范作用。2017年增设了五年制大专应用外语（老挝语）专业，实施了"4+1"人才培养模式，取得了良好效果。

师资队伍建设

在师资队伍建设上，现有专任教师3人，其中讲师2人、助教1人，平均年龄30岁，属于较为年轻的教师团队。此外，每年都从老挝高校聘请老挝语教师来学院任教，截至目前，从老挝聘请的教师已达20余人次。

专业建设成果

在专业建设上，本专业被评为省级重点专业，"基础老语"被评为校级精品课程，模拟导游（中老双语教学）被评为省级双语示范课程。

就业情况

毕业生主要就业于国际贸易企业、国际旅行社和其他中老合作企业相关涉外部门。此外，还有部分就业于国家党政军机关，为国家建设及云南对外开放做出了贡献。

执笔人：玉双、普光琼、尹虹、班素芳

审稿人：李宇赤

昆明冶金高等专科学校
非通用语种类专业建设和发展报告
（2007—2019）

一、历史概况

昆明冶金高等专科学校是教育部批准的全日制公办普通高等专科学校，具有专科层次学历教育的资格，是教育部确定的首批全国8所之一的优秀院校和国家重点示范高职院校。"省内领先、国内一流、东盟地区知名"是昆明冶金高等专科学校的办学目标。学校按照"以冶金为特色、以工科为主体、以有色为重点"的办学定位，以及"立足云南、面向西部、辐射东盟"的办学方针，全力培养更多生产、建设、服务和管理第一线需要的高素质技能型专门人才。昆明冶金高等专科学校与老挝、柬埔寨、泰国、越南、新加坡等20多个国家和组织建立了合作办学关系，并招收了东盟国家的留学生，还为越南、老挝、泰国、印度尼西亚等国企业输送了一批可获高薪的技术管理人才，就业率连续5年超过90%。

昆明冶金高等专科学校于2006年开设非通用语种选修课，于2007年开始招收应用越南语专业学生、2010年招收应用外语（老挝语）专业学生、2011年招收应用泰语专业学生，并于2010年2月新成立了东盟国际学院专门负责非通用语的教学及管理。

昆明冶金高等专科学校非通用语种培养模式主要有"2.5+0.5"专业培养模式、非语言专业学生公共选修课模式和网络学习模式。学校从2007年起在全校开设非通用语种公共选修课以来，不断研究探索适合非通用语种持续发展的教学模式，通过实践发现，一定数量的东南亚非通用语种人才储备是今后经贸发展中必不可少的，而对熟悉一门周边国家语言又具有某一专业功底的人才的培养，是东盟国际化发展对未来人才培养的必然趋势，并且我校非通用语种公共课的开展对非通用语种专业学生就业已经产生了很好的促进作用。2010年，结合东盟各国对我国冶金矿业高技能人才的迫切需求，作为学校示范建设的子项目之一，依托我校校园网，于2010年建成了"东盟冶金矿业教育网"（http://dmjyzww.kmyz.edu.cn/）。2011年12月，我校矿业学院、电气学院、化工学院共61名学生赴四川开元集团老挝钾盐矿项目工作，其中93%的学生选修过老挝语公共选修课。

经过建设和发展，我校的办学经验和特色为云南省高校非通用语种人才培养工作在教学内容、教学方法、教学手段、教学管理和改革措施上提供了很好的示范作用。东盟冶金矿业教育网是国内具有代表性的首家辐射东盟的非通用语种、汉语远程教育和高等职业教育交流平台。自2004年以来，学校先后已有200多名同学到新加坡、越南、泰国、老挝、印度尼西亚、柬埔寨、赞比亚等国家就业。由于成绩显著，2008年云南省商务厅授予我校

"云南省外派劳务冶金矿业专业基地"荣誉，支持鼓励我校向国外输出高技能人才。截至2019年12月，我校累计已培养越南语、老挝语、泰语专业专科毕业生798人。

表21-1　各专业开设时间一览表

专业	开设年份	备注
应用越南语	2007年	2007年开始招收三年制专科
应用外语（老挝语）	2009年	2010年开始招收三年制专科
应用泰语	2010年	2011年开始招收三年制专科；2013年开始招收五年制专科

二、师资队伍

我校拥有一支学历结构、职称结构、年龄结构、"双师型"素质教师结构均较为合理的师资队伍。目前，非通用语种教职工共计11人。其中，在读博士1人、硕士7人、学士3人；讲师7人、"双师型"教师3人，所有非通用语种教师都有海外学习及培训的经历。非通用语师资队伍整体凸显出高职教育的优势和特色，为非通用语种专业的持续发展奠定了坚实的基础。（详见表21-2）同时，学校还聘请国外院校、企业中管理能力强、有扎实理论知识和丰富实践经验的兼职教师来担任实践教学，并全程参与专业建设、课程建设和教学管理。（详见表21-3）

表21-2　专业教师职称、学历一览表

序号	专业	人数	教授	副教授	讲师	博士	硕士	本科	博士占比	硕士占比
1	应用越南语	4	—	—	3	—	3	1	0	75%
2	应用外语（老挝语）	2	—	—	—	—	—	2	100%	0
3	应用泰语	5	—	—	4	1	4	—	20%	80%
合计		11	—	—	7	1	7	3	9%	64%

注：信息统计截至2019年12月。

表21-3　聘请国外及校外教师人数一览表（2003—2019年）

聘请外籍教师人数（国籍）	聘请校外教师
4人（越南）	7人
5人（老挝）	4人
3人（泰国）	13人
合计：12人	合计：24人

三、教学和人才培养

（一）历届学生培养人数

2007—2019年，我校累计培养学生1407人。其中应用泰语专业667人、应用外语（老挝语）专业339人、应用越南语专业401人。（详见表21-4）

表 21-4　历届各专业学生人数一览表

层次/学制	级别/届别	应用越南语	应用外语（老挝语）	应用泰语	合计（人）
三年制专科（毕业）	2007级/2010届	35	0	0	35
	2008级/2011届	0	0	0	0
	2009级/2012届	32	0	0	32
	2010级/2013届	32	23	0	55
	2011级/2014届	39	0	36	75
	2012级/2015届	0	32	32	64
	2013级/2016届	28	33	71	132
	2014级/2017届	28	34	34	96
	2015级/2018届	29	35	114	178
	2016级/2019届	34	35	62	131
专科（在读）	2015级五年制	0	0	30	30
	2016年五年制	0	0	28	28
	2017级	46	44	85	175
	2018级	42	46	84	172
	2019级	56	57	91	204
总计	毕业学生总数	257	192	349	798
	在读学生总数	144	147	318	609

（二）创新人才培养模式，提升人才培养质量

创建"中外合作、跨国培养、职业引领、岗位衔接"的"2+0.5+0.5"的培养模式，即学校非通用语种专业学生前两年在国内学习，后一年到语言对象国学习0.5学年、实习0.5学年。该模式以国外合作院校和国内外合作企业为平台，包括共同制订人才培养方案、共同开发核心课程、共同建设实训基地、共同承担与专业相关的教学任务等环节。合作院校和企业还为学校提供优秀的兼职教师，为专业教师提供到学校和企业锻炼的机会，实现校企深度融合。以行业岗位能力需求为中心，根据岗位工作任务的系统性和学生职业能力的形成规律，按照由易到难、循序渐进的原则，使学生从在"模拟""仿真"的场景中学习实训扩展到了在真实的环境中学习实训，让学生完成了与应用东南亚语种专业面向岗位和岗位群一致的学习任务，培养职场素质和实际能力。通过实施创新的人才培养模式，使学生的职业技能和素质在国外合作院校和国内外合作企业的真实场景和环境中得到双线培养，职业技能逐步递增，实现无缝对接。目前，我校共送出非通用语种专业学生到语言对象国留学及实习人数共计1003人，其中应用越南语专业303人、应用外语（老挝语）专业236人、应用泰语专业464人。

（三）教学质量工程项目及教材建设

我校积极申报各类质量工程项目。2006年，学校越南语教研室获得云南省教育厅小语种教研室建设立项；2007年申请云南省教育厅特色专业建设获批，并顺利通过了中期检查，最终通过了建设审核；2012年，越南海防大学实习基地获得"云南省高职高专示范实习实训基地"建设立项；2012年以来，应用外语（老挝语）、应用泰语两个专业一直在进

行新专业的建设；2013年9月，我校申报的质量工程项目"东南亚、南亚语种示范点"获得立项；2013年、2014年及2015年，我校均有学生获得东南亚语种留学生资助项目，并顺利完成留学任务；2014、2015、2016年我校连续3年获得特岗教师支持计划项目，并于2015年完成老挝语特岗教师支持计划，2016年完成越南语特岗教师支持计划，2017年完成泰语特岗教师支持计划；2014年立项的教改项目"中国—泰国高等职业教育人才培养模式比较研究"也于2019年年初结题结项。根据各语种专业人才培养目标、专业能力需求和岗位需求，系统地设置课程、开发课程建设，对课程的结构、内容、理论与实践教学的比例和总课时做了系统的安排、调整和更新，突出了专业特色；完成了《旅游泰语》教材的编写并用于课堂教学；完成了12门核心课程的课程标准建设。

（四）实习实训条件

通过国内外校校合作、校企合作，有效的利用国内外资源，形成了"国内校内外+国外校内外"的完善的实训条件。目前建成东南亚语教学实训基地（该基地于2009年12月被评为云南省高职高专校内省级示范实习实训基地）、数字语音实训室、精品课程全自动录播室、情景模拟实训室、昆明驼峰客栈国际青年旅舍、云南亨得森新世界外国语培训学校、昆明文汇酒店、昆明导游之家导游咨询服务有限公司、昆明莫琳翻译服务有限公司等12个国内校内外实训基地；在与泰国合作高校、政府及企业搭建了校际交流、校府交流、校企合作交流平台的基础上，与越南海防大学、老挝国立大学、泰国清迈大学语言学院、泰国博乐大学等共建立了4个实训基地，学生依托这些实训基地通过语言的运用实践、职业的顶岗实训，大大提高了语言应用能力和综合能力。

（五）积极参加专业教学竞赛，以赛促学、以赛促教

近年来，通过组织学生参加职业技能大赛，使应用越南语、应用外语（老挝语）、应用泰语专业学生的语言能力和岗位能力大大增强，所培养的学生语言理论基础扎实，语言能力、职业能力及社会适应性强，专业人才培养质量全面提升。我校非通用语种专业学生参加全国、全省各项非通用语种大赛获得不少奖项。2012年5月，应用越南语专业4名学生与应用泰语专业6名学生参加全国高职高专越南语和泰语口语技能大赛，荣获一等奖、二等奖和三等奖；2014年5月，在云南省高校第三届孔敬杯东南亚语演讲比赛中，应用泰语专业学生荣获泰语专业组三等奖；2015年5月，应用越南语专业学生在全国高职高专越南语和泰语口语技能大赛中，荣获二等奖和三等奖；2016年，在云南省高校第四届东南亚语演讲比赛中，应用越南语专业学生荣获越南语非专业组二等奖；在2019年11月的云南省高校第七届东南亚语演讲比赛中，越南语专业学生荣获越南语专业组二等奖。职业技能大赛已成为我校促进学生成长成才、展示学生职业技能的重要舞台，同时进一步提高了学生专业语言的运用能力，有力促进了专业人才的培养，并加强了我校与省内外相关院校的交流。

四、对外交流

在"教育联姻、合作办学"的办学理念指导下，以"校际、校府"合作的方式签订

合作协议并开展教育交流和合作，取得了较大成效，形成了较完善的国际型应用人才培养网络。到目前为止，已与越南福安工业学院、越南海防大学、泰国博乐大学、泰国清迈大学语言学院、老挝国立大学等几所大学签订了合作备忘录，为我校非通用语种专业学生的"走出去"搭建了很好的平台。通过师生交流（引进东南亚国家交流教师共计12名，送教师到国外交流共计26名），加快了师资队伍建设和专业建设速度。

五、社会服务

在当前经济全球化、区域化的背景下，中国与世界各国的交流合作日益加强。在"一带一路"背景下，云南在不断扩大与东南亚、南亚各国的交流合作过程中，对国际化人才的需求也在进一步扩大，其中每年对东南亚、南亚语种翻译人才的需求量急速增加，尤其是越南语、老挝语、泰语等方面人才的需求量最大。我校应用越南语、应用外语（老挝语）、应用泰语专业充分发挥资源优势，并整合整个语言文化专业群的软硬件资源，为政府提供翻译服务，与企事业单位开展语言培训。多次派出教师和学生为昆明几乎每年举办的昆明进出口交易会以及国际旅行社等提供翻译和接待服务，为服务本区域经济与社会的发展提供了智力支持和技术保障。

附：各专业描述

应用越南语专业

培养目标

旨在培养具有本专业综合职业能力的，在中越贸易领域参与商务、管理、翻译等工作的高素质技能型人才，以及毕业后能熟练运用越南语在外资企业、涉外企事业、外事、海关、教育文化、旅游、新闻出版等领域从事商务贸易及跟单、翻译、接待、导游、管理、教学等工作的技能型外语人才。

主干课程

开设了综合越语、越语写作、越汉翻译、经贸越语、旅游越语、商务英语等课程。

师资队伍

现有专任教师4人，其中讲师3人、助教1人；有3人已获硕士学位。所有专任教师均有赴越南学习工作的经验，每年聘请来自越南的外籍教师1人。

实训条件

配备多媒体语音教学及投影设备，建有1个省级实习基地——越南海防大学语言实习实训基地。

职业证书

可通过学习和培训获得内审员资格证、计算机操作员证、导游资格证、会展策划师、教师资格证等证书。

专业特色

专业实行"2+0.5+0.5"人才培养模式，即学生第一、二年在校学习，第五学期赴越南学习和实习，第六学期到国内外相关单位、公司进行顶岗实习，成长为具有扎实越南语语言基础和较合理的知识结构的外语应用型人才。

就业方向

越南语教学，在国家行政机关、事业单位从事翻译及外事工作，在中越合资企业、越商独资企业、港台在越企业从事翻译、行政、人事管理等工作，在各旅行社从事旅游管理及导游等工作。

应用外语（老挝语）专业

培养目标

培养能熟练掌握老挝语，具有语言综合运用能力，掌握一定的经贸、商务专业知识，能从事中老、中泰合资企业管理、进出口贸易、商务翻译、公关接待、高级文秘、日常生活翻译等以老挝语为工具的具有良好的职业道德和可持续发展能力的技能型外语人才。

主干课程

包括老语语音、老语会话、综合老挝语、老语视听说、老汉翻译、老语阅读、老语写作、经贸老语、旅游老挝语、国际贸易实务、商务单证制作、商务英语等课程。

师资队伍

现有专任教师2人，均为本科学历。所有专任教师均有在老挝留学的经历。此外，有外教1人、专业指导委员会教授2人。

实训条件

本专业共有校内语音实训室10个、校外实训基地近10个、国外学习及实习基地1个。

办学特色

本专业实行"2.0+0.5+0.5""语言+技能"结合的人才培养模式。"2.0+0.5+0.5"培养模式即学生在国内学习两年，第五学期到老挝进行语言提高，第六学期在老挝实习，通过境外实习，学生可以在老挝直接就业，寻求更广阔的发展空间；"语言+技能"的专业特色，通过开设国际贸易实务、商务单证制作、物流概论、商务英语等课程让学生考取技能证书，除掌握语言技能外，还应掌握一门职业技能。

就业方向

涉外企事业单位中级、高级翻译人员，涉外企事业单位文秘，涉外旅行社旅游管理及导游，外贸跟单员，物流员，等等。

应用泰语专业

培养目标

旨在培养有较强泰语综合应用能力，能在外事、经贸、文化、新闻出版、教育、旅游、物流等行业从事翻译、管理工作的高素质技能型外语人才。

主干课程

包括泰语语音、基础泰语、泰语阅读、泰语会话、泰语听力、泰语视听说、经贸泰语、旅游泰语、泰语写作、国际贸易、商务英语等课程。

师资队伍

现有专任教师5人，其中讲师4人、助教1人，所有专任教师均有硕士及以上学历，均有在泰国学习的经历，聘请有专业指导委员会教授2人。

实训条件

本专业有校内语音实训室10个、校外实训基地近10个、国外学习及实习基地2个（泰国博乐大学、泰国清迈大学）。

专业特色

本专业实行"2.0+0.5+0.5"的人才培养模式，即学生第一、二年在校学习，第五学期赴泰国学习和实习，第六学期到国内外相关单位、公司进行顶岗实习，成长为具有扎实泰语语言基础和较合理的知识结构的外语应用型人才。

就业方向

在涉外企事业单位或商务机构从事文秘或行政管理工作。在外贸公司从事贸易、营销、物流等工作，从事旅游相关行业工作，等等。

执笔人：刀宁娜

云南开放大学（云南国防工业职业技术学院）非通用语种类专业建设和发展报告
（2009—2019）

一、历史概况

云南开放大学是一所由云南省人民政府主办、省教育厅主管，以信息技术为支撑，坚持学历教育与非学历教育并举、开放教育与高职教育"双模式"发展，面向全体社会成员开展终身学习服务的省属公办新型高等学校。其前身是1979年5月建校的云南广播电视大学。

2009年7月，云南省人民政府批准云南广播电视大学与成立于2004年7月的云南国防工业职业技术学院合并办学，实行两块牌子、一套班子、一个法人的运行机制。2010年10月，国务院批准云南作为国家深化教育体制综合改革、探索开放大学建设模式的5个试点省（市）之一。2012年12月26日，教育部批准云南广播电视大学更名为云南开放大学；12月28日，云南开放大学、云南省学分银行揭牌成立，成为全国6所之一、全国中西部唯一的试点建设的开放大学。云南开放大学是云南省示范性高职院校，也是云南省优质高职院校。

学校非通用语种类专业开办于2009年。目前开设有应用泰语、应用外语（老挝语）两个专业，其中应用泰语专业开办于2009年、应用外语（老挝语）专业开办于2018年。两个专业均为三年制大专办学层次。

表22-1　各专业开设时间一览表

专业	开设年份	备注
应用泰语	2009年	招收三年制专科
应用外语（老挝语）	2018年	招收三年制专科

目前，学校应用泰语专业已成为省级小语种重点建设专业，泰语教研室已建设成为省级小语种教研室；应用泰语专业建成1门省级精品课程和两门校级精品课程，建成校级网络课程10余门；建成校企合作海外实习实训基地1个。截至2019年12月，学校已累计培养应用泰语专业专科毕业生516名，并有应用泰语专业在校生276名；应用外语（老挝语）专业在校生12名。

二、师资队伍

在教学师资队伍方面，云南开放大学非通用语种类专业不但大力引进高学历层次的专业教师，引进校外专家、企业专家，还积极引进外籍教师参与专业课程教学和课程资源建设工作。在日常工作中，非通用语种类各专业要求各位教师不断提高自身的专业知识水平和教学研究能力、提升团队成员职称和学历、积极参加教学相关的培训和进修等。通过不断发展，非通用语种类专业教师队伍已经具有了较强的专业课程教学和科研水平，教学经验丰富，并能够掌握现代化教学媒体，团结向上、积极奋进。截至2019年12月，我校非通用语种类专业共有专职教师5人。其中，在读博士2人、硕士3人。（详见表22-2）同时，学校自非通用语种类专业开办以来，一直坚持聘请外籍教师，目前两个语种各有外籍教师1名。由于在职教师不足，学校长期通过聘用校外教师来弥补教学师资的严重不足。（详见表22-3）

表22-2　专业教师职称、学历一览表（截至2019年12月）

序号	专业	人数	教授	副教授	讲师	博士	硕士	本科	博士占比	硕士占比
1	应用泰语	4	—	—	4	2	2		50%	50%
2	应用外语（老挝语）	1	—	—	—	—	1	—		100%
	合计	5	0	0	4	2	3	0	40%	60%

表22-3　聘请国外及校外教师人数一览表（2009—2019年）

聘请外籍教师人数（国籍）	聘请校外教师人数
5人（泰国）	20人
1人（老挝）	0人
合计：6人	合计：20人

三、教学和人才培养

（一）历届学生培养人数

2009—2019年，非通用语专业累计招收三年制大专层次学生11届，共计804人。其中应用泰语专业792人、应用外语（老挝语）12人。（详见表22-4）

表22-4　历届各专业学生人数一览表

层次/学制	级别/届别	专业（人）应用泰语	应用外语（老挝语）	合计（人）
三年制专科（毕业）	2009级/2012届	69	0	69
	2010级/2013届	63	0	63
	2011级/2014届	60	0	60
	2012级/2015届	43	0	43
	2013级/2016届	59	0	59
	2014级/2017届	54	0	54
	2015级/2018届	92	0	92
	2016级/2019届	76	0	76

续表

层次/学制	级别/届别	专业（人） 应用泰语	专业（人） 应用外语（老挝语）	合计（人）
三年制专科（在读）	2017级	99	0	99
	2018级	75	12	87
	2019级	102	0	102
总计	毕业学生总数	516	0	516
	在读学生总数	276	12	288

（二）创新人才培养模式，培训应用技能型人才

在学校教务处的指导下，结合非通用语种类专业特点构建小语种专业人才培养模式。在专业办学过程中，大胆改革创新，实施"走出去、请进来"战略，创立了"中外合作，跨国培养"的工学结合"2+1"人才培养模式，即第一、二学年在本校非通用语种类专业学习专业理论知识和技能知识，第三学年前往语言对象国中小学完成顶岗实习或前往语言对象国高校留学。非通用语种类专业人才培养模式充分体现了学院"发挥区位优势，开展多边合作"和"打造特色专业，培养特色人才"的两大办学特色，取得了良好的社会效益。目前，学校共派送应用泰语专业学生到泰国留学或顶岗实习共计350余人。

学校非通用语种类各专业积极培养具有扎实的基础理论和专业技能知识，掌握现代信息技术应用、翻译、涉外旅游、商务和教育培训知识，具备良好的听、说、读、写、译能力以及国际商务、涉外旅游管理与服务、涉外教育培训和信息技术应用能力，符合翻译、涉外旅游、教育培训等涉外工作要求的高素质技术技能型人才。

（三）教学质量工程项目及教材建设

自2009年开设应用泰语专业以来，学校就十分重视小语种专业建设和小语种人才培养，积极鼓励和支持教研室团队和专职教师个人申报云南省"十二五"质量工程项目。2010年，申报立项小语种人才培养基地项目3项，包括小语种教师培养、小语种重点建设专业和小语种教研室建设；2013年，申报立项小语种精品课程1项、小语种优秀学生留学支持计划项目4人；2014年，申报立项小语种特聘教师支持计划1人、小语种优秀学生留学支持计划3人；2015年，申报立项小语种特聘教师支持计划1人、小语种优秀学生留学支持计划4人。

此外，学校非通用语种专业教师也积极开展专业教材编写，完成了《泰语阅读》《泰语会话》《商务泰语》3部教材的编写，并积极运用到专业教学当中。

（四）实习实训条件

学校积极支持非通用语种类专业建设和发展，不断完善实习实训条件。目前，非通用语专业及所在学院建有多媒体教室1间以及图书资料室1间以及多媒体机房1间，语音室若干，完全能够满足非通用语种类各专业实训教学需求。同时，应用泰语专业长期与泰国盛唐文化教学集团共同开展校企合作项目，建设实习实训基地，共同派送应用泰语专业学生赴泰国顶岗实习。学校还积极寻求与泰国高校合作办学，通过相互共享教学资源、互派老

师、互派学生等方式，丰富应用泰语专业教学、实训、实习条件等；学校正积极拓展与老挝高校、企业的合作，积极开发校外、海外实习实训基地，保证满足应用外语（老挝语）专业学生将来实习和实训的需求。

（五）职业技能大赛和社会实践活动

在培养学生扎实专业理论知识的基础上，学校非通用语种类专业还积极组织和参与校内外技能比赛，积极培养学生实际操作能力和协作创新能力。截至2019年底，应用泰语专业共开展校内泰语演讲比赛4届、泰语书法比赛两届、泰语话剧比赛两届。除积极举办校内技能比赛以外，非通用语种类专业还积极鼓励学生参加省级非通用语技能比赛。目前，应用泰语专业学生共参加省级泰语演讲比赛7届，应用外语（老挝语）专业学生参加老挝语演讲比赛1届。

学校应用泰语专业还积极组织学生参加由泰国领事馆主办的昆明—泰国文化节社会实践活动，参加泰国节开幕式表演活动和泰国商贸公司产品销售实践活动，让学生能够充分感受泰国文化氛围，融入泰语环境，能够及时检验学生泰语会话课程的掌握情况，进一步提高学生泰语口语表达能力。目前，学校已派送数十名应用泰语专业学生参加共4届昆明—泰国文化节社会实践活动。除此以外，学校非通用语种类专业学生还主动报名做昆明南博会、南亚商务论坛等大型活动的志愿者，服务中外参展商和游客。

四、对外交流

学校非通用语种类专业实施"走出去、请进来"战略和"中外合作，跨国培养"的工学结合的"2+1"人才培养模式。在教学和实习过程中，支持和鼓励学生"走出去"，走出国门，走出云南；同时，大力引进校外以及海外优秀教学师资，丰富各专业的教学师资队伍，做到"请进来"。学校与泰国盛唐文化教学集团签订了长期的校企合作人才培养协议，鼓励和支持学生在完成学校理论课程学习之后，前往语言对象国完成顶岗实习，截至2019年底，已派送150余名学生赴泰顶岗实习；同时，学校自2014年起每年与泰国南邦皇家大学签订学历提升合作办学协议，学生完成在校前两年的基础知识学习后，可以选择前往泰国南邦皇家大学就读本科学历，截至2019年底，已派送200余名学生赴泰留学。

五、社会服务

学校非通用语种类专业教师和学生积极主动参加社会实践和服务活动。在每届昆明南博会、南亚商务论坛、云南·南亚东南亚教育合作论坛等大型社会活动筹备期间，学校非通用语种类专业教师和学生发挥自身语言专业优势，在学校团委和学院团总支的组织下，通过报名、面试、培训等层层选拔参与到各类活动的志愿者服务活动当中。通过参加社会实践和服务活动，教师和学生的语言能力、工作协调能力都得到了极大的培养和锻炼，并为社会做出了自己的贡献。

附：各专业描述

应用泰语专业

专业概况

学校应用泰语专业开办于2009年，到目前为止已招收学生共11届，为社会培养了500余名优秀的泰语专业人才，现有在校生270余名。应用泰语专业拥有一支高水平的师资队伍，现有专职教师4人，全部具有硕士研究生及以上学历，有泰籍教师及其他兼职教师3人，均有海外留学、工作、访学经历，教学经验丰富，师资力量搭配合理。

培养目标

本专业以立德树人为根本，坚持育人为本、德育为先，培养拥护党的基本路线，德、智、体、美全面发展，具有良好的职业道德和人文素养，具有扎实的泰语基础理论和专业技术知识，掌握现代信息技术应用、泰语翻译、涉外旅游、商务和教育培训知识，具备良好的泰语听、说、读、写、译能力以及国际商务、涉外旅游管理与服务、涉外教育培训和信息技术应用能力，符合泰语翻译、涉外旅游、教育培训等涉泰工作要求的高素质技术技能型人才。

主干课程

泰语语音、基础泰语、泰语会话、泰语听力、泰语阅读、商务泰语、旅游泰语、泰汉互译技能、泰国文化、泰国概况等。

就业方向

本专业毕业生主要工作岗位为泰语导游、外贸公司翻译、外贸销售、泰语教师及对外汉语教师等；主要就业单位有泰国约瑟中学、泰国清莱中学、泰国亚洲大众集团、云南怡美国际旅游集团、云南海外旅游有限公司、茶博士家茶叶有限公司、昆明龙文语言培训学校、泰国盛唐文化教育集团等。

专业特色

本专业学生在本校完成两年半的基础理论课学习后，第三年春季学期可选择赴泰国进行为期4个月的带薪实习，实习的主要内容为向泰国学生教授中文、传播中国传统文化等。

应用外语（老挝语）专业

专业概况

应用外语（老挝语）专业自2018年开始招生。本专业将老挝语语言能力培养与多种学科教学相结合，并专门针对毕业生开设创业基础课程，提升其就业空间，旨在"一带一路"背景下，培养出一批具有应用外语（老挝语）语言能力并和商贸、旅游及汉语国际教育专业能力相结合的复合型外语人才及高层次应用型人才。

培养目标

本专业坚持育人为本、德育为先,以服务为宗旨、以就业为导向,走产学结合发展道路,加大校企合作、产教融合力度,强化学生职业能力和职业素养水平;培养具有扎实的老挝语基础理论和专业技术知识,能在外事、经贸、文化、新闻出版、教育、科研、旅游等领域从事翻译、研究、教学、管理等工作的"语言能力+专业能力"相结合的高素质应用型人才。

主干课程

老挝语语音、基础老挝语、老挝语会话、老挝语听力、老挝语阅读、商务老挝语、旅游老挝语、老挝文化、老挝概况等。

就业方向

主要面向外事、经贸、文化、新闻出版、教育、科研、旅游等机关、企事业单位就业,从事初级翻译、研究、教学及管理等工作。

专业特色

本专业将不断拓展本专业学生就业和学习进修途径,在今后的教学发展中,将积极与老挝高校建立合作办学项目,鼓励本专业学生赴老挝学习交流等,并积极拓展与老挝企事业单位的合作与联系,拓宽学生赴国外实习和就业的渠道。

执笔人:李小霞

审稿人:何海云

云南司法警官职业学院
非通用语种类专业建设和发展报告
（2009—2019）

一、专业概况

云南司法警官职业学院始建于1980年，是一所省属政法类全日制警察高等院校，办学规格为高等职业教育专科层次。学院主要为监狱、强制隔离戒毒机关和公安部门培养并输送具备一定法律素养和警察技能的应用型职业警察，同时也为社会其他用人单位培养合格的法律专门人才。

学院非通用语种类专业开办于2009年，是全国警察类院校中较早开设此类专业的院校，也是全国开设泰语、缅甸语、越南语专业的院校中唯一一所偏向法律服务的院校。学院在非通用语种专业的办学过程中，大胆创新，敢于突破，充分利用云南省地域优势，突出学院非通用语专业的司法行业特色，形成了"中外合作、能力本位、理实一体、双证并举"的"2+1"人才培养模式，"引进来、走出去"的师资建设标准，"打造特色课程，拓展第二课堂"的教学理念，以及"专业紧密联系行业，提升社会服务能力"的专业发展方向，努力培养出"会语言、懂法律"的复合型非通用语种人才。

目前，学院开设有应用泰语、应用越南语、应用外语（缅甸语）、应用外语（老挝语）4个专业，其中应用泰语、应用外语（缅甸语）于2009年申办，2010年开始招生；应用越南语、应用外语（老挝语）于2013年申办，2014年应用越南语专业开始隔年招生，应用外语（老挝语）还未实现招生。其中，应用泰语、应用越南语、应用外语（缅甸语）专业作为学院的重点专业，经过10余年的建设和发展，形成了鲜明的专业特色，取得了显著的阶段性成果，得到了社会和用人单位的一致认可。2010年，缅甸语教研室被评为云南省重点小语种教研室；2014年，学院成立了非通用语教研室。2018年，应用泰语专业课程中的基础泰语被列为院级精品课程。10年来，学院非通用语种专业教师完成了两个省级课题、两本专业特色教材和数篇学术论文。

表23-1　各专业开设时间一览表

专业	开设年份	备注
应用泰语	2009年	2010年起逐年招生，招收三年制专科学生
应用外语（缅甸语）	2009年	2010—2017年逐年招生，2017年起隔年招生
应用越南语	2013年	2014年起隔年招生，2019年起停止招生
应用外语（老挝语）	2013年	未招生

二、专业定位

专业背景决定专业定位，云南司法警官职业学院非通用语种专业从行业背景和区域背景来定位专业的发展方向。2013年，国家主席习近平提出"一带一路"倡议，云南省成为"一带一路"建设的重要省份之一。随着国家与东南亚各国合作交流的日益频繁，社会对东南亚非通用语人才的需求与日俱增，尤其是对既精通语言知识又懂专业技术知识的复合型应用人才的需求持续增长。云南作为边疆省份，在押的外籍服刑人员中东南亚籍服刑人员所占比重接近99.9%，语言不通造成了涉外工作的困难和不便。因此，司法公安系统迫切需求具备法律专业知识的非通用语人才，各行各业也非常欢迎"会语言、懂法律"的复合型人才。

云南司法警官职业学院作为政法院校，法律教育是学院的强项，学院与各司法监狱兄弟单位及公安部门关系密切，拥有良好的合作基础。学院非通用语种专业以此为基础，针对社会和行业对东南亚语种人才的现实需求，开设了相关法律课程，既开设了关于中国和对象国的基本法律知识课程，又编写了特色教材，还开设了专业法律课程（司法泰语、司法缅甸语、司法越南语），旨在培养既掌握非通用语语言知识，又熟悉两国法律事务的"会语言、懂法律"的复合型应用人才。

表23-2　非通用语专业职业岗位表

职业岗位	岗位描述	专业能力要求
司法	以泰语、缅甸语、越南语为工作语言，完成相关跨国案件审理、外籍服刑人员管理等工作	具有较强的语言应用能力和职业素养，掌握较全面的法律知识和监所管理知识，了解所学语言对象国的文化，具备跨文化交际能力
公安	以泰语、缅甸语、越南语为工作语言，完成相关跨国案件审理、边境禁毒、出入境管理等工作	具有较强的语言应用能力和职业素养，掌握较全面的法律知识和较强的执法能力，了解所学语言对象国的文化，具备跨文化交际能力
外事、企业、商务翻译等	以泰语、缅甸语、越南语为工作语言，处理相关涉外法律事务及物流等国际商务、翻译工作	具有较强的语言应用能力和职业素养，掌握较全面的法律知识和较熟练的翻译技能，了解所学语言对象国的文化，具备跨文化交际能力

三、人才培养

云南司法警官职业学院非通用语种专业从云南省监狱系统需求和公安外事部门的建设实际出发，培养具有忠于党、忠于人民、忠于法律的坚定信念，掌握泰、缅、越语语言基础知识，熟悉中国和对象国法律及国情，具备较强的语言运用能力和跨文化交际能力的复合型应用人才。2009—2019年，学院共计培养专科学生10届，共计564人（含未毕业学生），其中应用泰语268人、应用外语（缅甸语）232人、应用越南语64人。学院在开设非通用语种专业的同时，还开设了相应的泰、缅、越语选修课程，每年选修的学生人数可达1000多人。

表 23-3　非通用语专业历届各专业学生人数一览表

层次/学制	级别/届别	应用泰语	应用外语（缅甸语）	应用越南语	合计(人)
三年制高职高专	2010级/2013届	25	22	0	47
	2011级/2014届	20	18	0	38
	2012级/2015届	29	27	0	56
	2013级/2016届	31	28	0	59
	2014级/2017届	31	34	19	82
	2015级/2018届	33	28	0	61
	2016级/2019届	27	32	20	79
	2017级	21	24	0	45
	2018级	23	0	25	48
	2019级	28	19	0	47
	合计	268	232	64	564

学院非通用语种专业通过数十年的发展和摸索，制定出了符合学院实际、满足行业需求的人才培养模式，即"中外合作、能力本位、理实一体、双证并举"的"2+1"人才培养模式。学院非通用语种专业均采用"2+1"（国内+国外）中外合作的人才培养模式，第二学年安排学生到对象国留学实习一学年，将语言理论知识学习和语言运用实践相结合。学生在对象国高校留学实习结束后获取留学证明及毕业证书（或结业证），学成归国后再通过云南省泰、缅、越语等级水平考试——专业四级、八级考试等，获得职业资格，多证并举。"2+1"人才培养模式，一方面为学生提供学习语言的良好环境，另一方面以能力为本位，提高非通用语种专业学生的创新能力和社会实践能力。目前，学院应用泰语专业与泰国程逸皇家大学、泰国博仁大学进行交流合作，共有9届239名学生赴泰国留学实习；应用外语（缅甸语）专业与缅甸仰光大学、仰光外国语大学、曼德勒外国语大学进行交流合作，共有8届197名学生赴缅甸进行交流学习；应用越南语专业与越南河内国家大学下属人文社科大学、海防大学进行交流合作，共有3届64名学生赴越南留学实习。学生出国交流均为自费出国，无公派出国。3个专业与对象国高校在学生留学实习的基础上就师资交流、教材编写、司法合作等方面展开了进一步深入合作。学院应用泰语专业还与泰国程逸皇家大学共建了1个图书室和3个国外实训基地（程逸府监狱、程逸府行政院、程逸府法院）。

四、师资队伍

云南司法警官职业学院采用"引进来、走出去"的师资建设标准，鼓励专业教师以教学科研、培训进修、出国交流等方式"走出去"，提升专业能力和职业素养，形成了一支具有较强教学能力的非通用语青年教师队伍。截至2019年12月，3个语种的在编教职工有5人，均为青年教师。其中，具有硕士学位教师共3人、讲师3人。（详见表23-4）同时，学院聘请国内外知名专家教授、行业专家来学院进行客座讲学、开办讲座，引进先进教学理念；还聘请具有丰富教学经验的兼职教师担任实践教学，参与专业建设、课程建设和教学管理等。（详见表23-5）

表 23-4　非通用语专业教师职称学历一览表

序号	专业	人数	教授	副教授	讲师	博士	硕士	本科	学士占比	硕士占比
1	应用泰语	2	—	—	1	—	1	1	50%	50%
2	应用外语（缅甸语）	2	—	—	2	—	2	—	—	100%
3	应用越南语	1	—	—	—	—	—	1	100%	—
合计		5	0	0	3	0	3	2		

注：信息统计截至 2019 年 12 月。

表 23-5　聘请国外及校外教师人数一览表（2009—2019 年）

聘请外教人数（国籍）	聘请校外教师
2人（泰国）	6人
3人（缅甸）	7人
1人（越南）	4人
合计：6人	合计：17人

五、教学科研

（一）完善课程体系，提高教学质量

云南司法警官职业学院非通用语种专业秉承"打造特色课程，拓展第二课堂"的教学理念，针对学院非通用语种专业职业岗位分析，开发适应专业发展和社会需求的课程体系和课程标准。以行业对人才能力要求为主线，突出核心能力培养，打破传统教学体系，体现学院非通用语种专业的法律服务特色，开设司法泰语（法律法规核心词汇泰语讲义）、司法缅甸语、司法越南语等专业特色课程，不断提高专业教学质量，以适应社会发展的新需要。目前，3个专业核心课程的课程标准均已完成且通过了专家审核，应用泰语有1门校级精品课程——基础泰语，特色教材《实用司法泰语词汇》已经出版；应用外语（缅甸语）特色教材《司法缅甸语实用教程》已经完稿，等待出版。

表 23-6　专业课程（国内课程）一览表

专业	专业核心课程	专业方向课程
应用泰语	基础泰语、法律法规核心词汇泰语讲义、泰语阅读、泰语听力、泰语口语、中泰公文阅读比较	法律基础与宪法学、刑事法律原理与实务、民事法律原理与实务
应用外语（缅甸语）	基础缅甸语、司法缅甸语、缅甸语视听说、缅文读写、缅汉翻译	法律基础与宪法学、刑事法律原理与实务、民事法律原理与实务
应用越南语	基础越南语、司法越南语、越南语视听说、越南语阅读、越南语写作	法律基础与宪法学、刑事法律原理与实务、民事法律原理与实务

（二）拓展第二课堂，提升实践能力

学院非通用语种专业自招生以来，一直都围绕"学以致用、学以活用"的教学模式。

课堂上，在学习理论知识的同时进行语言场景模拟，注重实际技能操作；课外鼓励学生积极参与校内外文化活动，拓展第二课堂，锻炼实践能力。学院连续数年开展层次丰富的校园文化活动，如泰国美食文化节、泰国宋干节、中缅学生文化交流会、缅语角、东南亚文化周等活动，活动内容有泰国、缅甸、越南的歌舞表演、美食制作、服装展示等。国外留学期间，应用泰语专业学生积极参加泰国宋干节、选美大赛等活动，应用外语（缅甸语）学生与缅甸高校中文班学生联谊，应用越南语专业学生参加越南高校开设的司法讲座。学院非通用语教研室多次组织学生进行口语竞赛，并积极参与省内外演讲比赛，在云南省东南亚南亚语演讲比赛上，应用外语（缅甸语）专业获得过专业组二等奖、三等奖的优良成绩，应用泰语、应用越南语专业获得过专业组三等奖、优秀奖的好成绩，在全国泰国语大赛、全国越南语大赛上获得了优秀奖的好成绩。

（三）教学条件和实习实训

学院非通用语种专业在建设和发展过程中，不断完善和改革专业人才培养方案，并邀请行业专家论证落实，建立科学合理的课程体系，积极拓展实习实训基地，将课程学习与教学实践活动相结合。

非通用语种专业是云南司法警官职业学院重点建设专业，也是学院的特色专业，学院对其建设和发展给予了大量的政策支持和资金投入，建立了公共语音室、电子图书资料阅读下载平台，并开通了接收国外频道的卫星广播，多方位、多渠道帮助学生课余学习外语，提高教师教学水平。学院与泰国程逸皇家大学合作建立了非通用语图书室，现有非通用语藏书3000余册。学院还建立了1个非通用语校内实训基地——语言情景模拟室，在语言情景模拟室里，学生可以在多个生活场景中进行语言模拟对话。

学院非通用语种专业有6个校外实训基地、10个国外实训基地，形成了国内外校校联动实训基地建设模式，带动了专业教学模式的创新，深化了专业建设的多元化，产生了良好的影响。校外实习实训基地有云南省第一监狱、云南省第二监狱、云南省安宁少管所、昆明市官渡区小板桥派出所等，学院应用外语（缅甸语）专业学生多次协助昆明市官渡区小板桥派出所审理缅甸籍人员案件，受到了广泛好评。在国外实训基地中，学院应用泰语专业与泰国程逸皇家大学、泰国博仁大学签订了合作备忘录；应用外语（缅甸语）专业与缅甸仰光大学、仰光外国语大学、曼德勒外国语大学进行了交流合作；应用越南语专业与越南河内国家大学下属人文社科大学、海防大学签订了合作备忘录。其中，应用泰语专业在与泰国程逸皇家大学搭建校际交流的基础上，共建了程逸府监狱、程逸府行政院、程逸府法院3个国外行业对口实训实习基地。学院非通用语种专业的校内外实训基地与专业行业密切契合，学生通过实习熟悉了将来的工作岗位，提高了语言应用能力和专业实践能力。

（四）招生就业

学院非通用语种专业以文科外语类招收普通高中毕业生，采用小班教学模式，班级人数不超过35人。目前，应用泰语、应用外语（缅甸语）各有7届毕业生共389人，应用越南语共有两届毕业生共39人。学院非通用语专业就业岗位主要是监狱司法系统、公安部门、边防部队、省内外进出境管理中心、边境口岸、交通运输等政府单位及中外合资企业，部分学生通过专升本考试继续深造，有的学生选择自主创业。根据就业追踪，学院非通用语种专业学生专业对口就业率达60%以上。

（五）学术交流和科研成果

学院非通用语种专业鼓励教师队伍"走出去"，参加省内外、国内外学术交流，引进先进教学理念，提升自身业务能力，优化专业教师资源，提高教学团队的整体素质。学院是全国非通用语教学研讨会会员单位，专业教师积极参加历届全国非通用语教学研讨会、全国非通用语青年骨干教师高级研修班、云南—南亚东南亚教育合作论坛、教育部"一带一路"有关国家语言专业教学改革研讨会等。应用泰语专业教师赴泰国程逸皇家大学进行了为期半年的交流访问，应用外语（缅甸语）专业教师通过选拔参加了云南省中缅高级翻译官培训。

学院非通用语种专业教师均为青年教师，在承担繁重的教学任务的同时，不断提升自己的科研水平，使教学和科研相互促进、互相统一。目前，非通用语种专业教师已完成了两个省级课题、两本专业特色教材和数篇学术论文等科研项目。

表23-7 非通用语专业教师科研成果一览表

类别	语种	题目	作者	时间
省级课题	缅甸语	高等职业院校应用小语种专业课程设置模式探索——以云南司法警官职业学院应用缅甸语专业（法律服务方向）为例	许杏（主持人）	2013—2016
论文	缅甸语	改革过程中的缅甸局势及对缅政策	许杏	2013.5
论文	泰语	浅谈四面佛在泰国的影响	雷红燕	2014.3
论文	泰语	浅谈应用泰国语的开办在云南法治建设中的作用	雷红燕	2014.6
论文	泰语	浅谈泰国社会等级与泰国人民生活的关系	雷红燕	2014.7
院级课题	泰语	开办应用泰国语在云南法治建设中的作用	雷红燕、马艳	2013—2015
厅局级课题	泰语	中泰职业教育对比研究——以云南司法警官职业学院为例	雷红燕（参与人）	2015—2017
省级课题	泰语	泰语同音词的研究	雷红燕（主持人）	2016—2019
论文	缅甸语	浅析缅甸语的体范畴	张婷华	2016.4
论文	缅甸语	缅甸成语的语言特点及文化内涵初探	张婷华	2016.4
论文	泰语	泰国学校礼仪中的佛教文化	马艳	2016.9
论文	泰语	如何培养高职高专学生泰语学习兴趣的研究	马艳	2016.9
论文	缅甸语	高等职业院校应用小语种专业课程设置模式探索——以云南司法警官职业学院应用缅甸语专业（法律服务方向）为例	许杏	2016.9
论文	泰语	泰语同音词的基本概念及同音现象	雷红燕	2017.10

续表

类别	语种	题目	作者	时间
院级精品课程	泰语	基础泰语	雷红燕、马艳	2018.3
论文	缅甸语	缅语大象成语的隐喻认知分析	张婷华	2018.4
论文	越南语	应用越南语（法律服务方向）教学分析——以云南司法警官职业学院为例	高楚涵	2018.5
论文	越南语	"一带一路"背景下的中越关系展望	高楚涵	2018.5
论文	缅甸语	儿童诗歌中的缅甸文化——以《儿童诗歌总集》为例	张婷华（第二作者）	2018.10
论文	泰语	泰语同音词的成因、类型及其特点	雷红燕	2018.12
教材	泰语	实用司法泰语词汇	雷红燕、马艳	2019.12
教材	缅甸语	司法缅甸语实用教程	许杏、张婷华	2020
著作	泰语	中国古代文学中语言张力的表现形式研究	万颖、雷红燕	2020.1
论文	泰语	外语类高职院校应用型翻译人才培养体系的研究	雷红燕	2020.6

六、社会服务

社会服务能力建设是高职院校面临的新课题和新挑战，也是高职院校发展的新空间和新机遇。云南司法警官职业学院非通用语种专业根据行业优势，结合云南省区域特点，将专业与行业紧密联系起来，提升社会服务能力。学院多名非通用语种专业学生多次担任昆交会、东南亚博览会志愿者，提供翻译服务；在昆明长水国际机场担任爱心志愿者，为抵昆的国际友人提供帮助。学院还与泰国驻昆明领事馆、缅甸驻昆明领事馆建立了友好往来，至今已连续6年收到泰国领事馆的"泰国节"邀请，让学生参与泰国节文化表演。学院应用缅甸语专业学生与云南省第一监狱共同举办了"走进监狱，传递爱心"的国际献爱心帮扶活动，以关心和鼓励外籍服刑人员。应用泰语专业学生在泰国留学期间，去到程逸府监狱、程逸府行政院、程逸府法院等泰国司法部门实习，提供翻译服务和协助审理；应用外语（缅甸语）专业学生在缅甸留学期间，去到缅甸《金凤凰》杂志社实习锻炼，进行稿件翻译。学生通过服务社会，锻炼了语言运用能力，提高了自身的综合素质，为将来进入司法、公安、外事部门工作奠定了良好的基础。同时，学院非通用语种专业也受到了社会各界的一致肯定和高度评价。

七、发展中的挑战

云南司法警官职业学院非通用语种专业在建设发展的10年中，不断改进，同时也在不停地思考，应对发展过程中存在的问题和挑战。目前，学院非通用语种专业师资队伍建设有待进一步加强。专业开办以来,教师队伍素质、专业科研水平有了较大的改善和提高,呈现出良好的发展态势。但是与非通用语种专业建设的目标相比,还存在着一定差距,还需要增加师资数量、提升专任教师理论素养和科研能力,进一步提高专业教师的整体学术水平和教学业务能力。

另外,学院非通用语种专业学生的就业范围及渠道还需逐步扩宽。在"一带一路"背景下,以学生的全面和谐发展为中心,加强非通用语种专业学生的就业指导与服务,在确保较高就业率的同时,努力提高就业质量、拓宽就业渠道;同时积极开展毕业生跟踪调查,多渠道了解信息,建立毕业生社会评价反馈系统,提高学院非通用语种专业的吸引力和社会声誉。

综上,云南司法警官职业学院非通用语种专业在建设发展的10年中,遇到过困难,也取得了成绩,但任重而道远,仍需再接再厉。

执笔人:许杏
参与人:雷红燕、高楚涵、张婷华、马艳

德宏师范高等专科学校
非通用语种类专业建设和发展报告
（2010—2019）

一、历史概况

德宏师范高等专科学校是经教育厅批准、由云南省教育厅主管的全日制普通师范高等专科学校。学校位于云南省德宏傣族景颇族自治州州府芒市，其前身为创办于1955年的德宏州民族师范学校、1958年的德宏州农校和1978年的德宏师专班。1984年4月，经云南省人民政府批准，在德宏师专班基础上成立德宏教育学院，2004年、2006年分别将德宏州民族师范学校、德宏州农业学校整体并入德宏教育学院，2006年在德宏教育学院基础上组建德宏师范高等专科学校。

学校秉承"德学思行，智真善美"的校训，立足德宏，面向云南，辐射周边国家，服务德宏经济社会发展和瑞丽国家重点开发开放试验区建设，经过多年的办学实践探索，构建了"1221"人才培养模式，凝练"三性一化"（民族性、师范性、应用性、国际化）办学特色；坚持产教融合、校企合作、工学结合，强化教、学、练、做相融合的教育教学活动；多层次、多形式地与中小学校、企业进行师资、设备、培训、教学等方面的交互合作，形成合作育人、共同发展的双赢格局；建立校校合作、校企合作的工作机制，确定相应管理机构，明确工作职责，形成工作方案，为校校合作、校企合作工作的开展奠定组织基础；开拓创新，与时俱进，努力为基础教育培养合格教师，为促进地方经济社会发展培养高素质人才。

学校非通用语种类专业开办于2010年，目前开设有应用外语（缅甸语）和应用泰语两个专业。其中，应用外语（缅甸语）为三年制专科和五年制大专两个办学层次，应用泰语为三年制专科。两个专业的建设和发展是学校办学的亮点。学校在非通用语种专业办学过程中，以服务地方及经济为重点，依托瑞丽国家级开发开放试验区，理论与实践相结合，重点培养学生的语言应用能力和专业拓展能力。学校明确定位了非通用语种专业的办学目标和培养方向，形成了"发挥区位优势，开展多边合作"和"打造特色专业，培养特色人才"的两大办学特色，旗帜鲜明地显现了高职教育的办学特色，取得了显著的社会效益。

经过近10年的建设和发展，学校非通用语种专业已成为在省内较有影响力的专业，尤其是应用外语（缅甸语）专业。目前，应用外语（缅甸语）专业已成为学校重点发展的特色专业。

表 24-1　各专业开设时间一览表

专业	开设时间	备注
应用外语（缅甸语）	2010 年	2010 年招收三年制专科，2014 年开始招收五年制专科（2017 年停招）
应用泰语	2019 年	2019 年开始招收 3 年制专科

二、师资队伍

自2003年起，学校非通用语种类专业在培养高职应用型外语人才的过程中，通过教学、政府外派、实践基地（企业）指导、社会服务等方式，形成了一支有丰富的教学经验和实践能力突出的优秀教学团队。截至2019年12月，两个语种的在编教职工有9人，其中具有硕士及以上学位教师共2人、讲师2人。（详见表24-2）同时，学校还聘请国外院校、企业中管理能力强、有扎实理论知识和丰富实践经验的兼职教师来相应专业担任实践教学，并全程参与专业建设、课程建设和教学管理。累计聘请缅甸籍外教2人、校外教师4人。（详见表24-2）

表 24-2　专业教师职称、学历一览表

单位：人

序号	专业	人数	教授	副教授	讲师	博士	硕士	本科	学士占比	硕士占比
1	应用泰语	2	—	—	1	—	2	—		100%
2	应用外语（缅甸语）	7	—	—	1	—	—	7	100%	
	合计	9	0	0	2	0	2	7		

注：信息统计截至 2019 年 12 月。

三、教学和人才培养

（一）历届学生培养人数

2010—2019年，学校非通用语种专业共计培养三年制专科7届、五年制大专1届毕业生，共计174人，均为应用外语（缅甸语）专业。（见表24-3）

表 24-3　各专业学生人数一览表

层次/学制	级别/届别	专业（人） 应用泰语	专业（人） 应用外语（缅甸语）	合计（人）
专科（毕业）	2010 级/2013 届	0	30	30
专科（毕业）	2011 级/2014 届	0	30	30
专科（毕业）	2012 级/2015 届	0	11	11
专科（毕业）	2013 级/2016 届	0	14	14

续表

层次/学制	届别	应用泰语	应用外语（缅甸语）	合计（人）
专科（毕业）	2014级/2017届	0	18	18
	2014级/2019届（五年制）	0	10	10
	2015级/2018届	0	26	26
	2016级/2019届	0	35	35
专科（在读）	2015级五年制	0	38	38
	2016级五年制	0	27	27
	2017级	0	29	29
	2018级	0	19	19
	2019级	31	43	74
总计	毕业学生总数	0	174	174
	在读学生总数	31	156	187

（二）创新人才培养模式，提升人才培养质量

创建跨国培养的"2+1"和校企共建的"2.5+0.5"培养模式，即学院非通用语种专业学生前两年在国内学习后再到语言对象国学习1年，或者在国内学习2.5年、实习0.5学年。这两种模式以国外合作院校和国内外合作企业为平台，共同制定人才培养方案，共同开发核心课程，共同建设实训基地，共同承担与专业相关的教学任务等环节。合作院校和企业还为学校提供优秀的兼职教师，也为专业教师提供到外校和企业锻炼的机会，实现校企深度融合。以行业岗位能力需求为中心，根据岗位工作任务的系统性和学生职业能力的形成规律，按照由易到难、循序渐进的原则，使学生从在"模拟""仿真"的场景中学习实训扩展到在真实的环境中学习实训，让学生完成与运用东南亚语专业面向岗位和岗位群相一致的学习任务，培养并提升其职场素质和实际能力。通过实施创新的人才培养模式，学生的职业技能和素质培养在国外合作院校和国内外企业的真实场景和环境中得到双线培养，使学生职业技能逐步提升，实现无缝对接。目前学校共送出非通用语种专业学生到语言对象国留学及实习人数共计44人，均为应用外语（缅甸语）专业学生。

（三）教学质量工程项目及教材建设

在学校领导的重视下，在学院领导的指导下，通过改善外部教学环境和内部教学设施，加强了专业的软硬件条件，提升了应用泰语、应用外语（缅甸语）专业的办学实力。另外，结合德宏州对缅实际情况，以讲义的形式自主编写了《商务缅甸语》一书供学生学习，更好地提升了学生对语言的实际应用能力。

（四）实习实训条件

通过国内外校校合作、校企合作，有效地利用国内外资源，形成了"国内校内外+国外

校内外"的完善的实训条件。目前建成校内数字语音实训室、商贸口语仿真实训室、瑞丽市雅达翻译有限责任公司、芒市珂瑜翻译中心、德宏传媒集团、瑞丽市文博翻译有限责任公司等6个国内校内外实训基地；在国际交流合作中，与缅甸仰光大学、仰光外国语大学、曼德勒外国语大学、曼德勒云华师范学院以及泰国兰纳皇家理工大学等合作共建成了5个实训基地。学生依托这些实训基地，通过语言的运用实践、职业的顶岗实训，大大提高了语言应用能力和综合能力。

（五）积极参加专业教学竞赛，以赛促学、以赛促教

近年来，学校通过组织学生参加职业技能大赛，学生的语言应用能力和岗位能力大大增强，所培养的学生的语言理论基础扎实，语言能力、职业能力及社会适应性强，使专业人才培养质量全面提升。学校鼓励学生参加全省各项职业技能大赛列举如下：2012年6月，参加云南省首届高校东南亚语比赛周活动，缅甸语专业学生荣获非专业组一等奖等；2013年11月，应用缅甸语专业学生荣获云南省高校第二届东南亚语种演讲比赛一等奖；2016年2月，参加云南省高校第四届东南亚语演讲比赛，缅甸语专业学生荣获专业组一等奖；2017年参加云南省高校第五届东南亚语演讲比赛，缅甸语专业学生荣获三等奖；2018年参加云南省高校第六届东南亚语演讲比赛，荣获缅甸语非专业组一等奖；2019年11月，参加云南省高校第七届东南亚语演讲比赛，荣获缅甸语非专业组一等奖。职业技能大赛已成为学校促进学生成长成才、展示学生职业技能的重要舞台，同时进一步提高了学生专业语言的运用能力，有力促进了专业人才的培养，并加强了我校与省内外相关院校的交流。

四、对外交流

结合德宏州区位优势，依托州上的驻缅机构，通过德宏州友好城市泰国达府的帮助，和缅甸曼德勒云华师范学院、泰国兰纳皇家理工大学签订合作协议并开展教育交流和合作，取得了较大成效，形成了较完善的国际型应用人才培养网络。此外，还与泰国清莱皇家大学、南邦国际技术学院、清迈大学、博仁大学、甘烹碧皇家大学合作，为学校非通用语专业学生的"走出去"搭建了很好的平台。

五、社会服务

学校应用外语（缅甸语）、应用泰语专业充分发挥资源优势，并整合整个语言文化专业群的软硬件资源，为州委、州政府提供翻译服务，与州政府及企事业单位开展缅甸语培训。多次派出教师和学生为德宏州每年举办的"泼水节""边交会""目瑙纵歌节"以及在政府的外事接待活动中提供翻译和接待服务，为服务本区域经济与社会的发展提供智力支持和技术保障。

附：各专业描述

应用外语（缅甸语）专业

专业定位及培养目标

德宏师范高等专科学校应用外语（缅甸语）专业开设于2010年，至今已有10年的历史，设有三年制专科和五年制大专两个办学层次，致力于培养具有良好职业素养、道德素质、心理素质和创新精神，专业知识结构合理，适应涉缅政府机关及事业单位、中缅企业、涉缅旅游企业、对缅贸易公司等行业岗位群的职业能力要求，以缅甸语为工作语言，从事商务助理、商务缅甸语翻译、旅行社文员、缅甸导游和相关行业管理的应用型人才。

人才培养

自2010年开设本专业以来，实施了"2+1"人才培养模式，取得了良好效果，配合在国内的"2.5+0.5"人才培养模式，学生在提升语言能力的同时，也提高了专业岗位技能，提升了跨文化交际能力，开拓了国际视野。

师资队伍建设

缅甸语专业现有教师10人，其中专任教师4人、缅籍外教1人、特聘教师1人，年龄结构合理；有5位教师具有留学背景，曾到缅甸仰光外国语大学留学；有两位教师具有缅甸工作经验。

专业建设成果

在专业建设上，应用外语（缅甸语）专业有1门线上课程，同时，根据应用外语（缅甸语）专业人才培养目标、专业能力需求和岗位需求，系统地设置课程，开发课程建设，对课程的结构、内容、理论与实践教学的比例和总课时做系统的安排、调整和更新，突出专业特色；总结了富有本地特色的语言教学资源，汇总成《商务缅甸语口语教材》讲义并用于课堂教学。学生在历届东南亚语演讲比赛中均有较好发挥，另外在2018年的创新创业大赛中缅甸语专业学生代表队获得非企业组二等奖。

就业情况

本专业毕业生的主要就业渠道有继续在国内外升本、自主创业，以及政府部门或事业单位、涉缅外贸公司和旅游公司及国内外的相关行业企业工作，成为中缅合作和交流的纽带和桥梁，为"一带一路"建设、云南省努力建设成为我国面向南亚东南亚辐射中心及澜湄合作贡献力量。

应用泰语专业

专业定位及培养目标

德宏师范高等专科学校应用泰语专业开设于2019年，为三年制专科。本专业致力于培养具有良好职业素养、道德素质、心理素质和创新精神，专业知识结构合理，适应泰资企业、涉泰旅游企业、对泰贸易公司等行业岗位群的职业能力要求，以泰语为工作语言，从事商务助理、商务泰语翻译、旅行社文员、泰语导游和相关行业管理的应用型人才。

人才培养

本专业实施"2+1"人才培养模式和"2.5+0.5"人才培养模式，使学生所学知识从国内延伸到国外，在提升语言能力的同时，提高专业岗位技能，提升跨文化交际能力，开阔国际视野。

师资队伍建设

应用泰语专业现有两名专任教师，均为硕士研究生，有讲师1名。其中，有一名教师曾在昆一流高校担任泰语教师数年，教学经验丰富，科研能力强。同时，学校还聘请国外院校、企业中管理能力强、有扎实理论知识和丰富实践经验的兼职教师担任专业实践教学，并全程参与专业建设、课程建设和教学管理。

专业建设成果

在专业建设上，应用泰语专业正逐渐完善课程体系，积极申报校内精品课程，参与建设网络课程1门。

就业情况

应用泰语专业毕业生主要的就业渠道有继续在国内外升本、自主创业，以及进入政府部门或事业单位、与泰国有往来的外贸公司和旅游公司及国内外的相关行业企业工作，成为中泰合作和交流的纽带和桥梁，为"一带一路"建设、云南省面向南亚东南亚辐射中心建设及澜湄合作贡献力量。

执笔人：曾德科、李秀娟

审稿人：李秀娟

云南经贸外事职业学院
非通用语种类专业建设和发展报告
（2010—2019）

一、历史概况

云南经贸外事职业学院是经云南省人民政府批准，教育部备案，纳入国家计划内统一招生，具有独立颁发国家承认学历文凭的全日制普通高等职业学校，先后被评为"中国高等教育优秀学校""云南省优秀普通高等学校""云南省特色骨干高等职业院校""省级文明学校""云南省优质高职院校立项建设单位""云南省职业院校现代学徒制试点单位""云南省示范性职业教育集团""云南省管理水平提升行动计划高职院校管理15强"，受到社会的广泛赞誉。

云南经贸外事职业学院非通用语种应用泰语专业开办于2010年，是学校的特色专业和重点专业，同时也是云南省首批高水平骨干专业。为培养高素质技能型人才，我校与泰国清迈大学语言学院合作办学，共同培养泰语应用型人才。国际合作办学共同培养人才的培养模式对提高学生的泰语水平、开阔学生眼界、提升学生素质、增强学生就业竞争力极为有利。

二、师资队伍

自2010年起，云南经贸外事职业学院通过社会招聘、自主培养等方式，逐步打造了一支非通用语师资队伍。目前这支专兼职教师队伍共有5人，其中2人具有硕士学位，2人为本科毕业生，1人是从泰国清迈大学到我校教授泰语的外聘教师，他不仅承担泰语教学，还参与应用泰语高水平骨干专业建设、指导青年教师开展课程建设等活动。

三、教学和人才培养

云南经贸外事职业学院应用泰语专业开办于2010年，至今已有9年的办学历史，且自办学以来便与泰国清迈大学保持合作关系，为应用泰语专业学生提供了良好的学习平台。

（一）通过学校国际交流中心搭桥，与其他国家的大学共建共享国际师资

与学校国际交流中心充分沟通，并得到中心的支持后，与泰国等国家的大学实现合作

办学，充分利用国际资源，通过互派教师、共同完成教改项目、共同培养专业教师、共同开发专业和专业课程，实现师资队伍的发展壮大和国际化。新专业的申报不能仅仅依据专业目录，要从社会的实际需要出发，要与国际社会接轨，充分研究论证专业的必要性、科学性和前瞻性，才能申报并建设新专业。专业课程建设需要拓宽视野，与国外大学加强联系沟通，充分利用国际资源，通过购买专业课程、共同开发专业课程、共同编写课程标准等方式，提高课程建设的水平。

（二）充分利用各项政策，加大培养专业带头人、专业骨干教师和专业团队的力度

从校级到省级、国家级，都有大量的优惠政策，可以推动专业教师队伍建设。我们要深入研究政策，充分利用政策的优势，培养大批泰语专业带头人、专业骨干教师和专业团队。通过他们的示范效应，一方面强化师资队伍力量，另一方面带动和帮助更多的年轻教师找到职业发展道路，促进师资队伍成长。

（三）加大与国内外旅游、商贸企业的合作力度，积极建设"双师型"教师队伍

云南经贸外事职业学院应用泰语专业教师队伍的建设，必须走"双师型"道路，培养双师素质教师。因此单纯依靠校内教师是不够的，无法满足社会和企业对人才的需求，必须通过与国际旅游企业和国际商贸企业合作，从企业引进专业人才，让校内教师深入企业学习培养锻炼的同时，又从企业聘请专业人士进校授课等多种途径，打造"双师型"专业师资队伍。同时，鼓励教师学习相邻专业，积极申报相关专业非教师系列的职称，考取相邻专业从业资格证书，学习掌握相邻专业的基本知识和技能，多渠道打造"双师型"或双师素质教师，建设国际化的"双师型"教师队伍。

（四）打通学生到泰国留学的路径，为人才培养提供新的培养模式和通道

学院应用泰语专业2015级（16人）、2016级（20人）、2017级（7人）、2018级（8人）、2019级（11人）学生均按两校合作协议到泰国清迈大学留学。毕业专升本率约55%。

（五）指导我校加强教学设施建设

1. 专业教室基本条件

配备多媒体计算机、投影设备、黑/白板、互联网接口或无线局域网。

2. 院内实训条件

学院重视学生语言技能和专业技能的培养，建设了一批设施齐全、反映企业岗位需要、符合学生认知、能够促进学生专业发展的校内实训室，建有语音实训室1间、商务模拟实训室1间、综合实训室1间，能够满足泰语视听说专业课程的使用，不但可以提高学生语言综合运用能力，还可以为学生提供了解当代泰国社会、政治、经济、文化等方面的信息平台，提高学生语言运用能力和学生听记、听译的能力。

表25-1 校内实训条件情况表

序号	实训室	实训功能	实用课程	主要设备
1	语音实训室	利用多媒体设备进行泰语语音技能训练	泰语语音、泰语听力、商务泰语等	教室主讲台（投影、卡座、实务展台、服务器）、座椅、课桌及台式电脑、互联网接入设备
2	商务模拟实训室	利用多媒体设备及软件开展国际商务模拟训练	商务泰语、中泰商务贸易、旅游市场营销策略	教室主讲台（投影、卡座、实务展台、服务器）、座椅、课桌及台式电脑、国际贸易模拟软件、外贸单证教学系统软件、互联网接入设备
3	综合实训室	利用仿真办公场景、真实的办公设备开展办公室设备操作、涉外接待及商务交际谈判等模拟训练	中泰文录入、商务交际、商务办公自动化、商务谈判等	教室主讲台（投影、卡座、实务展台、服务器）、办公桌椅、会议设备、摄录设备、打印机、复印机、传真机、装订机等办公设备

3.校外实训条件

学校通过与驻泰中资企业商会搭建平台，开展产教融合、校企合作。

表25-2 校外实训条件情况表

序号	校外实习实训基地名称	协议签订时间	年均接受实习学生数量（人次）	备注
1	泰国清迈大学语言学院实训基地	2016年	30	顶岗实习
2	Natelanna Co.,Ltd（地产/酒店运营）	2017年	8	顶岗实习
3	泰国五福旅游公司	2018年	5	顶岗实习
4	O.K.S (Thailang) Co.,Ltd（泰国进出口贸易公司）	2018年	8	顶岗实习
5	泰国清迈大学学术中心	2019年	8	顶岗实习

四、应用泰语专业近年成果

2015年11月，学院学生在云南省东南亚语演讲比赛中荣获省级优秀奖。

2015年6月，学院应用泰语专业在学院大力支持、系部各专任教师积极配合及共同策划下，面向全校师生开展了多姿多彩的"泰国文化节"活动。

2016年5月，学院应用泰语专业在外聘教师叶丽的带领下，与各专任教师、2015级应用泰语专业学生共同策划组织泰国水灯制作大赛，最终取得良好效果。

2018年10月，学院由李丽萍、田蕊老师指导的应用泰语专业学生在云南省第六届东南亚语演讲比赛中，获得泰语非专业组二等奖的好成绩。

五、对外交流及就业前景和升学渠道

随着"一带一路"倡议的推进，中泰双方秉承共商、共享、共建原则，展开了众多的经贸合作，很多中资企业到泰国开办公司，尤其是一些国有大型企业在泰国投资，对经贸领域泰语人才的需求量剧增。关于升学渠道，学院也积极和泰国清迈皇家大学开展"2+2"

专升本合作，即通过在国内的两年学习，学生在打好语言基础的同时强化专业技能训练，再通过两年在泰国的学习，强化学生的语言能力和专业技能。学生毕业可获得一个专科文凭和一个泰国清迈皇家大学颁发的本科文凭，此本科文凭在中国获得学历认可，为学生获得国内本科文凭提供了快速畅通的通道。同时，对外交流除了能够让学生在掌握外语能力的同时再培养一门专业技能外，还能大大提升了毕业生就业创业的空间。

六、社会服务

学院应用泰语专业充分发挥资源优势，为学院澜湄职业教育联盟签约仪式提供了翻译服务，派出教师和学生为2019年南亚东南亚商品展暨投资洽谈会的泰国展商提供了翻译和接待服务。

附：专业描述

应用泰语专业

专业定位及培养目标

依据应用泰语专业社会需求调研和对职业岗位典型工作任务的分析，参考相关职业标准，结合学院生源基础，将本专业培养定位为：

培养具有责任心、良好的合作意识、吃苦耐劳和奉献精神，熟悉泰国文化习俗、风土人情和商务贸易知识，掌握游客组织、游客服务、客人协调、贸易规则等相关知识，具备泰语的基本听、说、读、写能力，具备引导游客、预定与协调、业务处理、灵活翻译等能力，能够适应导游助理、计调OP、产品销售员、电商业务员等工作岗位，能从事旅游及公共游览场所服务、销售人员等一线服务与管理工作的高素质技能型人才。

职业方向

表25-3 应用泰语专业所对应的相关职业一览表

所属专业大类	所属专业类	对应行业	主要职业类别	主要岗位类别（或技术领域）	职业资格（职业技能等级）证书
教育与体育大类	语言类	商务服务业	翻译人员、旅游及公共游览场所服务人员、销售人员	翻译、旅行社计调、旅游咨询员、销售人员等	导游资格证书、泰语等级证书等

现有泰语师资队伍情况

截至2019年12月，在编教职工5人，其中具有硕士学位教师2人。同时，聘请泰国本土教授泰语的教师自接参与教学，招聘泰国本科学历以上的毕业生做该泰国教师的助教。此外，还聘请国外院校、企业中管理能力强、有扎实理论知识和丰富实践经验的兼职教师来担任实践教学，并参与专业建设、课程建设。

表 25-4　学院招聘教师信息一览表

序号	姓名	性别	毕业院校	毕业时间	学历	学位	专业	职称
1	田蕊	女	泰国华侨崇圣大学	2018.6	研究生	硕士	应用泰语	助教
2	何晓存	女	泰国博仁大学	2019.7	研究生	硕士	泰国语	助教
3	蒋思琪	女	玉溪师范学院/泰国呵叻皇家大学	2018.6	本科	学士	行政管理/泰语	助教
4	黄艳琳	女	泰国清莱皇家大学	2018.6	本科	学士	泰语	助教
5	叶丽（外教）	女	泰国清迈大学	—	—	—	—	教授

专业建设成果

本专业被列为云南省高等职业院校高水平骨干专业，已成为学院具有重要引领示范作用的特色专业。目前学院通过培养专业带头人、专业骨干教师和专业团队的方式，已取得一些成果——修订应用泰语人才培养方案1份，编写《基础泰语》《泰语口语》《旅游泰语》课程标准和调查报告共6份，编写《基础泰语》《泰语口语》实训指导书共2份，编写《基础泰语》《泰语口语》《旅游泰语》教材提纲及教材初稿共3份。

就业情况

本专业毕业生有的继续在国内外升本，有的自主创业，有的就业于和泰国有往来的外贸公司和旅游公司及国内外的相关行业企业，成为中泰合作和交流的纽带和桥梁。

执笔人：田蕊
审稿人：曹培培

云南经济管理学院
泰语专业建设与发展报告
（2011—2019）

一、历史概况

云南经济管理学院开展泰语教学最早在2008年，同年聘请1名泰国籍教师从事泰语教学；2011年学院泰语专业专科教学获云南省教育厅批准设立，学制为3年，同时引进1名中国籍和1名泰籍教师开展泰语专业教学；2012年，学院被列为云南省教育厅泰语水平等级考试考点单位、云南省高校东南亚小语种人才示范点之一。

二、师资队伍

（一）师资队伍建设情况

学院泰语专业目前有教师4人，其中研究生学历3人、本科学历1人，讲师1人。

2008年以来，学院泰语专业聘请国内外教师共12人，其中，中国籍教师6人、泰籍教师6人。

表26-1 泰语专业教师信息一览表

姓名	职称	出生年月	学校及本科专业	学校及硕士专业	学校及博士专业
仲如林	讲师	1981.05	泰国清莱皇家大学 泰语专业	云南民族大学 亚非语言文学专业	无
李志强（泰教）	讲师	1960.03	泰国诗纳卡琳大学体育专业	诗纳卡琳大学威洛 教育学专业	无
刘旭（泰教）	讲师	1986.06	泰国suan na ta皇家 大学汉语专业	无	无
张丽娟（泰教）	讲师	1985.07	泰国东方大学 汉语专业	云南大学 国际关系专业	无

表26-2 各专业教师职称学历一览表

单位：人

专业	教师总数	教授	副教授	讲师	助教	本科	硕士	博士
泰语	4	0	0	4	0	1	3	0
缅甸语	0	0	0	0	0	0	0	0
越南语	1	0	0	1	0	0	1	0
总计	5	0	0	5	0	1	4	0

表 26-3 外聘教师信息一览表

姓名	国籍	职称/学历	原学校	教授专业	执教年份
吴玉珍	泰国	助教/本科	普吉皇家大学	泰语	2008
杨绍学	中国	副教授/本科	云南民族大学	泰语	2013
陈雪	中国	副教授/硕士	昆明学院	泰语	2015
姜泽满	中国	讲师	云师大商学院	泰语	2013
冯泽芬	中国	助教	云师大商学院	泰语	2014
刘玉兰	泰国	讲师/博士	清莱皇家大学	泰语	2016
旺差纳	泰国	讲师/博士	清莱皇家大学	泰语	2017

（二）教师教学学术培训、交流学习与荣誉

2015年6月至2016年2月，仲如林老师参加云南省教育厅主办的云南省高等学校小语种青年骨干教师培训项目，结业并获得合格证书。

自2008年聘请第一名泰籍教师教学以来，学院长期从国内外聘请泰语专业领域的专家学者开展不同形式的教学活动，先后邀请云南民族大学陆生教授、云南大学泰国语言中心段立生教授、云南民族大学杨绍学教授以及泰国清莱皇家大学语言学刘玉兰博士、教育学旺差纳博士等开展不同形式的泰语教学活动，并获得段立生教授、刘玉兰博士、旺差纳博士等的支持，成功申报"云南省高等学校东南亚语种特聘教师支持计划"。

自2011年以来，学院泰语专业教师获得的校内外的荣誉主要是指导学生参加东南亚语种泰语演讲和技能大赛并获奖。2014年，仲如林教师参加云南省东南亚语种泰语口语大赛获优秀奖，指导泰语专业学生参加云南省第四、五届东南亚泰语演讲比赛获得指导教师优秀奖；泰教李志强老师指导泰语专业学生参加云南省第六届东南亚泰语演讲比赛获得指导教师优秀奖，并获得云南经济管理学院颁发的优秀教师证书。

三、教学与人才培养

（一）教学和人才培养基本情况

学院泰语专业首届招生共60人。学院泰语专业旨在培养面向外贸机构或旅游服务行业，具备扎实的泰语语言基础和泰国文化知识，掌握泰语听、说、读、写、译方面的基本技能，能从事翻译、旅游服务或管理岗位工作的高素质技能型人才。

表 26-4 泰语专业历届人数一览表（2011—2019年）

年份	泰语（人）	
	招生	毕业
2011	60	56
2012	25	22
2013	27	25
2014	32	30
2015	28	28

续表

年份	泰语（人）	
	招生	毕业
2016	10	8
2017	22	22
2018	37	—
合计	241	204

（二）人才培养模式

学院泰语专业主要实行"2+1"（2年国内+1年国外）专科教育以及"3+2"（国内专升本）、"2+3"（泰国专升本）本科教育人才培养模式，自2011年以来，分别与泰国博仁大学、博乐大学、东方大学、曼谷皇家理工大学、吞武里皇家大学、清莱皇家大学、清迈皇家大学等10余所大学建立了两校教学合作机制，满足了学生提升学历的渠道需求。

（三）人才培养效果

自2011年开设泰语专业以来，学院泰语专业人才培养质量逐年得到提高，开展了丰富多彩的泰语活动，举办了5届校园泰国文化节，组织学生参加国家级、省级泰语技能大赛，获得了全国高职院校东南亚语种技能大赛——泰语演讲比赛"优秀奖"1项，云南省非通用语教学指导委员会主办的东南亚语泰语演讲比赛"三等奖"1项、"优秀奖"5项。

（四）教学质量工程项目及教材建设

学院自开展泰语教学以来，2012年获得"云南省东南亚语种人才培养示范点"省级质量工程项目，2015年、2016年获得"云南省东南亚语种特聘教师支持计划"省级质量工程项目。另外，泰教李志强自编了校内的《泰语基础》教学讲义。

表26-5 教学质量改革工程项目一览表

序号	主持人	名称	等级	年份
1	仲如林	泰国文化	校级（双语教学）	2014
2	仲如林	泰语基础	校级	
3	祁雯	云南省东南亚小语种人才示范点	省级	2010
4	段立生（特聘教师）	云南省高校东南亚语种特聘教师支持计划	省级	2014
5	刘玉兰（特聘教师）	云南省高校东南亚语种特聘教师支持计划	省级	2015

（五）人才基地建设

学院自2011年开设泰语专业以来，为了提升泰语人才培养质量，先后与泰国各高校合作建立人才培养基地。2014年，先后输送泰语专业学生到泰国东方大学附属中小学进行为期6个月的实习，主要从事对外汉语教学。2015年，与老挝金三角特区新加坡东方国际医院签署了泰语专业实习实训基地，接收泰语专业学生实习。在国内，先后与昆明邦克饭店、昆明中北交通旅游（集团）有限责任公司、昆明康辉旅行社有限公司、昆明假日国际旅行社有限公司和云南旅游合伙人投资公司签署了校外实践基地。

（六）就业工作

2014年，学院第一届泰语专业学生毕业，有的在泰国从事旅游活动工作或继续读研，有的在国内从事商贸、旅游、报关工作或参加专升本考试，继续深造。

（七）基础设施建设

学院自2011年开设泰语专业以来，于次年建设成泰语文化室，并于2015年提升为东南亚语言文化室。现有标准语音室4间，占地约240平方米；设有泰语专业文化室，占地256平方米；图书馆有关泰国语言与文化的书籍约600册，泰语文化室有泰语文字图文书籍300册，泰语资产15万余元。

执笔人：仲如林

云南农业职业技术学院
非通用语种类专业建设和发展报告
（2011—2019）

一、历史概况

云南农业职业技术学院的前身是始建于1904年的云南蚕桑学堂，中华人民共和国成立后更名为昆明农业技术学院，1962年定名为云南省农业学校。2002年，经云南省人民政府批准，云南省农业学校和云南省畜牧兽医学校合并组建云南农业职业技术学院。2018年，云南省种畜、种禽、原种猪繁育推广中心并入学院，并在学院加挂"云南省种畜繁育推广中心"的牌子，是一所以高原特色农业类专业为基础，兼顾大健康、工程、经济管理、信息技术等专业的公办高等职业院校，是国家优质高职院校、全国新型职业农民培育示范基地、全国现代学徒制试点单位、云南省示范性高等职业院校、云南省社会主义核心价值观教育示范学校。学院拥有国家级实训基地3个、国家级骨干专业3个、国家级教师培养培训基地1个、国家级应用技术协同创新中心1个，进入了全国高职院校"服务贡献"50强，在《云南省2017年高等职业教育质量年度报告》中综合质量排名全省第三，系云南省管理水平提升行动计划职业院校管理15强示范建设单位，进入了云南省职业院校教学管理和学生管理案例15强前3。

学院非通用语种类专业开办于2011年，系应用泰国语专业，共招收了2011级、2012级和2013级3届学生，其后，应用泰国语专业因各种原因停办，目前仅开设有公选课泰国语言与文化、柬埔寨语言与文化。

二、师资队伍

截至2019年12月，学院两个语种的在编教职工有3人。其中，泰语教师2人、柬埔寨语教师1人，具有博士学位（在读博士）教师1人、学士学位教师2人，目前均为高校讲师。2011—2016年，应用泰国语专业在办期间学院还聘请国内外院校、有扎实理论知识和丰富实践经验的兼职教师来承担教学工作，并全程参与专业建设、课程建设和教学管理。累计聘请泰国籍外教1人、校外教师6人。

三、教学和人才培养

（一）历届学生培养人数

2011—2019年，云南农业职业技术学院应用泰国语专业共计培养三年制专科学生3届，共计60人。（详见表27-1）

表27-1　学院历届应用泰国语专业学生人数一览表

层次/学制	届别	应用泰国语	合计
三年制专科（毕业）	2011级/2014届	25	25
	2012级/2015届	15	15
	2013级/2016届	20	20
总计		60	60

（二）创新人才培养模式，提升人才培养质量

2011—2016年云南农业职业技术学院应用泰国语专业在办期间，曾实行"中外合作、跨国培养"的"2+1"人才培养模式，即学院非通用语专业学生前两年在国内学习，后一年到语言对象国学习并按照国外院校的要求完成实习。该模式以国外合作院校和企业为平台，共同制定人才培养方案，共同开发核心课程，共同承担与专业相关的教学任务等环节。通过实施创新的人才培养模式，学生的职业技能和素质在国外合作院校和实习企业中得到培养和提升。在2011—2016年间，学院共送出应用泰国语专业学生到泰国留学及实习人数共计60人。

（三）教学质量工程项目及教材建设

云南农业职业技术学院应用泰国语专业在中外联合办学模式中，实现了第一校园与第二校园教学资源的整合，丰富了教学资源，达到了共享教学资源和教学设备的目的，提升了专业的办学实力。另外，在针对非应用泰国语专业学生的互派留学生、合作办学的过程中，通过教师互派、对等交流等形式，引进了国外先进教学理念，提高了教学团队的整体素质，突出了实践实训的针对性和实效性。应用泰国语专业开办期间，曾根据泰语人才培养目标、专业能力需求和岗位需求，系统地设置课程，开发课程建设，对课程的结构、内容、理论与实践教学的比例和总课时做了系统地安排、调整和更新，突出了专业特色；完成了《泰语阅读》校本特色教材的编写并用于课堂教学；完成了8门核心课程标准建设。

（四）实习实训条件

2005年，学院第一次与泰国职业教育委员会签订了互派留学生、合作办学协议，正式建立了学院与泰国职业教育委员会下属院校的合作关系，并于其后多次续签合作协议。最近一次续签协议的时间是2019年。

2012年，学院与泰国程逸皇家大学、泰国博仁大学签订合作办学协议。

2012年，学院承建了"中国（云南）—柬埔寨（班迭棉吉）现代农业科技友谊示范园"，该示范园于2013年8月建成并于2014年验收通过后一直作为学院的海外实习基地使用。

学生依托这些实训基地，通过语言的运用实践、职业的顶岗实训，大大提高了语言应用能力和综合能力。

（五）积极参加专业教学竞赛，以赛促学、以赛促教

2011—2016年学院应用泰国语专业在办期间，学院通过组织学生参加职业技能大赛，使应用泰国语专业学生的语言能力和实践应用能力大大增强，所培养的学生语言理论基础扎实，语言能力、职业能力及社会适应性强，专业人才培养质量全面提升。学院参加全国、全省各项职业技能大赛列举如下：2012年5月，应用泰国语专业4名学生参加全国高职高专越南语和泰语口语技能大赛荣获三等奖；同年6月，学院应用泰国语专业学生参加云南省首届高校东南亚语比赛周活动荣获泰语专业组优秀奖、非专业组三等奖。职业技能大赛促进了学生成长成才，提高了学生专业语言的运用能力，有力地促进了应用泰国语专业的人才培养。

四、对外交流

自2006年以来，学院分别与泰国、韩国的17所农业院校签订了互派留学生、合作办学协议，与泰国孔敬农业技术学院等10所学校互派留学师生13批次近400人次。学院每年选派30多名学生赴泰国农业职业技术学院学习，已有20多名毕业生先后在泰国就业。2012年，学院在柬埔寨承建了"中国（云南）—柬埔寨（班迭棉吉）现代农业科技友谊示范园"，项目得到了柬埔寨王国副首相高金然的高度赞许。2013年，开办了1期由来自非洲埃塞俄比亚农业技术学院的9名院校校长组成的农业教育培训班。2015年，农业部将"中国—缅甸农业技术培训中心"设在云南农业职业技术学院，搭建了面向东南亚南亚的国家级培训交流平台，2015年以来，该中心已经举办缅甸农业技术培训班4期，培训缅甸学员49人。通过交流与合作，产生了积极的国际影响，学院社会服务工作已开始走出国门，辐射南亚东南亚地区。

五、社会服务

学院应用泰国语专业2011级、2012级、2013级学生毕业后，或供职于泰国驻昆明贸易公司、针对泰国市场的中国游戏开发公司，或供职于泰国企业、学校，为服务云南和东南亚区域经济和文化发展做出了一定贡献。

作为一所以高原特色农业类专业为基础，兼顾大健康、工程、经济管理、信息技术等专业的公办高等职业院校，学院一直坚持开设公选课泰国语言与文化和柬埔寨语言与文化，为中泰、中柬农业科技互学互鉴和文化交流做出了一定贡献。

附：专业描述

应用泰国语专业

专业定位及培养目标

依托云南区位优势及学院与泰国各农业学院长期以来的友好交流与合作，面向国内外市场、面向各涉外企事业单位，逐步通过国际合作办学，培养具有国际化视野和经历的泰语专业人才，以及能在外事、经贸、旅游、教育等领域从事翻译、导游、教育、管理等的泰语应用型人才。

坚持以马克思列宁主义、毛泽东思想、邓小平理论和"三个代表"重要思想为指导，全面贯彻党和国家的教育方针，培养德、智、体、美全面发展，有事业心和责任感，具有国际化视野和经历，掌握扎实的泰语语言基础知识和熟练的泰语听、说、读、写、译技能，了解泰国的政治、经济、历史、社会、文化、习俗、法律和外交等，具备一定的农业概论背景知识，同时又掌握较强的英语基础知识与英语交际能力的双语应用型人才。

人才培养

按照高等职业教育"以服务为宗旨，以就业为导向，走产学结合的发展道路"的办学理念，以培养应用型的人才为主。充分利用学院对外交流平台，于2012年与泰国程逸皇家大学和泰国博仁大学签订了合作办学协议，建立了"2+1"的国际合作办学模式。其中，最后一学年（学期）学生可根据意愿和家庭经济情况到泰国协议学校进一步学习深造以及实习，待修完全部课程并考试合格后，可获得云南农业职业技术学院毕业证和泰国合作高校结业证书（或学习证明书）。

师资队伍建设

虽然学院应用泰国语专业已于2014年停止招生，但现仍有泰语教师2人、柬埔寨语教师1人，均为高校讲师。学院的对外交流工作并未停滞，相关公选课程也在正常开设，特别是与泰国互派师生的交流项目和援建柬埔寨班迭棉吉的现代农业科技友谊示范园工作仍在正常进行。因此，师资队伍建设工作仍有所进益。

专业建设成果

在专业建设上，2011—2016年应用泰国语专业在办期间，共建设了8门核心课程，即基础泰语、泰语口语、泰语听力、泰语阅读、泰汉互译、泰语基础写作、泰语公文写作、泰国文化与礼仪。

就业情况

应用泰国语专业毕业生或继续在泰国升本，或供职于外贸公司和旅游公司以及国内外相关行业企业，或自主创业，作为中泰合作的桥梁，为"一带一路"建设、云南省面向南亚东南亚辐射中心建设及澜湄合作贡献自己的力量。

撰写人：王庆华
审稿人：黎红梅

红河卫生职业学院
东南亚语种课程建设和发展报告
（2014—2019）

一、历史概况

红河卫生职业学院位于云南省红河州蒙自市——中国最著名的"石榴之乡"和"过桥米线之乡"，同时也是红河州的政治、文化、经济、贸易中心。红河卫生职业学院创建于1958年，至今已有61年的历史。如今，学院已发展成为一所规模宏大、教学经验丰富的高职医学院校，也是中国西南地区唯一一所高职医学院校，已为地方和全国培养了无数医疗卫生人才。

近年来，随着滇南地区区域经济对外开放的飞速发展，国家和云南省政府将滇南地区纳入了"一带一路"建设和西南开放桥头堡建设的重要规划。红河卫生职业学院作为屹立于滇南中心的高等职业院校，科学制定了"立足红河，面向基层，服务云南，辐射东南亚"的办学定位，致力于把学院建设成为面向东南亚开放的重要窗口。为切实贯彻落实《国务院关于支持云南省加快建设面向西南开放重要桥头堡的意见》（国发〔2011〕11号），进一步落实《云南省教育厅关于进一步加快东南亚南亚语种人才培养工作的指导意见》（云教高〔2013〕69号），学院结合自身医学专业优势和红河州的区位优势，主动投身于服务"一带一路"建设和"两强一堡"目标建设，积极开展东南亚语种人才培养工作，面向医学类各专业学生开设东南亚语种必修和选修课，鼓励学生参加东南亚语种运用能力等级考试，以使学生积极提升学历和第二外语交际能力，努力培养服务地方经济社会发展需要的"语言+专业"复合型人才。

二、工作进展

2014年，学院正式以选修课形式面向全校一年级专科生开设越南语课程。统一给学生选订教材，按标准每周每班两个课时，课程中以学习越南语语言文学的基本理论、基本知识和基本技能为主，在学生掌握语言的基础上，适当向学生扩充越南政治、经济、历史、文化、风俗、法律和外交等相关知识，使学生在掌握语言的同时，也能深入领会越南文化，不仅能提升学生的学习兴趣，也能锻炼学生的越南语听、说、读、写、译能力，受到广大学生的欢迎和热爱，一次性选修人数达300人。2015年，实用越南语课程的选修人数达到346人；2016年，实用越南语课程选修人数达到307人。在积极创造条件扩大越南语人

-241-

才规模的同时，学院任课教师还鼓励学生积极参加云南省东南亚语种口语大赛，通过比赛激发学生的学习积极性和自信心，同时向省内各东南亚语种专业高校学习，查缺补漏，创新课程体系。

自2017年起，学院招入首批东南亚国家留学生，为学院国际化合作办学开辟了道路，同时也为东南亚语种课程的开设搭建了平台。按云南省教育厅东南亚语种运用能力等级考试文件要求，学院结合实际，积极探索"越南语+医学专业"复合型人才培养模式。2017—2018年连续两届开设护理专业越南语特色语言兴趣班，面向护理系专科二年级即将参加临床实习的学生开设护理越南语课程，累计培训学员270余名。为创新人才培养模式，提高人才培养质量，2018年学院在公共课部下设留学生工作部教研室，专门负责留学生管理和东南亚语种课程建设工作，现教研室有专职教师5人，其中汉语国际教育硕士研究生学历教师1人、亚非语言文学专业越南语言文化方向硕士研究生学历教师2人、老挝语专业本科学历教师2人，整个教师团队平均年龄35岁以下，充满着青春朝气和奋斗活力。因学院专业性强的缘故，公共课部主动接洽各医学系，思考和探讨"越南语+医学专业"的创新人才培养模式，后选定专科中医专业和中专农村医学专业对"语言+专业"复合型人才培养模式进行实践，开设总课时和教学内容均按云南省非通用语种类专业教学指导委员会关于东南亚语种非专业运用能力等级考试要求进行设置和开展教学，现已完成2018级140余名中医、针推、农村医学专业学生3个学期144个学时的教学任务。2019级140余名学生的大外越南语课程也已顺利完成1个学期的教学任务。在东南亚语种建设过程中，留学生工作部教研室坚持"创新务实"的工作态度，将教学与改革并重，从学生升学和就业导向需求出发，力求培养出具备自我学习能力和创新精神的一专多能型人才。

三、未来展望

（一）创新人才培养课程体系，提升东南亚语运用能力

在当今市场单一语言专业毕业生饱和与"语言+专业"型人才稀缺的供给矛盾下，红河卫生职业学院将继续以医学专业为依托，拓展培养符合国家和区域发展需求的一专多能复合型人才，坚持校企合作培养，真正将语言能力和专业能力转变为生产力。

（二）增设东南亚语种门类，打造精品特色课程，提升教学影响力

尽管学院有着得天独厚的边境地域优势，但由于置身于以医学专业为主的卫生类高等职业院校中，经常会面临专业歧视、课时压缩、学生学习精力不足等问题，因此只有通过增设东南亚语种培养门类，打造特色精品课程，提升课程的影响力，才能使之逐渐被各专业所认可。

（三）坚持"走出去、引进来"的国际化合作办学思路，为复合型人才培养创造良好实践环境

语言能力培养与职业技能培养存在一个共同之处——都需要良好的实习环境进行实践，因此校内语言环境的营造及校外或域外实践基地的开辟对复合型人才的实践能力的培

养至关重要，要想完善这一培养链就必须坚持"招收对象国留学生"和"赴对象国实习"两步走，如此才能保证人才培养的质量，探索出多元化的人才培养模式。

（四）加强师资队伍建设，提高教研工作能力

学院应结合专业建设和人才培养需要，制定长期的东南亚语种师资队伍建设规划。与此同时，加强对东南亚语种师资的基础医学专业知识培训，使之能将语言和专业进行更好地融合，以进一步提升人才培养质量。另外，还应支持引入校外、国外师资，聘请相关领域专家学者指导课程建设，培养提升青年教师教研能力；同时，国外师资的引进对于提升学生语言学习兴趣和打牢语言基础也十分必要。

云南机电职业技术学院
非通用语种类专业建设和发展报告
（2012—2019）

一、历史概况

云南机电职业技术学院是2004年7月经云南省政府批准，在原云南省机械工业学校（国家重点中专）和云南省机械技工学校（省级重点技校）的基础上组建的、以培养制造业高技能人才为主的全日制高等职业院校。学院在历史变迁中虽几经更名，但一直秉承着职业教育的办学宗旨，是"云南省省级示范性高等职业院校""国家示范骨干高等职业院校"，是教育部第二批现代学徒制试点立项单位、云南省优质高职院校立项单位。

学院办学特色突出，专业建设和行业发展紧密结合、人才培养和企业紧密结合，坚持以服务为宗旨、以就业为导向，走产教融合、校企合作的办学之路，推行学历证书和职业资格证书"双证制"及"多证制"培养机制，强化学生的职业技能培养；以"立德树人"为根本，重视学生思想政治工作，倡导"开物成务、明德至善"的校风，注重学生的养成教育，学生以综合素质高、动手能力强而广受用人单位好评。毕业生就业率连续5年保持在97%以上，连续多年被云南省教育厅授予"就业工作先进集体"，2012年荣获全省十佳"就业典型"高校荣誉称号，2015年荣获"高校毕业生就业创业工作目标责任考核一等奖"和"高校毕业生校园招聘活动优秀组织奖"。学院积极响应"一带一路"倡议，开设应用越南语专业并积极开展国际交流与合作，派遣学生到越南留学及到美国、日本、新加坡、韩国等国家留学实习、就业，同时面向东南亚国家招收留学生。

在"一带一路"大背景下，学院于2012年开设应用越南语专业并面向全国招收三年制专科学生。

二、师资队伍

学院应用越南语专业自2012年开设以来，专业师资队伍力量一直比较薄弱，至今在编在职的越南语教师仅1人，具有硕士研究生学历，是讲师。但学院通过外聘教师、特聘教授、顶岗实习校外教师指导等形式，聘请外籍教师以及企业中管理能力强、有扎实理论知识和丰富实践经验的兼职教师来学院担任实践教学，并参与专业建设、课程建设和教学管理。2003—2019年，学院共计聘请越南籍外教6人、校外教师5人。

三、教学和人才培养

（一）历届学生培养人数

2012—2019年，学院共计招收三年制专科8届，总计141人。受教学质量及就业环境等因素影响，学院应用越南语专业学生规模日渐扩大。

表 29-1　学院应用越南语专业历届学生人数一览表

层次/学制	级别/届别	应用越南语
三年制专科（已毕业）	2012级/2015届	12
	2013级/2016届	13
	2014级/2017届	9
	2015级/2018届	13
	2016级/2019届	12
三年制专科（在读）	2017级/2020届	16
	2018级/2021届	27
	2019级/2022届	39
合计	毕业学生总数	59
	在读学生总数	82

（二）创新人才培养模式，提升人才培养质量

学院在应用越南语专业办学过程中，勇于实施"走出去"战略，进行中外合作、跨国培养、工学结合，采用"1.5+1+0.5"人才培养模式，即学生大一时在国内学习1年，大二赴越南留学1年，大三回国后继续在校学习将近1个学期，大三最后1个学期参加顶岗实习，深化产教融合，培养高素质外语劳动者和技术技能人才。该模式以国外合作院校和国内外合作企业为平台，共同制定人才培养方案、开发核心课程、建设实训基地、承担与专业相关的教学任务等环节。合作院校和企业还为学校提供优秀的兼职教师，为专业教师提供到外校和企业锻炼的机会，实现校企深度融合。以行业岗位能力需求为中心，根据岗位工作任务的系统性和学生职业能力的形成规律，按照由易到难、循序渐进的原则，使学生从在"模拟""仿真"的场景中学习实训扩展到在真实的环境中学习实训，从而使学生完成与应用东南亚语专业面向岗位和岗位群一致的学习任务，提高其职场素质和实际能力。通过实施创新型人才培养模式，学生的职业技能和素质在国外合作院校和国内外企业的真实场景和环境中得到双线培养，职业技能水平逐步递增，实现无缝对接。

（三）教学质量工程项目及教材建设

学院通过比赛交流、特聘教师、研讨学习等形式，不断优化教学方法，提高教学水平，完善人才培养方案。学院于2016年和2017年连续两年完成云南高等学校东南亚南亚语种特聘教师支持计划项目，特聘经验丰富的研究生导师黄伟生副教授到学院讲课并指导应用越南语专业的建设工作。学院应用越南语专业人才培养方案先后完成了3次调研、调整，以期更加完善和科学，至今已完成了10门应用越南语专业课课程标准建设，学院越南语专

业建设日益完善。

教材建设方面，教材作为学习输入的重要信息源，对教学的成功与否起着决定性的作用。目前，学院应用越南语专业选用的教材，要求既能反映本学科前沿动态又能培养学生的语言能力，以需求分析结果为基础来选择教材，可以减少教材选用中存在的随意性和盲目性。学生通过教材的学习应建立起词汇体系，掌握不同文体的语言特点和表达规律。教材中的练习设计应既包括词汇辨析、语法和表达法填空、汉越互译等语言训练题，又包括涉及专业知识内容方面的定义辨析、案例分析、常识问答以及专题讨论等；在进行教材建设的时候还需关注专业教材，使教材建设和专业教材的内容相互配合、相互促进；在使用教材过程中还需对教材进行不断的评估以及不断的修改和完善，以提高教材的先进性、适用性和时效性。

积极开发和合理利用课程资源是项目化教学的重要部分。学院应用越南语专业课程资源包括越南语教材以及有利于发展学生综合语言运用能力的其他所有学习材料和辅助设施。越南语教学的特点之一是要使学生尽可能多地从不同渠道、以不同形式接触和学习越南语，亲身感受和直接体验语言及运用语言。因此，学院在越南语教学中除了合理有效地使用教科书以外，还积极利用其他课程资源，特别是广播影视节目、录音、录像资料、直观教具和实物、多媒体光盘资料、各种形式的网络资源、报刊等。

（四）实习实训条件

学院通过国内外校校合作、校企合作等形式有效地利用国内外资源，形成了较为完善的实训条件。目前建成校内语言实训基地1个；校外实训基地3个，即云南善凡文化传播有限公司、红河弥勒丽景大酒店、云南昆明青年旅行社；校外实训基地1个，即越南太原省经济与工商管理大学汉语培训中心。学生依托这些实训基地，通过语言的运用实践、职业的顶岗实训，大大提高了越南语实践运用能力。

（五）积极参加专业教学竞赛，以赛促学、以赛促教

自2012年以来，学院通过组织学生参加职业技能大赛，使学生学习的兴趣和动力大大增强，培养的学生语言理论基础扎实，语言能力、职业能力及社会适应性强，专业人才质量全面提升。学院鼓励学生参加的全国、全省各项职业技能大赛列举如下：2015年，应用越南语专业学生参加全国高职高专越南语技能大赛荣获一年级组二等奖1名、三等奖2名；2019年11月，参加云南省高校第七届东南亚语演讲比赛荣获专业低年级组优秀奖2名。职业技能大赛已成为学院促进学生成长成才、展示学生职业技能的重要舞台，同时进一步提高了学生的专业语言运用能力，有效促进了专业人才培养，并加强了学院与省内外相关院校的交流。

四、对外交流

自2012年以来，学院连续9年与越南太原省经济与工商管理大学建立人才共育合作关系，并签署合作备忘录，先后送了7届学生共计102人赴越南留学实习。合作期间，双方共

同探讨人才培养方案，交流研讨教学方法，以组织教学、举办活动、安排实习等形式为学生创建学习实践平台，促进了学院应用越南语专业的建设发展。同时，学院也以优秀的师资队伍及招生办学模式吸引了很多越南学生前来学习交流，更进一步完善了学院国际交流、共育人才的培养模式。

五、社会服务

学院应用越南语专业坚持以服务为宗旨、以就业为导向，走产教融合、校企合作的办学之路。学院鼓励学生在学习过程中积极参与社会实践，主要形式包括留学期间加入越南合作院校开办的汉语培训班，成为培训班的兼职汉语教师，帮助越南学生学习中文；完成学院统一安排的26周的顶岗实习，实习期间帮助实习单位完成导游、翻译、助理等工作；积极报名参加政府举办的各种志愿者活动，学院每一年都有不少应用越南语专业学生报名参加中国—东盟博览会志愿者服务等。这些工作都让学生得到了社会锻炼，也为社会做出了自己的贡献，得到了相关部门单位的肯定。

六、就业情况

应用越南语专业毕业生有的进入驻越企业工作，有的自主创业，有的考入政府部门或事业单位，有的就业于涉越旅游公司及国内外相关的行业企业，成为中越合作和交流的纽带。自2018年以来，越南语专业专升本机会增多，更多的学生选择参加专升本考试进入本科院校深造，专升本也就成为学院应用越南语专业毕业就业的主要去向。2018年，学院越南语专业专升本人数为9人，占该届总人数的69%；2019年，学院应用越南语专业专升本人数为9人，占该届总人数的75%，两年专升本总计18人。随着"一带一路"倡议的影响及中越关系的进一步深化，学院越南语毕业生就业的专业符合度明显增高，也为国家建设及云南对外开放做出了贡献。

执笔人：潘华芳

云南交通职业技术学院
非通用语种类专业建设和发展报告
（2012—2019）

一、历史概况

云南交通职业技术学院是云南省首批进入国家示范性高等职业院校队伍的学校，经过60多年的不懈努力，已经成为一所"技能型、服务型、产业型"高等职业院校，并正在向"特色鲜明、国内一流、国际知名"奋斗目标稳步迈进。经过数代交院人的励精图治、艰苦奋斗，学院现已成为推动云南省经济社会发展特别是交通行业和高层次人才培训的重要基地。近年来，学校紧紧抓住国家深入推进工业化、城镇化、信息化，建设综合运输体系特别是加快发展轨道交通，以及建设面向西南开放重要桥头堡的重要机遇，为服务云南省交通、物流等行业以及云南经济社会发展做出了积极贡献。

学院非通用语种专业开设于2012年，目前仅开设有应用泰语专业，为三年制专科。学院在专业办学过程中，大胆实践、勇于创新，在办学的第二年实现了"走出去、引进来"的战略目标，积极与泰国各高等院校联系合作，与清迈远东大学、清莱皇家大学、博仁大学签订了意向性协议，并最终与清莱皇家大学进行实质性合作办学。2019年与清莱皇家大学签订了新的合作协议，即学院应用泰语专业学生在专科学习期间赴泰国学习1年，毕业后可免试进入清莱皇家大学继续本科学习。

经过7年的建设和发展，学院应用泰语专业教学团队逐步发展成熟，培养了一批又一批语言应用能力过硬的泰语专业学生。

二、师资队伍

学院自2007年起便开始招聘非通用语种专业教师。至今，学院非通用语种教研室共有教师7名，其中编制内教师5名（3名泰语老师、1名缅甸语教师、1名越南语教师）、编制外教师2名（均为泰语教师）。在教学团队中，有硕士学位的教师6名（泰语4名、越南语1名、缅甸语1名）、学士学位教师1名（泰语），讲师4名（泰语2名、越南语1名、缅甸语1名），助教3名（均为泰语教师）。此外，学院还聘请国外院校及国内泰籍教师来进行授课和讲座，并辅助教学团队进行专业建设及课程建设。累计聘请泰国籍教师6人、外校教师5人。

表 30-1　各专业教师职称、学历一览表（截至 2019 年 12 月）

序号	专业	人数（人）	教授（人）	副教授（人）	讲师（人）	博士（人）	硕士（人）	本科（人）	学士占比	硕士占比
1	泰语	5	0	0	2	0	4	1	20%	80%
2	越南语	1	0	0	1	0	1	0	0	100%
3	缅甸语	1	0	0	1	0	1	0	0	100%

三、教学和人才培养

（一）历届学生培养人数

2012—2019年，学院应用泰语专业累计培养三年制专科毕业生5届，共计93人。

表 30-2　学院历届应用泰语专业学生人数一览表

层次/学制	级别/届别	应用泰语专业（人）
三年制专科（毕业）	2012级/2015届	12
	2013级/2016届	14
	2014级/2017届	15
	2015级/2018届	22
	2016级/2019届	30
三年制专科（在读）	2017级/2020届	55
	2018级/2021届	21
	2019级/2022届	76
总计	毕业学生总数	93
	在读学生总数	152

（二）创新人才培养模式，提升人才培养质量

学院自2012年起积极联系泰国高等院校开展国际合作，共同进行人才培养。从2012级开始，学院应用泰语专业学生在国内学习两年，由校际合作双方共同制定人才培养方案，互认课程及学分，两年后学生再去泰国清莱皇家大学学习并实习1年。

2019年，学院与泰国合作院校修订了新的合作协议，为学生继续专业深造提供了新的途径。

目前，学院共送出应用泰语专业学生到语言对象国留学及实习共计148人。

（三）实习实训条件

为了有效提升学生的语言运用能力，学院建成了东南亚语言学习中心，购置了大量的专业图书和影像资料，并建成了10间数字语音教室。与此同时，泰国清莱皇家大学也为我们的学生提供了语言实训实习基地。依托这些实训条件，学生的语言应用能力和职场工作能力都得到了极大的提升。

（四）积极鼓励及培养学生参加专业竞赛

近年来，通过组织学生参加职业技能大赛，学院应用泰语专业学生的语言能力、职业能力和社会适应性大大增强，专业人才培养质量全面提升。学院学生参加全国及云南省职业技能大赛情况见下表。

表30-3 学院学生参加专业竞赛情况一览表

序号	比赛名称	比赛时间	参赛学生	指导教师	获奖内容
1	第四届全国高职高专云南越南语和泰语技能竞赛	2015.05.	施益珠 李尚雪 唐明修	张佳旖 杨润枫	大一专业组第三名、优秀指导教师奖
2	云南省高校第五届东南亚语种演讲比赛	2017.05	许娅婕	张佳旖	优秀奖
3	第十届中国高校学生泰语演讲、泰语技能比赛	2019.04	玉儿香	张佳旖	优秀奖
4	云南省高校第七届东南亚语演讲比赛	2019.11	李欣洁	唐永睿	低年级组三等奖

职业技能大赛已成为学院促进学生成长成才、展示学生职业技能的重要舞台，有力地促进了专业人才的培养，并加强了学院与省内外相关院校的交流。

四、对外交流

学院自开办应用泰语专业以来，本着中外联合办学、培养高素质应用型专业人才的目标，积极与泰国高等院校开展交流与合作，取得了较大成效。2012—2019年间，共接待泰国院校来访10余次，派出专业教师到对象国访问学习5次。通过师生交流大大加快了学院师资队伍建设及专业建设的速度。

附：专业描述

应用泰语专业

专业定位及培养目标

本专业旨在培养能适应社会主义经济建设及科学发展，具有扎实的泰语语言文化基础和宽泛的科学文化知识，能较熟练地掌握泰语的听、说、读、写、译等基本技能，能力强、素质高，具备一定的商贸及旅游知识，能在经贸、旅游、外事、文化、教育等部门从事相关工作的高素质技能型专门人才。

根据人才培养目标，本专业学生应重点了解该国语言、政治、经济贸易、社会文化等方面的基本理论和知识，接受泰语语言听、说、读、写、译等方面的技能训练，熟悉该国国际关系的历史与现状以及佛教、教育、经贸或旅游状况。

人才培养

学院自2012年开始实施国际合作办学，取得了良好效果。学生在国内学习两年后再去国外学习1年，毕业后可继续在对象国学校进行专业本科学习。学生所学知识从国内延伸到国外，在国外提升语言能力的同时也提高了职业技能，开阔了学生的国际视野，提升了学生跨文化交际的能力。

师资队伍建设

学院自2007年起开始招聘非通用语种专业教师。至今教研室共有教师7名，编制内教师5名，其中3名泰语老师、1名缅甸语教师、1名越南语教师；编制外教师两名，均为泰语教师。在教学团队中，有硕士学位的教师6名（泰语4名、越南语1名、缅甸语1名）、学士学位教师1名（泰语），讲师4名（泰语2名、越南语1名、缅甸语1名），助教3名（泰语）。此外，学院还聘请过国外院校及国内泰籍教师来我校进行授课和讲座，并辅助教学团队进行专业建设及课程建设。

专业课程建设

根据学院培养学生德、技、力"三位一体"的人才培养目标，本着从易到难的原则，制定了应用泰语专业的课程体系，如下图所示。

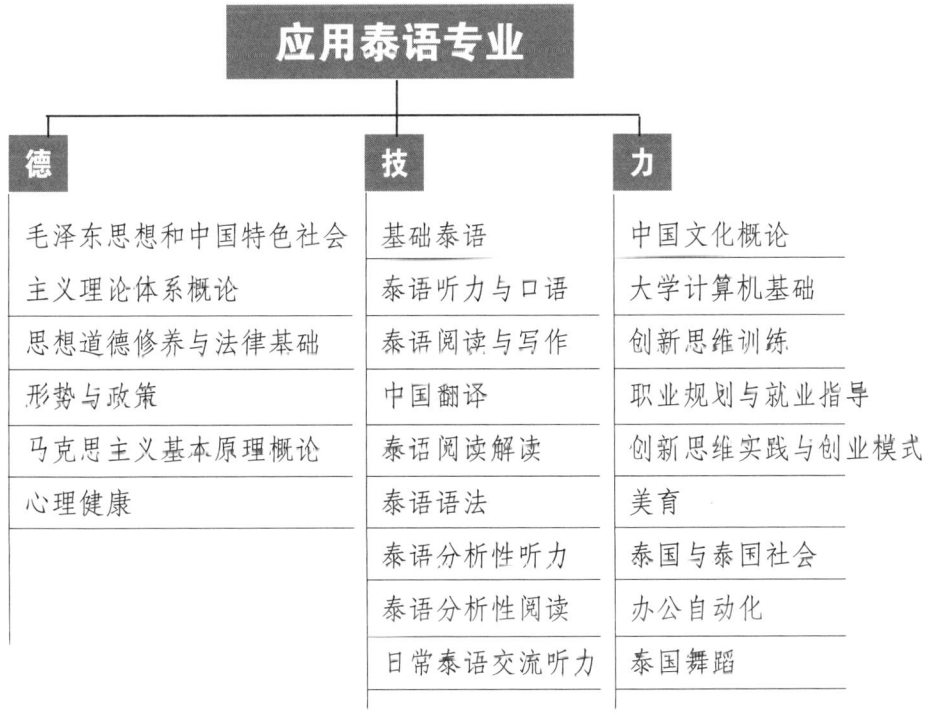

学院应用泰语专业课程体系

就业情况

自办学以来,学院应用泰语专业有80%以上的毕业生选择在国内外本科院校继续深造,少量学生考入政府部门和事业单位工作,还有的就业于外贸公司、旅游公司以及其他行业的企业,成为中泰合作和交流的纽带和桥梁。

执笔人:张佳旖

审稿人:熊晓雯

云南旅游职业学院
非通用语种类专业建设和发展报告
（2012—2019）

一、历史概况

云南旅游职业学院是经云南省人民政府批准、教育部备案，由省教育厅主管的云南省唯一一所旅游类、大专层次、公办全日制高等职业院校。学校以培养旅游专业人才、服务旅游产业发展、开展旅游科学研究、弘扬云南旅游文化为使命，充分发挥云南旅游产业发展和自身办学优势，重点发展旅游类及其相关专业；以立足云南、依托产业、服务全国、面向南亚东南亚，办高质量有影响力的旅游职业院校为目标；以全日制高职学历教育为主、职业培训与技术服务并举，多种形式办学；培养旅游及社会经济发展需要的专业人才，为云南旅游强省战略建设培养输送高素质技术技能人才。

在"一带一路"倡议指引下，学校依托云南面向南亚东南亚的独特区位优势和云南旅游产业转型升级、新兴业态不断涌现的发展机遇，以"中国—东盟旅游人才教育培训基地"为平台，持续深入开展对外教育培训交流与合作，国际影响力不断扩大，2017年、2018年连续两年被评为"国际影响力50强"，2018年获评首届"亚太职业院校影响力50强"。

云南旅游职业学院于2005年创办泰语导游中专专业，于2012年开设应用泰语专业，同年招收应用泰语专业三年制高职高专学生，2014年招收五年制高职高专学生。目前开设有应用泰语、应用外语（老挝语）及应用越南语3个非通用语种专业（各专业开设时间见表1）。本校在非通用语种类专业建设过程中，大胆实践、勇于创新，构建了"中外合作、跨国培养"的面向旅游商贸的"2+1"人才培养模式。非通用语种专业毕业生大部分活跃在云南省商贸旅游业界，部分毕业生选择在国内院校或赴外继续深造，非通用语种专业社会影响力不断增强。

表31-1 各专业开设时间一览表

专业	开设年份	备注
应用泰语	2012年	2012年招收三年制；2014年招收五年制
应用外语（老挝语）	2017年	2017年开始招生
应用越南语	2017年	2018年开始招生

二、师资队伍

在非通用语种专业发展建设过程中,本校通过教学实践、国内外进修、顶岗挂职、社会服务等方式不断加强师资队伍建设。截至目前,3个语种专业在编教师共9名,其中硕士研究生学历8人、在读硕士1人;中级职称3人;"双师素质型"教师占比为100%。(专业教师学历及职称统计见表31-2)此外,本校常年聘请国内外合作院校及企业的专家学者进校园,参与非通用语种专业的建设发展及教学工作。截至2019年12月,我校累计聘请泰国籍外教5人、校外教师14人。

表31-2 专业教师职称、学历一览表

序号	专业	人数(人)	教授(人)	副教授(人)	讲师(人)	博士(人)	硕士(人)	本科(人)	硕士占比(%)
1	应用泰语	5	—	—	3	—	5	—	100%
2	应用外语(老挝语)	2	—	—	—	—	1	1	50%
3	应用越南语	2	—	—	—	—	2	—	100%
	合计	9	0	0	3	—	8	1	89%

注:信息统计截至2019年12月。

三、教学和人才培养

(一)历届学生培养人数

2012—2019年,本校累计培养应用泰语专业学生三年制大专8届、五年制大专3届,应用外语(老挝语)专业三年制大专1届,应用越南语专业三年制大专1届,共468人。其中:应用泰语专业三年制大专毕业5届、五年制大专毕业1届,共计182人;目前应用外语(老挝语)、应用越南语专业无毕业生。(各专业历届学生人数统计见表31-3)

表31-3 各专业历届学生人数统计表

层次	级别/届别	应用泰语	应用外语(老挝语)	应用越南语	合计(人)
专科(毕业)	2012级三年制	27	0	0	27
	2013级三年制	11	0	0	11
	2014级三年制	37	0	0	37
	2015级三年制	43	0	0	43
	2016级三年制	43	0	0	43
	2014级五年制	21	0	0	21
专科(在读)	2015级五年制	46	0	0	46
	2016级五年制	76	0	0	76
	2017级	43	12	0	55
	2018级	45	0	8	53
	2019级	56	0	0	56
总计	毕业学生总数	182	0	0	182
	在读学生总数	266	12	8	286

（二）创新人才培养模式，提升人才培养质量

学校非通用语种专业以"中外合作、跨国培养"的"2+1"人才培养模式为主体，人才培养过程包括国内的学习及实训阶段、国外学习及实训阶段。由学校与国内合作企业、国外合作院校及国外合作企业4方共同介入教育教学全过程，模式的内涵包括共同制订教学计划、共同开发课程与教材、共建实训基地、共建共享国际化的专业教学团队、合作管理教学与共建课程评价体系等内容。人才培养模式突出理论学习与实践锻炼的有机结合、国内外资源的有效整合、学习生活和工作实践的有机融合，突出语言能力、专业实践能力、国际环境适应能力、职业工作应变能力和全面职业素质的培养。截至目前，已成功送出7届应用泰语专业及1届应用外语（老挝语）专业学生赴对象国合作院校及企业交流学习。

（三）教学质量工程项目及教材建设

学院根据地方人才需求调研，构建"中外合作、跨国培养"的面向商贸旅游"2+1"人才培养模式。通过国内外人才需求调研，确定了专业岗位工作任务，构建了基于工作岗位的非通用语种专业课程体系，较好地体现了与云南地区经济发展相适应的商贸、旅游岗位群的任职要求。积极组织编写、更新专业课及实践课课程教学大纲和课程标准，进一步完善专业课程教学的指导性文件。依托学院"中国—东盟旅游人才培训基地"的平台，整合国内外教学资源，在坚持以"旅游泰语"课程建设为先导的过程中，不断推进非通用语种专业课程的建设。目前，已完成校本教材《泰语现场导游词》的编写。此外，非通用语种专业教师积极参编旅游及旅游外语类教材，进一步推动学校非通用语种专业教学资源库的建设。

（四）实习实训条件

在非通用语种专业的建设发展过程中，目前校内已具备相对良好的教学实训条件，现有"视听说一体化"多媒体语音实训室两间，配备3D虚拟情景教学和同声传译系统的多功能情景实训室1间。同时，学校与国内外多个企业及院校达成合作，进一步优化了非通用语种专业的实习实训条件。目前，与昆明中国国际旅行社有限公司、云南熊猫国际旅行社有限公司、云南省国际旅行社有限公司、云南新风情国际旅行社有限公司、云南之路国际旅行社有限公司、云南豆豆假期国际旅行社有限公司、昆明温德姆至尊豪廷酒店、昆明洲际酒店、世博花园酒店、红河州民族师范学校紫陶学院等企业及院校合作建成了多个实训基地；与清迈大学、纳黎宣大学、甘烹碧皇家大学、泰国孔敬工业社区教育学院、斯巴顿大学、老挝国立大学、越南太原经济与工商管理大学、老挝象邦旅游有限公司、VLK进出口贸易公司等国外院校及企业达成合作协议，为非通用语种专业学生搭建、拓展了更优的国外学习及实训平台。

（五）积极参加专业教学竞赛，以赛促学、以赛促教

近年来，秉持以赛促学的理念，应用泰语及应用外语（老挝语）专业积极组织学生参加各项技能大赛，学生的语言能力和岗位技能在此过程中得到了很大的提高，同时也

进一步加强了学院非通用语种专业与国内外院校的交流与学习。学生参加的各项技能大赛如下：

2013年，参加第三届全国高职高专越南语和泰语职业技能大赛（泰语专业），分别获得三等奖和优秀奖；

2013年、2014年，参加泰国驻昆明领事馆组织的"孔敬杯"泰语演讲比赛，获优秀奖；

2015年，参加第四届全国高职高专泰语和泰语技能竞赛，获得优秀奖；

2017年，参加孔敬—中国高校泰语演讲及技能大赛，获优秀奖；

2018年，参加第六届云南省高等学校东南亚语演讲比赛，获优秀奖。

四、对外交流

学校致力于面向东南亚、南亚，突出校企合作、国际化办学特色，依托"中国—东盟旅游人才培训基地"招收泰国、越南、老挝等国家的学生，开展了各种形式的教育培训工作。此外，专业教师积极参与了云南省开展的对越南、老挝旅游管理人员多期培训班的组织与教学工作；参与了大湄公河次区域合作的旅游产业合作项目。在"中外合作、跨国培养"的理念指导下，以校际合作的方式与多所国外院校签署合作协议，目前，学校与泰国的清迈大学、泰国甘烹碧皇家大学、泰国孔敬工业社区教育学院、老挝国立大学、越南太原经济与工商学院等签署合作协议，为跨国合作培养非通用语种专业学生开拓了通道。同时，除"2+1"的赴外交流形式外，非通用语种专业积极探索、丰富学生对外交流形式，多次组织学生与合作院校的师生进行文化交流，并以短期学习、主题交流、赴泰汉语教师等方式，带队学生到对象国进行文化交流学习，拓宽学生的专业学习视野。此外，在校际合作的基础上，学校多次派出非通用语种教师赴国内外合作院校进行学习交流，进一步加强非通用语种专业师资队伍建设。

五、社会服务

学校非通用语种教师长期任外语（泰语、越南语）现场导游面试考官，为全国旅游师资培训班授课、担任对外交流活动翻译等，体现了学校教师良好的职业素养和道德风尚。此外，在学院领导的重视和专业教师的努力下，积极组织非通用语种专业学生积极参与社区服务、志愿者活动、昆明进出口交易会和中国—南亚博览会服务、中国驻老挝文化中心文化活动等社会活动。

附：各专业描述

应用泰语专业

专业定位及培养目标

云南旅游职业学院应用泰语专业以人为本，从社会需求出发，注重德、智、体、美、劳全面发展，以培养学生泰语语言能力及商贸旅游服务技能为主线，以双语教学为主导教学模式，以服务为宗旨、就业为导向，坚持走产学相结合的办学道路，坚持"厚基础、宽口径、强能力、重创新"的人才培养原则，为社会培养思想政治坚定、德技并修、全面发展，适应我国—东盟商贸旅游人才发展需要、掌握涉外商贸旅游知识和技能、具备"动手+动口"优势和较强就业竞争力的应用型泰语人才。

人才培养

依托学校中国—东盟旅游人才教育培训基地的平台优势，本专业以昆明区域性国际中心城市建设和云南旅游文化大省建设为契机，以特色专业直接服务商贸旅游行业，根据地方人才需求调研，构建"中泰合作、跨国培养"的面向商贸旅游的"2+1"人才培养模式。人才培养模式突出理论学习与实践锻炼的有机结合、国内外资源的有效整合、学习生活和工作实践的有机融合，突出语言能力、专业实践能力、国际环境适应能力、职业工作应变能力和全面职业素质的培养。

师资队伍建设

在专业建设发展与实践过程中，应用泰语专业师资队伍的教学与实践能力得到显著提高。应用泰语专业教师团队包括5名专任教师及1名泰国外教，5名专任教师皆为硕士研究生，3位教师为讲师、2位教师为助教，教师队伍年龄结构相对年轻，职称结构有待进一步完善。此外，本专业常年聘请泰国院校及企业专家参与专业建设、课程建设和教学实践。

专业建设成果

通过国内外人才需求调研，本专业构建了基于工作岗位的应用泰语专业课程体系，较好地体现了与云南地区经济发展相适应的商贸、旅游职业岗位群的任职要求。不断整合国内外教学资源，坚持以专业核心课程"旅游泰语"建设为先导，不断推进本专业课程的建设，目前已基本完成校本教材《泰语现场导游词》的编写。

就业情况

截至目前，应用泰语专业历届毕业生平均就业率达99%。有大批毕业生活跃在云南商贸旅游业界，部分学生选择国内外高校进一步深造，毕业生得到用人单位的认可，社会影响力不断增强。

应用外语（老挝语）专业

专业定位及培养目标

云南旅游职业学院外语学院应用外语（老挝语）专业于2017年开设，致力于培养"一带一路"背景下具有国际视野，通晓国际规则，适应云南地方经济文化、旅游发展需要，熟悉涉外商贸旅游服务的基本知识与业务流程的复合型、技能型、应用型老挝语人才。为社会培养适应中国—东盟商贸旅游人才发展需要、掌握涉外商贸旅游知识和技能、具有"动手+动口"优势和较强就业竞争力的应用型老挝语人才。

人才培养

学校作为国家旅游局指定的东盟旅游人才培养基地，具有良好的师资和教学实训条件。自2013年开始，学院每年向老挝新闻文化旅游部官员及老挝旅游、饭店企业高管提供旅游管理、旅游服务技能等培训，取得良好效果，为云南省与老挝旅游文化的良好合作做出了贡献。2017年，学院开设了三年制大专应用外语（老挝语）专业，实施了"2+1"人才培养模式，取得了良好效果。

师资队伍建设

现有专任教师2名，平均年龄31岁，属于较为年轻的教师团队。此外，每年还会聘请具有丰富经验的其他老挝语专家、教师来为本专业学生上课。

国际合作

本专业教师每年在老挝新闻文化旅游部下属老挝传媒旅游院的指导和帮助下进行旅游、酒店管理方面的老挝语水平提升的培训。2019年，学校派出第一批赴老挝国立大学文学院交流学习的学生。此外，还与老挝象邦旅游有限公司、VLK进出口贸易公司建立了实习合作。

就业情况

目前暂无毕业生。

应用越南语专业

专业定位及培养目标

以培养具有扎实的越南语语言基础，具备一定的商贸旅游操作技能和业务处理能力，以越南语为工作语言，适应中资企业、中越合资企业、涉外旅游企业、涉外商贸机构、教育机构、翻译机构及其他涉及越南事务的企事业单位需要，具有创新精神和实践能力，具有国际视野和良好的职业道德，能满足对外商务旅游活动及其他服务要求的高素质、高技能应用型中越双语人才。

专业优势

坚持"2+1"国际化办学，学生前两年在国内完成基础学习，第三年到越南高校进行学习和实习，学习结束可根据学生实际情况选择回国专升本、就业，或者选择在越南高校继续深造，也可以选择在越南就业。

师资队伍建设

本专业现有专任教师2名，其中1名教师为越南河内国家大学越南学硕士。依托本校中国—东盟旅游人才培训基地的建设，本专业教师通过积极参与"中国云南—越南旅游行政官员及旅游企业高管交流"等活动，不断拓宽视野，进一步加强专业师资队伍建设。此外，还会聘请具有丰富经验的其他越南语专家、教师来为本专业学生上课。

就业情况

本专业暂无毕业生。就业主要面向中资驻越南项目、越资企业、中越合资企业、涉外商贸旅游企业、涉外教育培训机构，或前往越南留学深造。

执笔人：李永芬、方莉、陶晓莹

审稿人：李敏

云南外事外语职业学院
非通用语种类专业建设和发展报告
（2013—2019）

一、历史概况

云南外事外语职业学院（以下简称"学院"）是2012年由云南省人民政府批准，中华人民共和国教育部审查后同意备案，纳入国家计划内统一招生，具有独立颁发国家承认学历文凭资格的全日制普通高等职业学院。学院由亨德森集团投资建设，是云南省最大的教育外资引资项目，投资人亨德森·杨先生是德籍华人。2016年学院在泰国北碧皇家大学建立了"中国语言文化中心"。随着云南面向南亚东南亚辐射中心建设的进一步推进，"一带一路"建设的启动，云南外事外语职业学院的办学特色将更加凸显其自身的个性和特点。

学院非通用语种类专业开办于2013年，目前开设有应用泰语、应用韩语、应用越南语、应用外语（老挝语）4个专业，应用外语（柬埔寨语）尚未实现招生。应用泰语、应用韩语、应用越南语3个专业设有三年制大专和五年制大专两个办学层次。（各专业开设时间见表1）学院在办学过程中以市场需求为导向，实行"中外合作、职业引领、岗位衔接"的人才培养模式，明确定位了非通用语种专业的办学目标和培养方向，致力于打造非通用语种特色专业，培养小语种特色人才，取得了较为显著的社会效益。

学院自开设非通用语种专业以来，一直都在努力适应市场对非通用语种人才的需求，并不断探索非通用语种专业人才运用其所掌握的语言更好地服务社会的发展途径，制定了"专业+小语种"的人才培养模式，现有模式是"空乘专业/护理专业/经济管理专业+小语种"，包括的课程有民航服务小语种、护理泰语、东南亚南亚小语种（泰语选修、日语选修、老挝语选修、韩语选修、越南语选修）。学院非通用语种专业在不断努力和探索中发展壮大，截至2019年12月，学院累计已培养毕业应用泰语、应用韩语、应用越南语专业专科学生161人。

表32-1　各专业开设时间一览表

专业	开设年份	备注
应用泰语	2013年	招收三年制和五年制专科
应用韩语	2014年	2014年开始招收五年制专科；2015年开始招收三年制专科
应用外语（老挝语）	2018年	2018年开始招生，报考人数未达到开班人数
应用越南语	2016年	2016年开始招收三年制专科；2018年开始招收五年制专科

二、师资队伍

学院重视师资队伍建设，在队伍建设中以全面提高教师队伍整体素质为中心，以学科带头人和骨干教师队伍建设为重点，坚持引进和在职培养相结合的原则，形成了一支敬业精神强、专业水平高、结构合理、富有生机与活力的师资队伍。

截至2020年3月，学院4个语种的在编教师共29人，其中在读博士2人，硕士15人；讲师4人，助教10人。（详见表32-2）同时，学院还聘请知名院校、有扎实理论知识和丰富实践经验的兼职教师来学院担任实践教学，并全程参与专业建设、课程建设和教学管理。（详见表32-3）

表32-2　专业教师职称、学历一览表

序号	专业	人数（人）	教授（人）	副教授（人）	讲师（人）	博士（人）	硕士（人）	本科（人）	博士占比	硕士占比
1	应用泰语	17	—	—	2	1	9	7	6%	50%
2	应用韩语	7	—	—	2	—	2	5	—	30%
3	应用老挝语	1	—	—	—	—	1	—	—	100%
4	应用越南语	4	—	—	—	1	3	—	25%	75%
	合计	29	—	—	4	2	15	12	7%	52%

注：信息统计截至2020年3月。

表32-3　聘请国外及校外教师人数统计表（2003—2019年）

外籍教师人数（国籍）	校外教师人数
1（泰国）	1
1（韩国）	1
合计：2	合计：2

近年来，学院深入实施人才强校战略，坚持以人为本、高端引领、协调发展、人尽其才的工作原则，着力抓好人才队伍建设，积极营造有利于人才成长的良好环境，为新时期学院各项事业又好又快地发展奠定了坚实的基础。

三、教学和人才培养

（一）历届学生培养人数

2013—2020年，学院累计培养学生三年制大专7届、五年制大专7届，共计413人。其中应用泰语专业310人、应用韩语93人、应用越南语10人。（详见表32-4）

表32-4 历届学生人数一览表

层次/学制	级别/届别	应用泰语	应用韩语	应用越南语	应用外语（老挝语）	合计（人）
三年制专科（毕业）	2013级/2016届	24	—	—	—	24
	2014级/2017届	21	—	—	—	21
	2015级/2018届	15	12	—	—	27
	2016级/2019届	31	13	4	—	48
三年制专科（在读）	2017级	19	0	0	—	19
	2018级	34	0	6	—	40
	2019级	23	5	0	0	28
五年制专科（毕业）	2013级/2018届	13	—	—	—	13
	2014级/2019届	18	10	—	—	28
五年制专科（在读）	2015级	23	21	—	—	44
	2016级	35	32	—	—	67
	2017级	21	0	—	—	21
	2018级	26	0	0	—	26
	2019级	7	0	0	0	7
总计	毕业学生总数	122	35	4	0	161
	在读学生总数	188	58	6	0	252

（二）创新人才培养模式，提升人才培养质量

学院主要培养的是面向生产、建设、管理、服务一线，具有良好道德品质、创新精神和高度社会责任感，理论知识扎实、实践能力突出、拥有就业创业能力、具备继续学习能力的应用型人才。此外，学院非通用语种专业还注重于培养德、智、体、美、劳全面发展，系统掌握非通用语语言文化基础的理论知识和方法，具备各语种听、说、读、写能力，能从事各语种翻译、研究、教学、管理等方面的工作，具有创新精神、创业能力的复合型、应用型人才。

除了提高非通用语语言学、文学、翻译学等传统学术领域的发展外，学院还注重将非通用语种专业与其他人文社会科学学科共同参与到中国特色外语体系建设中。在语言理论教学过程中还不断融入旅游学、历史学、民族学、社会学、艺术学、文化学、宗教学、经济学、政治学等学科知识，开设其他学科的专业教学以推动学生的全面发展，最终让外国语言文学充分释放自身张力和创造力。

学院与日本、韩国、泰国的多所高校、机构以及公司的合作日益紧密，与马来西亚、老挝高校洽谈顺利，积极为学生寻找海外实习实训基地以及升本读研的优质平台。近年来，学院几十名学生前往国外院校交流学习，接受国际化教育的同时，还参与了对象语言国的实习顶岗项目。许多同学目前已在泰国合艾大学、泰国博仁大学等海外高校就读本科、研究生，继续提升学历。

（三）教学质量工程项目

学院注重以师资队伍为基点，提升专业素养，努力打造适应国际化人才培养要求和时代形势发展的高素质教师队伍。通过积极引进优秀外教参与教学活动，组织本校教师进行海外培训交流，引进国外先进教学理念，优化教师资源。同时，根据各语种专业人才培养目标、专业能力需求和岗位需求，系统地设置课程，开发课程建设，对课程的结构、内容、理论与实践教学的比例和总课时做系统的安排、调整和更新，突出专业特色。目前小语种教研室正在积极推进适合各语种专业学生的自编教材的研发编撰工作，以适应专业特色，达到以教促学，提升教学质量的目的。

（四）实习实训条件

学院拥有语音室、模拟谈判室等教学实训基地，学生可以进行语言训练、国际商务谈判等模拟实训。此外，国际交流活动频繁，学校多次组织本校各语种学生进行对象国游学师生团体的接待交流工作，在增进国际友谊的同时，锻炼学生的语言运用能力。

学院隶属于亨德森教育集团，其51个外国语教学区、高新一中等，均是学院学生实习实训基地。

学院与美国皮尔斯大学、泰国清迈大学、泰国坎查纳布里大学、泰国博仁大学、泰国博乐大学、韩国东州大学、泰国帕府职业技术学院等多所国际院校合作，通过国际交流活动为学生提供到国外交流、实习、提升学历的平台，既达到了语言实训的目的，又提高了学生对所学语言的综合运用能力。

除了与大学合作外，学院还与昆明市外办、昆明市外侨办等政府机构、从事国际贸易的私人企业、从事东南亚国际旅游的旅行社有密切联系，为学生创造了诸多从事外事商务活动的机会。

（五）积极参加专业教学竞赛，以赛促学、以赛促教

近年来，学院积极组织学生参加职业技能大赛，使应用泰语、应用越南语、应用韩语专业学生的语言能力和岗位能力大大增强，所培养的学生语言理论基础扎实，语言能力、职业能力及社会适应性强，专业人才培养质量全面提升。自2016年以来，每年一届的校内职业技能大赛，从竞赛内容来说包括了演讲、书法、才艺；从竞赛形式来讲，包括了专业组和非专业组，各语种专业学生都能赛出亮点、赛出风格，充分展现各自对所学语言的灵活运用能力，成为学院鞭策学生不忘初心选择、促进学生全面发展、激发学生学习热情、引导学生寻找未来职业倾向的良好契机。与此同时，学生能够进一步提升语言综合运用能力，在竞赛中重新定位自己对所学语言的认识，做到对自身学习成果的准确定位，激发更加积极的学习态度，最终促进学生成功成才。

除了校内竞赛的积极举办之外，我们今后将实现"以赛促学、以赛促教"的"走出去"战略，让师生积极参加省内、国内乃至国际的语言竞赛活动，以达到提升师生认知、开阔眼界和思维的目的，实现语言教学和语言习得的跨区域交流，并从各项竞赛中总结经验、借鉴优秀，做到取其精华、完善自我，最终达到提升本校教学师资力量、提高本校学

子专业水平和就业能力的目的。

四、对外交流

学院秉着"外事天下，语言世界"的文化主题宗旨，从2014年成立国际交流中心到2016年成立国际学院以来，与泰国和越南、韩国等多所高校、行政机构签订了合作协议并开展教育交流合作及相关专业实习实训，取得了较大成效，形成了完善的国际型应用人才培养网络。

在泰国，与清迈大学、清迈大学语言学院、清迈护理学院、理工大学艺术学院、程逸皇家大学、坎查纳布里大学、帕府职业学院、帕府科技学院帕府行政机构、苏金娜幼儿老年护理学校、帕府迈唐小学、博仁大学、合艾大学、东南曼谷大学、朱拉隆功附属高中及泰国博乐大学等19所学校签订了合作备忘录，其中，与博仁大学及合艾大学签订了"3+2"专升本项目，为学院学生提供了学历提升的平台。在越南，与越南河内大学签订了合作备忘录，为非通用语种专业学生搭建了良好的海外学习及实习实训平台。2015年至今，学院每年都派出教师及学生到海外学习培训及接收海外留学生到学院交流学习，从2015年至今接收留学生共计216人，送出交流学生共计197名，其中4名泰语专业同学到合艾大学进行"3+2"模式的学历提升。引进东南亚国家外教共计两名，送出教师到国外交流共计17名，增强了非通用语种师资队伍建设和专业建设的力度。

在韩国方面，学院从2014年11月开始与韩国东州大学进行游学生互换合作。自合作开始至今，东州大学共派了两组学生到学院进行短期游学：分别是2016年7月5日至2016年8月4日的10人、2017年8月17日至2017年8月22日的6人。同时，学院也在2015年11月28日、2016年8月29日共派两组共10人到东州大学进行为期3个月的短期游学活动。为了加强学院教师的教学能力和口语水平，学院在2016年8月送出两名教师到韩国进行为期1个月的交流和培训，这些交流和培训加快了非通用语种师资队伍建设和专业建设的速度。

五、社会服务

服务"一带一路"建设，顺利实现"五通"，前提是实现语言相通，国内语言服务行业涉及的翻译服务领域多样化。学院充分发挥应用泰语、应用韩语、应用外语（老挝语）、应用越南语等非通用语种专业资源优势，培养非通用语种专业人才。2019年12月27日，昆明广播电视网络有限责任公司与学院进行签约仪式，开展"小语种人才培养"校企合作新模式。学院为云南每年举办的"中国国际进口博览会""南亚博览会""边交会"和东盟企业论坛以及大使馆或旅游局举办的多项活动培养了大量的翻译人员和志愿者，对一些公安机关人员进行培训，为政府的外事接待活动以及国际旅行社等提供了翻译和接待服务，也为服务云南经济与社会的发展提供了智力支持和技术保障。

附：各专业描述

应用泰语专业

专业定位及培养目标

本专业开设于2013年，至今已有7年的历史，设有三年制大专和五年制大专两个办学层次，致力于培养具有良好的职业素养、道德素质、心理素质和创新精神，专业知识结构合理，符合泰资企业、涉泰旅游企业、对泰贸易公司等行业岗位群的职业能力要求，以泰语为工作语言，从事商务助理、商务泰语翻译、旅行社文员、泰语导游和相关行业管理的应用型人才。

人才培养

在全省高职院校中率先实施了"2+1"人才培养模式，取得良好效果，为云南省乃至长江以南地区其他高职院校相关专业起到了引领和示范作用。2008年，调整为"2+0.5+0.5"人才培养模式，即学生在国内学习2年后到国外学习提升语言0.5学年，再实习0.5学年，学生所学知识从国内延伸到国外，在国外提升语言能力的同时，也提高了专业岗位技能，提升了跨文化交际能力，开阔了国际视野。

师资队伍建设

通过省级示范性高职院校建设计划重点建设专业的建设与实践，应用泰语专业师资队伍的教学与实践能力得到显著提高。专业教师的学历、职称得到了很大提升。现有的9名专任教师，其中具有硕士学位的教师有4名，助教3名，同时学院还聘请国外院校、企业中管理能力强、有扎实理论知识和丰富实践经验的兼职教师来我院担任实践教学，并全程参与专业建设、课程建设和教学管理。

专业建设成果

在专业建设上，本专业共有1门省级精品课程和5门校级精品课程。同时，根据应用泰语专业人才培养目标、专业能力需求和岗位需求，系统地设置课程，开发课程建设，对课程的结构、内容、理论与实践教学的比例和总课时做系统的安排、调整和更新，突出专业特色，完成了4门核心课程标准建设。本专业已成为学院具有重要引领示范作用的特色专业。

就业情况

独创深受用人单位青睐的"泰语+专业+现代化技能"或"专业+泰语+现代化技能"的"复合实用型专业涉外人才"培养模式。学生一入校，学院就为学生的就业创业做了准备，为学生到国外深造打开了通道，帮助和指导学生寻找光明的未来。

应用外语（老挝语）专业

专业定位及培养目标

本专业于2018年开设，至今已有2年历史，致力于培养适应新时期国家对外开放和社会经济发展需要，具有国际视野、通晓国际规则、能够参与国际事务和国际竞争，具备扎实的老挝语专业基础知识和较强的老挝语应用能力，具有良好的思想品德、职业素养、心理素质和创新精神，适应涉老旅游、商贸公司以及涉老相关行业等的岗位职业能力要求，以老挝语为工作语言，从事商务助理、商务老挝语翻译、旅游服务和涉老挝行业的应用型专门人才。

人才培养

本专业自2018年开始实施"2+1"人才培养模式，取得了良好效果；2019年增设了五年制大专应用外语（老挝语）专业，实施"4+1"人才培养模式，取得了良好效果。

师资队伍建设

在师资队伍建设上，现有专任教师1名。此外，每年都从老挝高校聘请老挝语教师来学院任教，同时外聘有丰富的老挝语教学经验的老师从事教学工作。

专业建设成果

在专业建设上，"基础老挝语"被评为校级精品课程。

就业情况

该专业暂无毕业生。

应用韩语专业

专业定位及培养目标

本专业开设于2015年，至今已有5年的历史，设有三年制大专和五年制大专两个办学层次，致力于培养具有良好的职业素养、道德素质、心理素质和创新精神，专业知识结构合理，符合韩资企业、涉韩旅游企业、对韩贸易公司等行业岗位群的职业能力要求，以韩语为工作语言，从事商务助理、商务韩语翻译、旅行社文员、韩语导游和相关行业管理的应用型人才。

人才培养

通过对以韩语为工作语言的韩资企业、涉韩旅游企业、韩语导游等工作岗位上的能力的调研和分析，根据专业人才培养目标定位，在教学实施中锐意进取、不断创新，构建了独具特色的"学用结合、能力相贯"人才培养模式。"学用结合、能力相贯"人才培养模式主要分成3个阶段，第一阶段（1—2学期）是韩语学习基础阶段，第二阶段（3—4学期）是韩语学习的提升阶段，第三阶段（5—6学期）为应用阶段，进一步提高韩语学习的深度和广度，并通过综合实训项目，培养学生语言学习在应用职业领域的有效转化。通过把课堂拓展到企业进行，提高学生的韩语应用职业能力和职业素质，学生在第6学期进入顶岗实习，到韩资企业、涉外酒店和韩国人经营的社会餐饮企业进行顶岗实习。

师资队伍建设

现有7名专任教师，其中：有2人为硕士研究生学历；有2人职称为讲师。同时，学院还聘请国外院校、企业中管理能力强、有扎实理论知识和丰富实践经验的兼职教师来本专业担任实践教学，并全程参与专业建设、课程建设和教学管理。

专业建设成果

在专业建设上，本专业2015年9月开始招生，三年制专科2015级毕业12人、2016级毕业13人、2019级在读5人，五年制专科2014级毕业10人、2015级在读21人、2016级在读32人，2015级学生的职业资格证书取证率均为100%。2018年，本专业韩语教师刘珍出版了韩语教材《用故事来书写的韩国文化》一书。本专业已成为学院具有重要作用的特色专业。

就业情况

本专业毕业生有的继续在国内外升本，有的自主创业，有的考入政府部门或事业单位，有的就业与韩国有往来的外贸公司和旅游公司及国内外的相关行业企业，成为中韩合作和交流的纽带和桥梁。

应用越南语专业

专业定位及培养目标

学院应用越南语专业开设于2016年4月，至今已有6年的历史，设有三年制大专和五年制大专两个办学层次，其中五年制大专开设于2018年4月。致力于培养具有良好的职业素养、道德素质、心理素质和创新精神，专业知识结构合理，符合在越华商、企业、涉越旅游项目、对越贸易公司、教育、翻译等行业岗位群的职业能力要求，以越南语为工作语言，从事商务助理、海关边检边贸、商务越南语翻译、旅行社文员、越语导游和相关行业管理的应用型人才。

人才培养

自专业设置开始，初步拟定了科学的人才培养模式，取得了良好效果，为云南省乃至长江以南地区其他高职院校相关专业起到了引领和示范作用，第一届2016级毕业生就业率100%，其中50%的学生毕业后即被生源地边检边防等机关录取，25%的学生通过越南语专业四级考试。2019年12月，调整为"2+1"人才培养模式，学生在国内学习两年后赴专业对口企业实习1学年，学生所学知识从书本延伸到实操，有利于在提升语言能力的同时学习新的实操技能，提高专业岗位技能，提升跨文化交际能力，开阔国内外视野。

师资队伍建设

通过近几年的不断调整和建设，应用越南语专业师资队伍的教学与实践能力得到显著提高。专业教师的学历、职称得到了很大提升，现有1名专职教师为在读硕士，该教师还拥有高级平面设计师资格证、摄影师资格证两门职业资格证，在从事越南语教学的同时，还能为学生提供其他专业的课外知识。同时，学院还充分利用本地资源，聘请云南民族大学越南语专业的硕士、博士，涉外企业中管理能力强、有扎实理论知识和丰富实践经验的兼职教师和管理者来学院担任教学，并全程参与专业建设、课程建设和教学管理，充分体现了师资队伍的多元化，拒绝闭门造车，脱离社会发展和实践。

专业建设成果

根据应用越南语专业人才培养目标、专业能力需求和岗位需求，系统地设置课程，开发课程建设，对课程的结构、内容、理论与实践教学的比例和总课时做系统的安排、调整和更新，突出专业特色；在充分总结2016级毕业生的经验和结合2018级学生实际，于2018年

5月、2019年12月对本专业课程做出了数次改进，摒弃不实用、冗长多余重复的课程内容，增加了不少结合社会现实、就业要求的课程内容，使课程安排更加符合实际。

就业情况

应用越南语专业毕业生有的选择继续在国内外升本、考研，有的自主创业，有的考入政府机关部门或事业单位，有的供职于和越南有经贸往来的商贸公司、旅游公司及国内外的相关行业企业，成为中越经贸合作、人员往来交流的纽带和桥梁，为"一带一路"倡议、云南省面向南亚东南亚辐射中心建设及大湄公河次区域合作贡献力量。

执笔人：吴霄霄、丁金平、王岚棋、何旖、杨娜、李黎、刘珍、张翔、苏禹华

审稿人：李金娥

云南民族大学澜湄国际职业学院
非通用语种类专业建设和发展报告
（2015—2019）

一、历史概况

2002年，为适应云南经济社会发展对应用型人才的迫切需要，云南民族大学成立了职业技术学院。2017年，为主动服务和融入"一带一路"倡议和云南省加快推进面向南亚东南亚辐射中心建设，积极响应"澜湄六国"合作机制，学校成立了澜湄国际职业学院，与职业技术学院合署。2019年，学院更名为澜沧江－湄公河国际职业学院（职业技术学院）（以下简称"学院"）。

学院致力于高层次应用型人才培养和职业教育理论研究，注重内涵发展、特色发展和创新发展，秉承"知识+能力+素养"三位一体的人才培养理念，以社会需求为导向，着力培养学生职业技能和职业素质。

学院已发展成为具有专科、专升本、本科、留学生、研究生等多层次应用型人才培养基地和云南省高等职业教育理论研究基地。学院现为云南省应用型人才培养示范二级学院建设单位。

学院现有教职工74人，其中高级职称16人，博（硕）士51人，省、校级教学名师3人，省级优秀教师1人。此外，还有省级教学团队两个。学院职业教育实训条件处于全省领先水平，建有54间校内实训室、42个校外实训基地。

学院"专业+非通用语"开办于2015年，省教育厅批复学院成为"云南省专升本教育培养基地"，是中国—东盟自由贸易区、中国面向西南开放的重要"桥头堡"建设和边疆民族地区经济社会发展对高层次应用型专门人才的需要，是促进边疆民族地区共同繁荣发展的战略要求，有利于探索构建高等教育"立交桥"和现代高等教育体系，促进云南省高等教育和谐健康发展。为此，学院开展了"专业+非通用语"的"3+2"五年一贯制应用本科人才培养模式改革试点。培养模式是：学生在校期间学习一年半的基础泰语和缅甸语课程（每周6个学时）；学生在大二时到泰国、老挝、缅甸和柬埔寨进行两个月或者1个学期的短期语言文化学习交流，这样能有效提高学生的语言交流和运用能力，扩大学生视野。这是学院办学主动融入和服务国家战略，积极探索面向东南亚的"专业+非通用语"的应用型人才培养模式的重要举措。

截至2019年12月，学院累计已培养"专业+非通用语"泰语、老挝语、缅甸语、柬埔寨语在读本科、专科学生699人，同时于2018年9月已面向湄公河流域国家招留学生109人。

二、师资队伍

学院历来以高水平师资队伍为基础，以提升教师队伍的国际化为重点，促进教师知识结构的综合化和学术水平的高端化，提升教师的教学能力、科学研究能力、创新能力和国际化水平，为教师开拓国际视野、提升国际竞争力提供保障。今后，学院还将设立提升教师队伍国际合作与交流项目，推动和促进学院职业教育和科研的发展；提高教师出国（境）访学研修效益，广泛调研教师出国意愿，做好教师回国回访总结工作，听取教师意见和建议，通过调查和反馈做好预案、优化流程、改进服务。

自2016年起，学院非通用语团队教师成员在培养高职应用型外语人才的过程中，通过教学、国外学习、企业工作、服务地方经济等方式，形成了一支有丰富的教学经验和较强的企业能力、爱岗敬业、团结向上的优秀教学团队。截至2019年12月，4个语种的教职工共5人，其中硕士研究生学历教师共4人，讲师职称专业教师1人、助教2人。（详见表33-1）同时，学院还拟聘请国外院校、企业中管理能力强、有扎实理论知识和丰富实践经验的兼职教师来学院担任实践教学，并参与专业建设、课程建设和教学管理。

表33-1　专业教师职称学历一览表

序号	专业	人数（人）	讲师（人）	助教（人）	硕士（人）	本科（人）	学士占比（％）	硕士占比（％）
1	泰语	2	—	2	2	—	—	100%
2	缅甸语	1	1	—	1	—	—	100%
3	老挝语	1	—	—	1	—	—	100%
4	柬埔寨语	1	—	—	—	1	100%	—
	合计	5	1	2	4	1		

注：信息统计截至2019年12月。

三、教学和人才培养

（一）学生培养人数

学院2015年首次招生"3+2"五年一贯制秘书学本科专业（泰语+英语+专业），招生人数为57人；2016年招生会展策划与管理专业，招生人数为98人，分为专科1班（泰语+英语+专业）和专科2班（缅甸语+英语+专业）；2017年招生财务管理专业专科68人，分为专科1、2班（泰语+专业），财务管理和旅游管理本科120人（分别开设泰、缅、老3个班+专业）；2018年招生财务管理专升本234人，分为1、2班（分别开设缅、老+专业），财务管理本科40人（柬埔寨语+专业），旅游管理专升本38人（柬埔寨语+专业），旅游管理本科40人（老挝语+专业），计算机科学与技术专升本25人（柬埔寨语+专业），秘书学专升本51人（泰语+专业），秘书学本科40人（泰语+专业）；2019年招生旅游管理专升本122人，分为1、2班（分别开设泰、缅、老+专业）。（详见表33-2）

表33-2 澜湄国际职业学院历届各专业学生人数一览表

层次	届别/学制	专业+泰语+英语	泰语+专业	专业+缅甸语+英语	柬埔寨语+专业	老挝语+专业	合计
本科（在读）	2015级/五年制	57	0	0	0	0	57
	2016级/五年制	53	0	45	0	0	98
	2017级	0	108	40	0	40	188
	2018级	0	91	0	103	40	234
	2019级	0	30	63	0	29	122
总计	在读学生总数	110	229	148	103	109	699

（二）创新人才培养模式，提升人才培养质量

学院创建了一个澜湄六国共商共建共享的办学体制，实施"1+6+6+6+N"的办学模式。所谓"1+6+6+6+N"，就是共建1个澜湄职业教育基地和职业教育联盟，由6个国家政府主导共商，6个国家的一流院校牵头，6个国家共同组建理事会，N个行业、企业、院校、研究院所共同参与办学，形成国际化办学的典范。

构建多中心、模块化的办学模式，形成中国—东盟教育培训中心、澜湄国际职业学院、澜湄职业教育联盟、澜湄职业教育与产业发展研究院、澜湄产教融合园和澜湄国际干部学院"六位一体"的澜湄职业教育基地。

建立一种"六位一体"、互为融合的办学新体制，探索一种多元合作、协同育人的办学新模式，建设一个产教融合、校企合作的职业教育新高地，创建一个"留学中国""留学云南"的留学新品牌，成为澜湄区域职业教育标准的制定者、人才培养质量的保障者、规范办学的维护者、办学各方利益的协调者。

采取理事会领导下的院长负责制。由六国政、校、行、企、研等参与办学的组织代表共同组建澜湄国际职业学院理事会，为学院的最高决策机构，理事会下设指导委员会，指导委员会下设秘书处和澜湄国际职业学院发展基金会。

通过实施创新的人才培养模式，学生的职业技能和素质在国外合作院校得到双线培养，职业技能逐步递增，实现无缝对接。目前学院共送出"专业+非通用语"学生到语言对象国留学及实习人数共计300人，其中"专业+非通用语"泰语方向189人、老挝语方向39人、缅甸语方向72人。

（三）教学质量工程项目及教材建设

在"一带一路"背景下推进"专业+非通用语"人才培养模式改革。学院在文秘专业、会展策划与管理、财务管理、旅游管理专升本、专科以及澜湄学院的部分专业中构建和实施"专业+非通用语"人才培养模式，培养国际化的应用性复合型人才，即要求学生掌握一门专业，同时掌握一门东南亚国家语言。从2017年以来，学院在中外联合办学模式中实现了第一校园与第二校园教学资源的整合，丰富了教学资源，达到了共享教学资源和教学设备的目标。另外，通过教师互派、对等交流等形式，引进国外先进教学理念，优化教师资

源，提高了教学团队的整体素质。同时，根据各专业人才培养目标、专业能力需求和岗位需求，系统地设置非通用语课程，开发课程建设，对课程的结构、内容做系统的安排、调整和更新，充分突出"专业+非通用语"特色。

此外，大力推进产教融合、协同育人，将"创新创业教育理念、现代职业教育"融入人才培养的全过程，推进课程体系、教学内容、教学模式等方面的培养模式综合改革，全面构建"立足职业，突出能力，强化实践，提升素质"特色人才培养体系，创新"本科学历教育与职业技能培养相结合""专业+语言""语言+专业"的人才培养模式。

（四）实习实训条件

通过国外校校合作、校企合作，有效地利用国内外资源，形成"国内外校"完善的实训条件。在与泰国高校合作搭建了校际交流平台的基础上，与泰国玛希隆大学亚洲语言文化研究院、泰国东方大学教育学院、泰国清迈大学语言学院、泰国川登喜大学和泰国那空帕侬大学等共建了6个实训基地，并拟于2020年年中完成与泰国朱拉隆功大学文学院合作办学商谈等事宜。学生依托这些实训基地，通过语言的运用实践、职业的顶岗实训，大大提高了语言应用能力和综合能力。

（五）积极参加专业教学竞赛，以赛促学、以赛促教

近年来，通过组织学生参加演讲大赛，使泰语、老挝语、缅甸语学生的语言能力大大增强，"专业+非通用语"人才培养质量全面提升。2018年在第六届云南省高等学校东南亚语演讲比赛中，学院学生获非专业组第二、三名；在2019年11月的云南省高校第七届东南亚语演讲比赛中，学院学生分别荣获老挝语非专业组一等奖、泰语非专业组优秀奖的成绩。总之，职业技能大赛已成为学院促进学生成长成才、展示学生技能的重要舞台，同时进一步提高了学生非通用语言的运用能力，有力地促进了"专业+非通用语"的人才培养，并加强了学院与省内外相关院校的交流。

四、对外交流

学院在"教育联姻、合作办学"的办学理念指导下，以"校际、校府"合作的方式签订合作协议，并开展教育交流和合作，取得了较大成效，形成了较完善的国际型应用人才培养网络。学院始终坚持"开放、合作、创新、品质"的理念，以人才培养质量求生存、以开拓创新求发展，分别与政府部门、高校、各类社会组织和企业签订了相关的人才培养合作协议，并建立了30余个各级校内校外实训基地，构建了研究生、应用本科、两年制专升本、高职专科的高等职业教育完整体系，同时也加快了职业教育对外国际交流合作的步伐，目的是让学生具备国际合作意识、开阔视野，进而达到面向东盟经济开发培养适用人才的目的。为了推动学院职业教育国际化合作的发展，近年来合作的特色项目如下。

（1）学院与泰国帕庄皋科技大学建立了研究生推免制度，双方可免试推荐优秀本科毕业生攻读相关专业硕士研究生，搭建了一个开放式的高层次应用型创新人才合作培养平台。目前，已推荐两名同学到泰国帕庄皋科技大学就读电子信息工程类的专业的硕士

研究生。

（2）与泰国南邦国际科技大学签署了科研合作备忘录，共同开展中泰职业教育比较研究；签订了共建职业教育国际实训基地合作协议，互派学生到基地进行学习。拟于2015年派出30多名学生进行短期培训，后因费用等原因未能成行。

（3）2016年，与泰国东方大学签署了专科班学生短期学习合作协议，着力构建多层次和不断线的实践教育培养模式。从2017—2019年分别派出189名同学到泰国东方大学教育学院进行为期两个月的语言学习。

（4）2018年3月，与泰国清迈大学语言学院签署学生短期和一学期学习的合作项目书。拟于2020年9月1日至2021年3月派出2018级秘书学（专升本）20多名学生赴泰国清迈大学语言学院进行为期一学期的语言文化交流的学习。

（5）2019年5月，与泰国玛希隆大学亚非语言文化研究学院签署了学生短期和一学期学习的合作项目书。已于2019年9月派，2017级澜湄财务管理和旅游管理专业44名学生赴泰国玛希隆大学亚非语言文化研究学院进行一学期的语言文化交流学习，并已于2019年9月8日至2019年11月8日2017级财务管理专科1班15名学生赴泰国玛希隆大学亚非语言文化研究学院进行为期两个月的语言文化交流学习。

（6）2020年年中，拟与泰国朱拉隆功大学文学院商谈合作办学，针对双方就教育教学、师资培训和人才培养等方面的教育国际化合作

（7）学院与缅甸仰光大学商讨短期语言学习的合作，并于2018—2019年派出72名同学分别到缅甸进行为期两个月或1个学期的语言文化交流学习。

（8）学院于2018年访问了老挝国立大学、琅勃拉邦大学和巴巴萨职业技术学院，与老挝高校进行教育合作会谈，并于2019年8月派出39名学生赴老挝国立大学进行了为期1个学期的语言文化交流学习。

（9）为进一步扩大澜湄国际职业学院的影响，促进澜湄国际职业教育联盟建设，学院与万宝矿产（缅甸）铜业有限公司积极寻求合作。双方在缅甸共建澜湄国际职业学院（缅甸万宝分院），开展集学历教育、职业培训、语言培训和文化交流"四位一体"的综合性合作。

（10）学院于2019年初就跟柬埔寨金边皇家大学相关负责人联系，商讨各项合作事宜，于2020年9月派遣财务管理本科班40人赴金边皇家大学进行为期1个学期的柬埔寨语及其文化的学习。

附：各专业描述

财务管理专业+泰语
（四年制应用本科，文理兼招）

培养目标

培养能适应边疆民族地区及澜沧江-湄公河流域国家经济社会发展的需要，系统掌握财务会计、财务管理基本理论和基础知识，具备扎实的财务管理能力，能够运用湄公河国家语言进行交流，可以到政府机构、企事业单位、社会组织从事会计、财务管理等业务工作的国际化高级应用型人才。

主要课程

政治经济学、高等数学、经济学原理、管理学原理、金融市场学、投融资学、会计学原理、出纳实务、成本会计、经济法、财务会计、财务管理、管理会计、数据统计与分析、财务软件应用、公司战略和风险管理、财经应用文写作、跨专业综合实训、分岗位会计业务实训、泰国语。

本专业按照"专业+非通用语"模式培养，外国语开设泰国语，入学后结合学生意愿和高考成绩确定语言分班情况。学习过程中到语言对象国自费留学一学期。

秘书学专业+泰语
（四年制应用本科，招收文史类考生）

培养目标

培养具有坚定正确的政治方向，扎实的中国语言文字基础和较高的人文修养，系统掌握文秘及办公管理的基本知识，具有突出的办文、办会、办事能力和较强的创新能力，德、智、体、美全面发展，适应区域经济社会发展要求的高素质应用型秘书人才。

主要课程

秘书理论与实务、基础写作、应用文写作、文书与档案管理、会议组织与管理、社交礼仪、演讲与口才、办公信息化理论与实务、办公软件高级应用、泰国语。

本专业按照"专业+非通用语"模式培养，外国语开设泰国语，入学后结合学生意愿和高考成绩确定语言分班情况。学习过程中到语言对象国自费留学一学期。

旅游管理专业+柬埔寨语
（四年制应用本科，文理兼招）

培养目标

培养适应现代旅游产业发展需要，尤其是跨境旅游产业发展需要的"专业+非通用语"的高素质复合型、国际化、应用型创新人才，培养能系统掌握旅游经营管理基本理论知识和良好应用知识的方法，具有突出的旅行社经营管理能力、导游服务能力、旅游产品策划营销能力的专业人才，培养德、智、体、美全面发展，适应区域旅游产业发展管理服务一线工作要求的创新型应用人才。

主要课程

经济学原理、管理学原理、旅游学概论、旅游政策与法规、全国导游基础知识、云南导游基础知识、导游业务、旅行社经营管理、旅行社计调操作实务、旅游资源学、旅游文化学、旅游心理学、区域旅游规划与管理、云南民族民俗文化、旅游项目策划、柬埔寨语等。

本专业按照"专业+非通用语"模式培养，外国语开设柬埔寨语，学习过程中到语言对象国自费留学一学期。

财务管理专业+老挝语
（四年制应用本科，文理兼招）

培养目标

培养能适应边疆民族地区及澜沧江−湄公河流域国家经济社会发展的需要，系统掌握财务会计、财务管理基本理论和基础知识，具备扎实的财务管理能力，能够运用湄公河国家语言进行交流，可以到政府机构、企事业单位、社会组织从事会计、财务管理等业务工作的国际化高级应用型人才。

主要课程

政治经济学、高等数学、经济学原理、管理学原理、金融市场学、投融资学、会计学原理、出纳实务、成本会计、经济法、财务会计、财务管理、管理会计、数据统计与分析、财务软件应用、公司战略和风险管理、财经应用文写作、跨专业综合实训、分岗位会计业务实训、老挝语。

本专业按照"专业+非通用语"模式培养，外国语开设老挝语，入学后结合学生意愿和高考成绩确定语言分班情况。学习过程中到语言对象国自费留学一学期。

财务管理专业+缅甸语
（四年制应用本科，文理兼招）

培养目标

培养适应边疆民族地区及澜沧江−湄公河流域国家经济社会发展需要，系统掌握财务会计、财务管理基本理论和基础知识，具备扎实的财务管理能力，能够运用湄公河国家语言进行交流，可以到政府机构、企事业单位、社会组织从事会计、财务管理等业务工作的国际化高级应用型人才。

主要课程

政治经济学、高等数学、经济学原理、管理学原理、金融市场学、投融资学、会计学原理、出纳实务、成本会计、经济法、财务会计、财务管理、管理会计、数据统计与分析、财务软件应用、公司战略和风险管理、财经应用文写作、跨专业综合实训、分岗位会计业务实训、缅甸语。

本专业按照"专业+非通用语"模式培养，外国语开设缅甸语，入学后结合学生意愿和高考成绩确定语言分班情况。学习过程中到语言对象国自费留学一学期。

旅游管理专业+泰语
（四年制应用本科，文理兼招）

培养目标

培养适应现代旅游产业发展需要，尤其是跨境旅游产业发展需要的"专业+非通用语"的高素质复合型、国际化、应用型创新人才，培养系统掌握旅游经营管理基本理论知识和良好应用知识的方法，具有突出的旅行社经营管理能力、导游服务能力、旅游产品策划营销能力的专业人才，培养德、智、体、美全面发展，适应区域旅游产业发展管理服务一线工作要求的创新型应用人才。

主要课程

经济学原理、管理学原理、旅游学概论、旅游政策与法规、全国导游基础知识、云南导游基础知识、导游业务、旅行社经营管理、旅行社计调操作实务、旅游资源学、旅游文化学、旅游心理学、区域旅游规划与管理、云南民族民俗文化、旅游项目策划、泰国语等。

本专业按照"专业+非通用语"模式培养，外国语开设泰国语，学习过程中到语言对象国自费留学一学期。

旅游管理专业+缅甸语
（四年制应用本科，文理兼招）

培养目标

培养适应现代旅游产业发展需要，尤其是跨境旅游产业发展需要的"专业+非通用语"的高素质复合型、国际化、应用型创新人才，培养系统掌握旅游经营管理基本理论知识和良好应用知识的方法，具有突出的旅行社经营管理能力、导游服务能力、旅游产品策划营销能力的专业人才，培养德、智、体、美全面发展，适应区域旅游产业发展管理服务一线工作要求的创新型应用人才。

主要课程

经济学原理、管理学原理、旅游学概论、旅游政策与法规、全国导游基础知识、云南导游基础知识、导游业务、旅行社经营管理、旅行社计调操作实务、旅游资源学、旅游文化学、旅游心理学、区域旅游规划与管理、云南民族民俗文化、旅游项目策划、缅甸语等。

本专业按照"专业+非通用语"模式培养，外国语开设缅甸语，学习过程中到语言对象国自费留学一学期。

执笔人：岩温罕、思治香

审稿人：章晖

附 录

云南省东南亚南亚语种优秀翻译人才培养基地班情况

根据《云南省教育厅关于启动云南省东南亚南亚语种优秀翻译人才培养基地班项目的通知》（云教高〔2014〕85号），云南省于2014年9月启动了云南省东南亚南亚语种优秀翻译人才培养基地班项目，实践"1+1+1+1"的"三校学习"人才培养模式，即一年级学生在原籍学校学习、二年级集中到云南民族大学学习、三年级统一安排赴语言国家著名大学学习，四年级再回到云南民族大学完成学业。通过整合全省高校的优势资源，快速培养一批留得住、用得上的东南亚南亚语优秀口译、笔译人才。

该项目由省教育厅按比例名额从全省各高校泰语、缅甸语和越南语3个本科专业每届各遴选出20名左右的大学二年级优秀学生集中到云南民族大学组建成"基地班"。截至2017年，该项目共实施了4期，共选拔了云南民族大学、云南师范大学、云南财经大学、云南农业大学、西南林业大学、昆明学院、红河学院、文山学院、大理大学、保山学院、玉溪师范学院、曲靖师范学院、云南师范大学文理学院、云南师范大学商学院、云南大学滇池学院、昆明理工大学津桥学院、临沧师范高等专科学校等全省17所高校泰语、缅甸语和越南语本科专业的211名优秀学生集中在云南民族大学学习，其中有9人由于个人原因放弃或退出项目，实际在读202名学生。各专业学生情况详见下表。

表34-1　2014—2017年基地班各专业学生人数一览表

单位：人

年份	泰语	缅甸语	越南语	合计
2014	18	19	19	56
2015	18	9	18	45
2016	24	13	15	52
2017	16	17	16	49
合计	76	58	68	202

自该项目启动以来，云南民族大学组织了一批相关专业的骨干教师，以全新的翻译专业为主课程体系，制订了专门的教学计划认真组织教学，并与泰国玛希隆大学、缅甸仰光大学和越南河内国家大学下属社会与人文科学大学签署合作协议，充分利用国内外的优质教学资源，联合培养基地班学生。该项目还获得国家留学基金管理委员会的大力支持，前3期153名学生中有134名学生获得国家公派出国留学资格。2019年国家留学基金管理委员会申报政策调整后，第4期49名学生中有16名学生获得国家公派出国留学资格。

自2012年以来，云南省教育厅已举办了7届云南省高等学校东南亚语种演讲比赛。通过云南省高等学校东南亚语种演讲比赛，搭建全省性东南亚语种竞赛平台，检验云南省东南亚语种专业教育教学质量和人才培养的水平，进一步提高东南亚语种人才培养的质量。基地班学生积极参赛，并获得了喜人的成绩。在2016年第四届云南省高等学校东南亚语种演讲比赛中，基地班武贤婷同学获缅甸语组一等奖；在2017年第五届云南省高等学校东南亚语种演讲比赛中，基地班何丽红同学获泰语专业组一等奖、杜姜同学获缅甸语专业组一等奖、盛海快同学获越南语专业组二等奖；在2018年第六届云南省高等学校东南亚语种演讲比赛中，基地班董媛同学获泰语专业组三等奖、毛佳蓉同学获缅甸语专业组一等奖、范小曼同学获越南语专业组三等奖；在2019年第七届云南省高等学校东南亚语种演讲比赛中，基地班刘燕同学获泰语专业组二等奖、毛佳蓉同学获缅甸语专业组三等奖。

基地班前3期153名学生已顺利毕业，毕业生就业率和专业匹配度高，初步实现项目的培养目标，培养了一批德、智、体、美、全面发展，东南亚语种及汉语语言基础扎实，文化知识及相关专业知识比较广博，综合素质高，适应能力强，口笔译实践能力较强，能在外事、商贸、科技、文化、教育等领域从事翻译实践的应用型专业口笔译人才，更好地为国家和云南省的社会经济建设服务。第4期49人也将于2020年6月毕业。

第六届云南省高等学校东南亚语种演讲比赛工作总结

一、演讲比赛工作基本情况

为进一步加大我省东南亚语种人才培养力度，提升各高校东南亚语种专业教学改革发展与人才培养质量，自2012年起，按照教育厅的指导意见，我省每年定期举办一次东南亚语种演讲比赛。前5届比赛由云南省教育厅主办、我省开设有东南亚语种专业的相关高校承办；从2018年起，赛事改由云南省教育厅指导，云南省高校非通用语种类专业教学与考试指导委员会主办，省内开设有东南亚语种专业的高校承办。

根据赛事安排，第六届云南省高等学校东南亚语种演讲比赛（决赛）由云南民族大学承办，比赛于2018年10月14—16日在云南民族大学雨花校区（呈贡）举办。本届演讲比赛以"共饮澜湄水·同谱新乐章"为主题，共有省内26所高校的91名参赛选手以及34名各高校带队教师、指导教师参加，是一次全省东南亚语种师生交流的盛会。本届全省东南亚语种演讲比赛由昆明译诺翻译有限公司友情赞助，提供包括获奖选手奖励及志愿者吊牌、服装等方面的支持。

此次演讲比赛涵盖泰语、越南语、缅甸语、老挝语和柬埔寨语5个东南亚语种，分专业组和非专业组分赛场同时举行。赛事内容包括定题演讲、回答问题、即兴演讲3个环节，其中定题演讲要求围绕"共饮澜湄水·同谱新乐章"的赛事主题展开，综合考查各参赛选手的语言基础、语言运用、语言技巧、演讲技巧和心理素质等方面的能力。经过分赛场各语种专业、非专业选手的紧张角逐，共决出一等奖12名、二等奖16名和三等奖22名，比赛（决赛）于2018年10月15日17:00圆满结束。

二、演讲比赛的经验

本届演讲比赛组委会由一支专业结构合理、分工明确细致的云南民族大学东南亚学院教师队伍组成，其中各相关语种专业负责人及教研室主任负责邀请泰国、缅甸、越南、老挝、柬埔寨的领事出席演讲比赛开幕式，并组织各分会场的赛场布置工作以及各分会场主持人的选拔、赛事彩排等工作；组委会邀请教育厅领导、云南民族大学校领导及相关人士出席开幕式，教务办统筹赛事志愿者的选拔及分工调度等工作。为保证赛事的顺利进行，大赛组委会制定了详细的赛事赛程手册，并及时向各高校参赛选手、带队教师、指导教师们发放。

本着"赛出友谊、赛出水平、赛出风格、赛出境界"的精神，此次演讲比赛在评分设置上更加注重精细的安排，相关语种专业特地制作了双语版的打分表，并对赛事的各环节时间控制、场地配套设施等方面的保障等工作做了周密的安排；各分赛场的评委原则上从各高校没有指导参赛选手的带队教师中产生，并聘请了5名外教担任评委，确保了大赛"公平""专业""高标准"的要求。此次比赛我们本着增进友谊、交流学习的目的，为各兄弟院校同人们交流东南亚语种的教学成果和经验提供了一个合理有序的平台，各高校参赛选手们在友好、热烈的氛围中用各自绚丽多彩的语言描绘了多彩的澜湄河流域文化，共同谱写了一曲东南亚不同语种文化和谐发展的优美乐章。

第七届云南省高等学校
东南亚语演讲比赛在云南师范大学举行

  2019年11月16日，由云南省教育厅指导、云南省非通用语种类专业教学指导委员会主办、云南师范大学承办、昆明译诺翻译服务有限公司赞助的第七届云南省高等学校东南亚语演讲比赛在云南师范大学呈贡校区举行。老挝人民民主共和国驻昆明总领事馆领事MANISOUK CHIEMSISOULATH，缅甸联邦共和国驻昆明总领事馆领事U MIN CHAN MYAE，泰王国驻昆明总领事馆领事VORAPONG VADHANASINDHU，云南教育国际交流协会倪慧芳会长、杨光民副会长、葛雪萍顾问，云南省教育厅对外交流与合作处龙微副处长，云南师范大学郝淑美副校长，云南师范大学云南华文学院王秀成院长，云南省非通用语指导委员会杨丽周、杨健、马丽亚等领导和嘉宾以及来自全省30所高校的参赛师生出席了开、闭幕式和比赛现场。

  云南师范大学云南华文学院王秀成院长代表云南师范大学致辞，向出席本次比赛的中外贵宾、领导、评委和来自全省30所高校的领队和指导教师、全体参赛学生表示热烈欢迎。他指出，学习通用语言可以走得更远，学习非通语言可以走得更深，云南作为"一带一路"建设的交汇点，学习澜湄五国非通用语言区位优势明显，意义重大。东南亚国家作为我国外交的优先方向，其非通用语言专业是云南师范大学重点扶持专业，学校发挥作为"云南省高等学校小语种人才培养示范点""云南省高等学校东南亚南亚语种人才培养基地"的作用，着力培养具有专业背景和语言优势、国际视野和国际竞争力的应用型高素质东南亚语种人才，并取得初步实效。云南师范大学作为承办单位，承诺一定按照云南省非通用语教学指导委员会和教育厅要求全力办好比赛，预祝本届东南亚语演讲比赛顺利举行并取得丰硕成果。

  泰王国驻昆明总领事馆领事VORAPONG VADHANASINDHU、老挝人民民主共和国驻昆明总领事馆领事MANISOUK CHIEMSISOULATH在开幕式上分别发言，他们表示，语言是连接中国与东南亚国家的重要桥梁和纽带，语言在促进各国人民心灵相通和各方面的交流合作，尤其是服务于"一带一路"建设等方面发挥了重要作用。他们鼓励参加比赛的同学能够学以致用，展现自己的语言能力，为促进中国与澜湄五国的友好交往贡献自己的力量。

  本次比赛主题是"语言互通 民心相通"，旨在为云南省各高校东南亚语种学生提供一个展示口语水平和相互交流学习的平台，激发同学们的学习积极性，提高人才培养质量，进而更好地服务于"一带一路"建设和云南省面向南亚东南亚辐射中心建设。本次大赛分设泰语、越南语、缅甸语、老挝语、柬埔寨语5个分赛场，设专业低年级组（一、二年级）、高年级组（三、四年级及研究生）和非专业组。比赛共有30所高校的122名专业和非专业选手齐聚云南师范大学，其中泰语参赛选手52人、越南语参赛选手28人、缅甸语参赛选手26人、老挝语参赛选手10人、柬埔寨语参赛选手6人，均经过参赛各校选拔推荐参加省级决赛。

本次演讲比赛竞争异常激烈，来自云南师范大学的参赛选手取得了令人瞩目的优异成绩：6位同学获一等奖、5位同学获二等奖、1位同学获优秀奖，其中，美凤同学获泰语专业低年级组一等奖、冯俊梦同学获泰语非专业组一等奖、王圆圆同学获泰语专业高年级组优秀奖；自琪辰同学获越南语专业高年级组二等奖、陈偲婕同学获越南语专业低年级组一等奖、白霞同学获越南语非专业组一等奖；张兴梅同学获缅甸语专业高年级组二等奖、岩所建同学获缅甸语专业低年级组二等奖；袁文汇同学获老挝语专业高年级组一等奖、陈小丽同学获老挝语专业低年级组一等奖；刘安俊同学获柬埔寨语专业高年级组二等奖、罗芬同学获柬埔寨语专业低年级组二等奖。在闭幕式及颁奖仪式上，云南师范大学华文学院泰语、越南语、缅甸语、老挝语、柬埔寨语专业的中国学生及留学生还为大家带来了独具东南亚异域风情的文艺表演。

云南教育国际交流协会倪慧芳会长、杨光民副会长、葛雪萍顾问以及云南省教育厅对外交流与合作处龙微副处长、云南师范大学郝淑美副校长、云南师范大学云南华文学院王秀成院长等等，为获奖同学颁奖。

云南师范大学华文学院、国际汉语教育学院供稿

后 记

2019年4月，云南省高等学校非通用语种专业教学指导分委员会（2018—2022年）在大理大学召开工作会议，决定编写云南省高等学校非通用语种专业发展报告，由会议提出报告编写提纲，发至各高校编写各自高校非通用语种专业的发展报告。

2019年，可以说是云南省高校非通用语种专业发展的一个转折点，在此之前，云南省各高校均把非通用语种专业的设置开办作为专业发展新的增长点来看待，积极开设非通用语种专业特别是南亚东南亚语种专业，希望能为云南对外开放、面向南亚东南亚辐射中心建设提供语言专业人才的保障和智力支撑。1993—2019年云南省高校非通用语种专业的人才培养为云南省对外开放做出了重要的贡献，无论是边境沿线边防武警、部队、海关、贸易进出口报关员，还是外交部、新华社、中央电视台、中国国际广播电台、中国银行、地方外事办；无论是省内的高校非通用语种专业师资，还是西安、天津、浙江、重庆、四川、广西、贵州等的高校非通用语种专业师资；无论是国内企事业单位，还是中国石油化工集团（东南亚管道公司）、中国石油天然气集团、中铁集团、葛洲坝集团、南方电网、海尔、美的、VIVO、OPPO等驻外机构，均有云南省高校培养出来的非通用语种专业人才。目前，云南省已成为国家培养非通用语种专业特别是南亚东南亚语种专业人才的一个举足轻重、不可或缺的重要基地。

2019年后，云南省非通用语种专业的发展俨然进入了教学质量提升阶段。云南省开启了专业综合评价的工作，教育部也非常重视本科专业的建设和发展，开展一流本科专业的建设工作。云南民族大学泰语、缅甸语、老挝语、柬埔寨语，云南大学缅甸语、印地语以及云南师范大学越南语专业、大理大学泰语专业、红河学院越南语专业共9个本科专业点入选国家级一流本科专业建设点名单，标志着云南省非通用语种专业的建设进入一个新的发展阶段。

众所周知，中国非通用语种专业教育事业源于1942年的昆明呈贡，经过80年的发展历程，取得了辉煌的成就。衷心希望云南省高等院校非通用语种专业能够继承先辈们创下的伟大事业，继续向前迈进。

陆生
2022年8月